"十四五"职业教育国家规划教材

市场营销基础
（第5版）

于家臻　主　编

王　瑾　王婷婷　副主编

电子工业出版社.

Publishing House of Electronics Industry

北京·BEIJING

内容简介

本书是职业教育市场营销专业核心课程教材，是为满足职业院校人才培养和技能要求、结合现代市场营销行业企业人才需求而编写的。教材采用项目和模块化设计，包括认知市场营销、分析营销环境、确立目标市场、选择产品组合、制定产品价格、遴选分销渠道、确定促销组合、走进新媒体营销 8 个项目，系统地讲述了市场营销的基本理论、基本知识和应用策略。本书突出实用性和适用性，理实一体、内容全面、案例丰富；同时每个项目后面附有练习与实训，既方便教师教学和布置作业使用，又便于学生自主学习使用。本书配有同步训练辅导用书《市场营销基础（第 5 版）学习导航与习题》。

本书可作为职业院校商贸类专业教学用书，也可作为财经类专业教学用书，同时还可供从事相关专业的职场人士自学充电、企业培训使用。

本书配有教学指南、电子教案和习题答案，请有此需要的教师登录华信教育资源网（www.hxedu.com.cn）免费注册后再进行下载。此外，本书还配有二维码教学资源包，包括微课、案例库等，读者可通过扫描书中的二维码进行观看。

图书在版编目（CIP）数据

市场营销基础 / 于家臻主编 . —5 版 . — 北京：电子工业出版社，2020.4
ISBN 978-7-121-38768-5

Ⅰ . ①市… Ⅱ . ①于… Ⅲ . ①市场营销学 – 职业教育 – 教材 Ⅳ . ① F713.50

中国版本图书馆 CIP 数据核字 (2020) 第 043111 号

责任编辑：徐 玲
印　　刷：三河市良远印务有限公司
装　　订：三河市良远印务有限公司
出版发行：电子工业出版社
　　　　　北京市海淀区万寿路 173 信箱　邮编 100036
开　　本：787×1092　1/16　印张：13　字数：332.8 千字
版　　次：2010 年 3 月第 1 版
　　　　　2020 年 4 月第 5 版
印　　次：2025 年 2 月第 15 次印刷
定　　价：35.00 元

凡所购买电子工业出版社图书有缺损问题，请向购买书店调换。若书店售缺，请与本社发行部联系，联系及邮购电话：（010）88254888，88258888。

质量投诉请发邮件至 zlts@phei.com.cn，盗版侵权举报请发邮件至 dbqq@phei.com.cn。

本书咨询联系方式：xuling@phei.com.cn。

前　言

《国家职业教育改革实施方案》指出："职业教育与普通教育是两种不同教育类型，具有同等重要地位。"《教育部关于职业院校专业人才培养方案制订与实施工作的指导意见》（教职成〔2019〕13号）提出："深化教师、教材、教法改革。健全教材选用制度，选用体现新技术、新工艺、新规范等的高质量教材，引入典型生产案例。"可以看出，加强职业教育教材建设，是推动课堂教学革命，提升课堂教学质量的重要保障。

本次教材修订贯彻落实党的二十大精神，立足"培养什么人、怎样培养人、为谁培养人"这一教育的根本问题，充分发挥专业教材的育人载体作用，将知识传授、能力培养和价值塑造三者有机融合，并通过课程思政确保党的二十大精神落实到位，发挥铸魂育人实效，努力培养更多德智体美劳全面发展的高素质营销专业人才。

本书是产教融合、校企合作开发的理实一体化新形态教材，职业教育类型特色鲜明，是省级精品资源共享课程配套教材；同时，教材内容与职业院校市场营销技能大赛竞赛内容相融合。

本教材第4版曾获"首届全国教材建设奖全国优秀教材二等奖"，修订后的第5版教材具有以下特色。

1. 坚持立德树人，注重德技并修

本书寓职业道德教育于课程教学之中，将教书和育人有机融合，注重培养学生的职业道德和职业素养。本书经过5次修订，每一次修订都能够紧密结合企业最新的营销方式和营销策略发展变化，从而确保了教材内容的先进性、应用性和实践性；同时注重学生职业精神和工匠精神的培养，让学生在专业学习的过程中掌握企业营销的技术技能。

2. 推行教材改革，注重理实一体

本次修订贯彻《国家职业教育改革实施方案》精神，坚持"面向市场、服务发展、促进就业"的职业教育理念，着重对教材内容进行全面改革，融入企业新技术、新工艺、新规范，突出"做中学、做中教"的职业教育特色。全书采用项目和模块化设计，注重理实一体教学，立足于解决市场营销活动中的实际问题，使本书更加具有实用性和适用性。

3. 创新教材形态，丰富案例资源

本次修订在更新知识的同时，进一步创新了教材形态，丰富了案例资源。本书紧跟企业营销动态、营销理念和营销方式，以丰富翔实的营销案例、科学合理的实训项目，培养学生的综合职业能力。为了方便教师教学和学生学习，本书配有教学指南、电子教案和习题答案，请有此需要的教师登录华信教育资源网免费注册后再进行下载，有问题时请在网站留言板上留言或与电子工业出版社联系(E-mail:hxedu@phei.com.cn)。此外，本书还配有二维码教学资源包，包括微课、案例库等，读者可通过扫描书中的二维码观看。

4. 降低教材难度，编排图文并茂

为使教材更加适合学生学习，本次修订适当降低了教材内容的难度，尽量做到深入浅出，同时注重文字简练、通俗易懂，版式编排方面加入了大量的学习案例、拓展阅读和卡通图片等，并设置了"营销名言"等一些小板块，尽量做到编排新颖、图文并茂，以增加本书的趣味性和可读性，从而激发学生的学习兴趣。

5. 企业专家指导，实现双元育人

本次修订过程中，特别邀请了畅捷通信息技术股份有限公司的营销总监谭兆成先生参与全书内容的指导和审订，从而保证了教学过程与企业工作过程的高度对接，为实现校企双元育人模式提供有效支撑。

本书由正高级讲师于家臻担任主编，王瑾和王婷婷两位老师担任副主编。参与本书修订的人员及分工如下：于家臻（项目1），王瑾（项目2、4），王婷婷（项目3、7），任慧超（项目5），郭明（项目6），盛娟娟（项目8），畅捷通信息技术股份有限公司的营销总监谭兆成先生参与全书内容的指导和审订。全书由王瑾、王婷婷负责统稿，于家臻总纂并定稿。

本书在修订编写过程中参考了国内外部分专家和网站的一些最新书刊和资料，汲取了很多有益内容，在此一并表示感谢。

由于编写人员的阅历、水平所限，加之编写时间仓促，书中的疏漏与不当之处在所难免，敬请有关专家和读者批评指正。

编 者

目 录

项目一 认知市场营销

知识目标

❖ 掌握市场的含义
❖ 掌握市场营销的概念
❖ 掌握现代营销观念
❖ 了解常见的市场类型

能力目标

❖ 理解市场营销与推销的不同
❖ 能够把握营销观念的新发展
❖ 能树立以顾客为中心的营销观念

素质目标

❖ 具备自主探究学习的意识，提高创新精神
❖ 具备严谨办事的工作理念及解决实际问题的能力

案例引领1——传音手机崛起

曾经的国产手机销量冠军——波导手机面世之初主打的就是性价比，在国内很受欢迎。但是随着智能机时代的到来，对这种低端品牌造成了巨大的冲击，波导没落了。但是公司的销售经理竺兆江却在离开波导后另辟蹊径，创立了传音手机，花了10年的时间，传音手机崛起了。

传音手机主要面向的市场是非洲，竺兆江根据非洲人的脸部特征，研发了特有的拍照识别技术。因为非洲人的肤色问题，一般的手机不容易聚焦，传音手机将识别的定位放在了眼睛、牙齿这些地方，获得了拍照的功能。除此之外，竺兆江还观察到，非洲天气比较炎热，人们很容易出汗，为了提高用户体验，传音还在防滑、防汗上下了大功夫，并尽力延长待机时间，方便用户使用。传音手机大多数都是双卡双待，有的甚至是四卡，价格实惠，主打的就是低端手机，适用于相对落后的地区。靠着一步一步的努力，终于称霸非洲市场。

❓ 开动脑筋

面对同样的非洲市场，不同的公司做出了不同的市场判断和决策，你认为传音手机成功的原因是什么？

模块1 市场

说起市场我们都很熟悉，因为市场与我们的日常生活息息相关。比如，我们买菜就要到农贸市场，买家具就要到家具市场，买衣服就要到服装市场，买日用百货就要到超级市场，等等。因此，可以简单地说买卖东西的地方就是市场。但是，从专业的角度来讲，市场并不这么简单，学习市场营销学，就必须从专业的角度去认识市场。

1.1 市场的含义

市场的含义有广义和狭义之分。

从狭义上讲，市场是买卖双方交易商品的场所。这里是将市场看作一个有限的区域，如我们所熟悉的农贸市场、家具市场、服装市场和超级市场等，都是专门供买卖双方进行商品交易的场所。这些市场具有共同的特点：既有买方，也有卖方；有一定的交易场所和条件；有较为固定的交易活动。可以看出，这三个条件缺一不可，只有这三个条件同时满足，才能称之为市场。

从广义上讲，市场是指在一定时间、地点条件下商品交换关系的总和。这一概念站在一个宏观的视角上，看到的是市场的全貌，也就是市场上有买卖双方，市场是体现供给与需求之间矛盾的统一体。

那么从市场营销学的角度看，市场是什么呢？市场是现实需求与潜在需求的全部，哪里有需求（包括现实和潜在需求），哪里就有市场。对于一个企业而言，产品生产出来确定定价后，如果有人愿意购买这种产品，就意味着企业生产的产品有市场；购买的人越多，说明产品的需求量越大，企业的市场就越大。因此，从企业营销的角度来讲，市场是人口、购买力和购买欲望三要素的综合，三者缺一不可。用公式表示就是：

$$市场 = 人口 + 购买力 + 购买欲望$$

[营销视野]

市场交易原则

（1）自愿原则是市场交易的基本原则。交易双方虽为不同利益主体，但在交易中都以自愿为原则，交易条件应为双方所接受，不能使一方屈从于别一方的意愿。

（2）平等原则是市场交易的重要原则。在市场经济条件下，商品要实现等价交换，这就要求交易双方要地位平等、机会均等，是一种平等竞争、平等交换关系。

（3）公平原则是市场交易的灵魂。自愿平等的原则并不能保证市场具有公平的结果。公平可以衡量市场交易活动是否规范、有序。

（4）诚信原则是市场交易的基本精神。要使市场经济健康发展、市场机制正常运行，就要坚决抵制种种不良现象，倡导诚信原则。

1.2 市场的特点

随着人类社会经济的发展，市场发生了很大变化。现代市场具有以下几个特点。

（1）统一性。现代市场的统一性是指市场体系必须是统一的市场，商品交换必须在全国范围内按统一规则进行，既要建立全国范围的流通网络为统一的市场提供物质基础，又要打破地方限制和行业封锁，为统一的市场提供制度基础。

（2）开放性。市场需要开放性，一个开放的市场能够使企业之间在更大的范围内和更高的层次上展开竞争与合作，促进经济健康发展。

（3）竞争性。现代市场充满了竞争，竞争能够使企业努力在产品质量、价格、服务、品种等方面创造优势。充分的市场竞争，会使经济活动充满生机和活力。

（4）有序性。现代市场的有序性能够保证平等竞争和公平交易，从而保护生产经营者和消费者的合法权益。

1.3 常见市场类型

按不同的分类标准进行分类，常见的市场类型主要有以下几种。

1. 国内市场和国际市场

根据地域特征不同，市场可分为国内市场（本土市场）和国际市场（海外市场）。

国内市场、国际市场还可以进一步细分，如国内市场又可以分为北方市场和南方市场，城镇市场和农村市场，本地市场和外埠市场，东部地区市场和西部地区市场等。同样，不同的公司对国际市场的细分也不一样。不断满足国内消费者的需求是企业市场营销的根本目的，在满足国内市场需求的前提下，以国际市场为目标，不断开拓市场，是企业市场营销的发展方向。随着全球贸易一体化进程的发展，国家之间的地域距离逐步缩小，这就要求国内企业的市场行为也要逐步国际化。

2. 完全竞争市场、完全垄断市场、寡头垄断市场和垄断竞争市场

根据竞争程度划分，市场可分为完全竞争市场、完全垄断市场、寡头垄断市场和垄断竞争市场。

完全竞争市场又称纯粹竞争市场，是指竞争充分而不受任何阻碍和干扰的一种市场结构。在完全竞争市场条件下，有无数买方和卖方，买卖双方都是价格的净接受者，生产要素可以自由流动，有充分的市场信息，价格自发地调节着商品的供求关系。这是一种极端的市场条件，一般很少见，现实生活中的农产品交易近似这种市场。

完全垄断市场是一种与完全竞争市场相对立的极端形式的市场类型。在完全垄断市场中，由于存在专利技术、资源等因素的垄断，或者凭借政府的力量，只有唯一的买主或卖主，其他人不可能参加竞争，以垄断高价或垄断低价的形式决定垄断利润。这也是一种极端的市场形式，除少数国家垄断经营的产品和行业外，这种市场也很少存在。如煤气公司、电业公司等。

寡头垄断市场是指某种产品的绝大部分是由少数几家大企业所控制的市场。在寡头垄断市场中，既存在竞争因素，又存在垄断因素，至少有两个以上的卖方和买方，少数卖方或买方具有资产、效率、信息等优势，对价格起着影响作用。在市场营销中，这是一种广泛存在的市场。企业在寡头垄断市场上经营，既存在竞争性，又受到一定的限制，其营销策略随着居于领先地位的大企业的变化而变化。

垄断竞争市场中有许多厂商，他们生产和销售的是同种产品，但这些产品又存在一定的差别。因此，可以说垄断竞争市场中垄断因素和竞争因素并存。在现实生活中，垄断竞争市场在零售业和服务业中较为普遍。

3. 有形商品市场和无形商品市场

根据产品的形态划分，市场可分为有形商品市场和无形商品市场。

有形商品市场是指一般的商品市场，如农贸市场、服装市场、家电市场和建材市场等。

无形商品市场是指为满足人们对资金及各种服务的需要而提供各种无形商品的市场，如金融市场、劳务市场、技术市场和信息市场等。

金融市场又称资金市场，包括货币市场和资本市场两种形式。货币市场是融通短期

资金的市场，资本市场是融通长期资金的市场。货币市场和资本市场又可以进一步分为若干不同的子市场。货币市场包括金融同业拆借市场、回购协议市场、商业票据市场、银行承兑汇票市场、短期政府债券市场、大面额可转让存单市场等。资本市场包括中长期信贷市场和证券市场。中长期信贷市场是金融机构与工商企业之间的贷款市场；证券市场是通过证券的发行与交易进行融资的市场，包括债券市场、股票市场、基金市场、保险市场和融资租赁市场等。

劳务市场是以劳务来满足生产者或消费者需求的市场，又称服务市场。劳务市场不是以物质产品的形式，而是以"活动"的直接形式来满足人们的需求的。劳务市场具有不可触摸性、服务直接性、品质差异性和容易消失性等特点。

技术市场是指将技术成果实行有偿转让，以满足生产者需求的市场。按其经济用途的不同，技术市场可划分为初级技术商品市场（如专利发明、技术成果转让等）、配套技术商品市场（如工艺规程、机器设备安装图纸等）和服务性技术商品市场（如技术咨询、技术培训、技术示范等有偿服务活动）。

信息市场是指提供各种市场信息，以满足生产、消费需求的市场。市场信息是反映市场经济活动的特征及其变动趋势的各种消息、情报、资料、数据、指令和信号的统称。它主要包括供求信息和价格信息等。报纸、杂志、电视、广播和因特网是主要的信息载体。

4. 现货交易市场、期货交易市场和贷款交易市场

根据时间结构划分，市场可分为现货交易市场、期货交易市场和贷款交易市场。

现货交易市场是指买卖双方以现款和现货进行交易，一手交钱一手交货的市场。现货交易风险较小，一般用于零星小额买卖的商品、选择性较强的商品、质地易变的商品、价格波动较小的商品，以及难以分级销售的商品。

期货交易市场是指先达成交易契约，然后在规定的时间进行钱货交付的市场。它具有三个基本特点：一是义务性，买卖双方必须履行到期接受或交付货物的义务；二是远期性，从成交到付清货款要延续一段时间；三是投机性，期货交易成交时，卖方手中不一定有真货，在未到期交货时，买卖双方还可以转卖或买回，形成并无实物和货款的"空头买卖"。因此期货交易风险很大，一般适用于农产品和证券交易。

贷款交易市场是指通过借贷关系进行商品交易的市场。它有两种基本形式：一是延期付款交易，即先交付商品，在一定时期内收回货款，是卖方贷款给买方所进行的现货交易；二是预先付款交易，即先付款，在一定时期内交货，是买方贷款给卖方所进行的期货交易。

5. 消费者市场、生产者市场和组织市场

根据购买目的划分，市场可分为消费者市场、生产者市场和组织市场。

消费者市场又称消费品市场或生活资料市场，是指为满足消费者个人或家庭的消费

需要而提供产品或服务的市场。

生产者市场又称生产资料市场，是指为满足生产者生产或加工的需要而提供产品或服务的市场。

组织市场是由各种组织机构形成的对企业产品和劳务需求的总和。

各种产品都可以根据购买目的和用途的不同，分别划归于消费品、生产资料和社会集团消费品。同一种产品，无论是有形产品还是无形产品，在不同的条件下由于用途不同，都可以属于不同的市场。例如，煤炭，用于家庭做饭、取暖则属于消费者市场产品；用于生产过程作为能源，则属于生产者市场产品；用于社会集团购买，则属于组织市场产品。各种服务也是如此，被消费者个人或家庭购买，则属于消费者市场；被生产者购买用于生产过程，则属于生产者市场；被社会集团购买，则属于组织市场。

模块 2　市场营销

在当今经济社会中，企业不能单纯地追求生产技术优势，更需要追求市场方面的优势。没有市场营销，企业就不能更好地发展。市场营销是经济社会中适用领域最为广泛的经济管理活动。在当今发达国家，35% 左右的企业员工都在市场营销领域从事工作，非商业企业组织也大量应用市场营销的知识和方法。市场营销活动产生的利润，不但是企业生存必不可少的，而且是整个国民经济生存和健康发展不可或缺的。除了对国民经济的贡献，市场营销活动还有助于改善人们的生活质量。

2.1　市场营销的含义

关于市场营销的概念，有多种不同的定义。美国市场营销协会（American Marketing Association，AMA）下的定义：市场营销是在创造、沟通、传播和交换产品中，为顾客、客户、合作伙伴以及整个社会带来价值的一系列活动、过程和体系。菲利普·科特勒的定义强调了营销的价值导向：市场营销是个人和集体通过创造产品和价值，并同别人自由交换产品和价值，来获得其所需所欲之物的一种社会和管理过程。格隆罗斯则强调了营销的目的：所谓市场营销，就是在变化的市场环境中，旨在满足消费需要、实现企业目标的商务活动过程，包括市场调研、选择目标市场、产品开发、产品促销等一系列与市场有关的企业业务经营活动。

可见，市场营销的定义并没有什么标准形式，通常是基于观点人自己的理解和体会。为了更加贴近企业的经营活动，我们将市场营销定义为：市场营销是指在以顾客需求为中心的思想指导下，企业所进行的有关产品生产、流通和售后服务等与市场有关的一系列经营活动（包括市场调查和预测，产品构思和设计，产品生产、定价、分销、促销和售后服务等内容）。其目的在于满足市场需求，实现企业的经营目标。

2.2 市场营销的内容

市场营销的内容是由其研究对象决定的。市场营销的研究对象是以满足消费者需求为中心的企业经营活动过程及其规律性，即研究在特定的市场环境中，为满足消费者和用户的现实和潜在的需要，所实施的以产品、分销、定价和促销为主要内容的营销活动过程及其客观规律性。

市场营销在不同的社会发展时期研究对象不同，其内容也不同。现代市场营销不仅研究消费者的现实需要，还要掌握消费者的潜在需求，以满足消费者的现实需求和潜在需求为中心，研究开拓市场的营销战略，正确处理市场营销活动中的各种关系。

由市场营销的研究对象可知，市场营销的主要内容可以归纳为以下两部分。

（1）营销理论：主要包括市场营销的研究对象与市场营销观念等，主要有市场分析、消费者需求、营销观念、营销环境、市场细分与目标市场理论。

（2）营销策略：主要有产品策略、定价策略、分销渠道策略、促销策略、营销组合策略等。

2.3 市场营销与推销的区别

市场营销与推销有密切联系，推销是市场营销的一部分。但两者也有很大的区别：起点不同，推销的起点是产品的终端销售，营销的起点是市场；目标不同，营销的目标是通过满足消费者需要来取得盈利，考虑的是企业的长期行为。推销的目标是通过销售技巧达成交易，大多为短期行为；重心不同，推销的重心在于产品，企业考虑的中心工作是推销现有的产品，而较少考虑消费者是否需要这些产品。营销的重心在于消费者，企业考虑的中心工作是满足消费者的需要；方法不同，推销的方法主要是加强推销活动，如倾力推销、强行推销等。营销采用的是最佳的营销组合活动。

当企业面临的销售压力很大时，很多人都会把推销放在非常重要的地位。但是，如果能够重视营销工作，科学地做好营销策划与管理，就可以使产品推销的压力变得越来越小。著名的管理学大师德鲁克先生说："市场营销的目标是使推销成为多余。"不过这并不等于说推销工作变为零，原因就在于营销过程的第一步是营销调研，通过市场营销调研搞清楚该做什么，因此市场营销实际上是以当前环境为基础对未来市场环境的一种推测，在对未来环境推测的基础上设定营销目标，构筑营销方案。营销方案的实施是在未来环境下进行的，预测不可能百分之百正确，因此处于营销过程末端的推销不可能没有压力。不过，前面的工作做得越有成效，后面的压力就越小，因此，要重视营销工作的整体性和协调性，要在战略上藐视推销，在战术上重视推销，只有这样才能使产品销售良性发展。

模块 3　市场营销观念的演变

市场营销观念是企业市场行为的指导思想，即企业在开展市场营销管理过程中，处理企业、顾客和社会三者利益方面所持的态度、思想和观念，它集中体现在企业以什么样的方法和态度来对待市场、顾客和社会。企业的营销观念不同，企业的经营目标、任务就会有根本差别，企业的组织结构、业务程序、经营方式也会发生相应的变化，从而直接影响企业的经济效益。

市场营销观念从 20 世纪初至今先后经历了数次演变，其间发生了两次观念大革命。从最初的生产观念、产品观念、推销观念到市场营销观念，这是第一次营销观念的革命。以后出现的社会营销、大市场营销等观念属于市场营销观念的延伸和扩展。而因特网的普及催生了网络营销观念，这是营销观念的第二次革命。

3.1　生产观念

生产观念是卖方市场条件下以生产为中心的经营观念。典型

案例　美国皮尔斯堡面粉
公司营销观念的转变

表现就是企业生产什么消费者就买什么，这是由于商品供不应求所引起的，因此企业只需要扩大生产就可以增加销售量。例如，在 20 世纪初，福特汽车公司宣称："不管顾客需要什么颜色的汽车，我们只有一种黑色的。"对企业而言，最重要的不是消费者对产品是否满意，而是如何最大限度地增加产量，满足消费者的需求。即使在现在的某些行业中，由于某些产品比较紧俏、缺乏竞争，生产厂家仍然持有这种观念，企业的一切经济活动都以生产为中心，企业不关心消费者的需求变化，更不可能投入资金进行新产品开发，甚至广告投入都被视为浪费。

生产观念适应的情况为：产品供不应求，消费者没有什么选择的余地；企业以提高产量、降低成本、扩大销售为竞争手段。

3.2　产品观念

产品观念认为，消费者喜欢高质量、多功能和具有某种特色的产品，企业应致力于生产优质产品，并不断改进产品，使之日臻完美。如果企业盲目坚持"产品导向观念"，迷恋于自己的产品，认为自己的产品只要质量好、物美价廉，顾客就一定会找上门，这样就容易导致"市场营销近视症"，即不适当地把注意力放在产品上，而不是放在市场需求上。

产品观念在我国的盛行时期是在 20 世纪 80 年代末和 90 年代初。虽然竞争开始加剧，但由于企业自身实力不足，研发新产品的能力有限，加之有的企业引进设备不成功，使得大部分产品还不成熟，质量也存在问题。因此，相互竞争主要集中在产品，尤其是产

品质量上。因此也就出现了"名牌"概念，而人们对"名牌"的认识也仅仅局限于产品质量好、款式新等方面。这一时期，企业都逐渐认识到产品质量的重要性，当时比较流行的口号就是"质量就是生命"。

产品观念过度地认为，产品是企业生存发展的基础，质量是产品的生命，只有质量好、有特色，才能抓住顾客的心理。其错误之处在于把产品看成需求的化身，把产品等同于需求，忽视了市场需求的变化。事实上，再好的产品也有卖不出去的时候。

3.3 推销观念

推销观念是在卖方市场向买方市场过渡时期产生的一种以推销为中心的经营观念。推销观念认为，消费者通常表现出一种购买惰性或抵抗心理。如果任其自然发展，消费者一般不会足量购买某一企业的产品。因此，企业必须积极推销和大力促销，以刺激消费者大量购买本企业产品。该观念被大量用于推销那些非渴求产品，即购买者一般不会想到要去购买的产品或服务。许多企业在产品过剩时也常常奉行推销观念。

这一观念在我国的盛行时期是 20 世纪 90 年代中期，此时的市场大部分已经是买方市场，即买方占据有利地位，消费者可以有多种选择，企业相互之间的竞争十分激烈，各厂家的产品在质量、功能、价格、包装等方面都很难有明显优势。此时，对于企业而言，最重要的便是如何将自己的产品推销出去，否则，企业就会出现产品积压、资金周转困难，甚至影响企业生存的问题，因此推销观念也就应运而生了。

3.4 市场营销观念

案例 麦当劳的营销观念

国外的市场营销观念最早出现于 20 世纪 50 年代，这一时期资本主义国家的市场发生了很大变化。以美国为代表的发达资本主义国家的市场已经完全处于供过于求的买方市场，企业之间的竞争非常激烈，消费者的需求也发生了很大变化。在这一市场状态下，企业纷纷采用市场营销观念。

市场营销观念是作为对上述观念的挑战而出现的一种新型的企业经营理念。这种观念认为，实现企业各项目标的关键，在于正确确定目标市场的需要和欲望，并且比竞争者更有效地传送目标市场所期望的物品或服务，进而比竞争者更有效地满足目标市场的需要和欲望。因此，从本质上说，市场营销观念是一种以顾客需要和欲望为导向的哲学，是消费者主权论在企业市场营销管理中的体现。

市场营销观念与前三种观念最大的区别在于，它真正把消费者的需求放在了第一位，企业的一切行为都是为消费者服务的。市场营销观念的出现被称为营销观念的一次革命，是一种成熟的现代营销观念。它始终把消费者放在首位，注重营销过程的每一个细节，使得营销观念上升到一个新的高度，而以后出现的一些新的营销观念基本上都是以市场营销观念为基础的。

3.5　社会营销观念

社会营销观念出现于20世纪70年代的西方国家，是对市场营销观念的补充和修正。

营销名言：市场决定我们的一切行为。——郭士纳

当今，全球环境遭到破坏、资源短缺、人口爆炸、通货膨胀和忽视社会服务等问题日益严重，因此，要求企业顾及消费者整体利益与长远利益的呼声也就越来越高。在西方市场营销学界出现了一系列新的理论及观念，如人类观念、生态准则观念、理智消费观念等。这些观念的共同点：企业生产经营不但要考虑消费者需要，而且要考虑消费者和整个社会的长远利益。这类观念统称为社会营销观念。

社会营销观念是对市场营销观念的进一步完善和发展。与市场营销观念相比，社会营销观念在继续坚持通过满足消费者和用户需求及欲望而获取利润的同时，更加合理地兼顾消费者和用户的眼前利益与长远利益，更加周密地考虑如何解决满足消费者和用户需求与社会公众利益之间的矛盾。

社会营销观念强调，企业、消费者和社会三方面的利益应当兼顾，企业不能为了赚钱而只满足消费者的需求，不顾社会利益，应该树立良好的社会形象，给社会公众留下一个关心和爱护社会的良好印象。这就要求企业在制定市场营销政策时，要平衡企业利润、消费者需求和社会利益三者的关系。

3.6　营销观念的新发展

微课　未来营销观念

进入21世纪，新的科技革命成果已将人类物质文明推向一个新的高度。以因特网、电子商务、知识经济和高新技术为代表，以满足消费者的需求为核心的新经济对传统的市场营销活动提出了新的要求和挑战。未来营销观念重视顾客价值、信息革命对市场营销的影响。这引领了市场营销领域新的发展趋势，出现了诸如绿色营销、直复营销、关系营销、新媒体营销新的营销观念。

1.　绿色营销

绿色营销观念，是一种从产品的设计、生产、销售到使用的整个营销过程都要考虑到资源的节约利用和环保利益，做到安全、卫生、无公害的一种营销观念。企业以保护环境观念作为其经营思想，以绿色文化作为其价值观念，以消费者的绿色消费作为中心和出发点，通过制定及实施绿色营销策略，满足消费者的绿色需求，来实现企业的经营目标。简言之，绿色营销就是以满足消费者和经营者的共同利益为目的的社会绿色需求管理，以保护生态环境为宗旨的绿色市场营销模式。

绿色营销必须在绿色营销观念的指导下进行。例如，企业纷纷利用"绿色商品"大

做"绿色广告"，美国生产纸尿裤的企业从环保角度出发进行广告促销，强调布尿片埋在土里至少要经过 500 年才能分解，而纸尿片在土里很快就能分解，于是纸尿片在公众心中树起了"绿色形象"，短短 3 年，销售量猛增 1.8 倍。绿色营销是多种营销观念的综合，它要求企业在满足顾客需要和保护生态环境的前提下取得利润，把社会长远利益、消费者切身利益和企业经济效益三方利益协调起来，实现可持续发展。

2. 直复营销

直复营销是以盈利为目标，通过个性化的沟通媒介向目标市场成员发布发盘信息，以寻求对方直接回应（问询或订购）的社会和管理过程。直复营销起源于美国，20 世纪 80 年代以前，直复营销并不被人重视，进入 20 世纪 80 年代后，直复营销得到了飞速的发展，其独有的优势也日益被企业和消费者所了解。

直复营销是无店铺销售中的一种，消费者通过媒体了解或接触商品和服务后，通过邮政、电话、计算机网络等媒体来完成订货和购买。直复营销的优点之一就是顾客坐在家中就可以买到自己需要的商品。这样就需要一种营销工具，能够在企业和顾客之间进行沟通。目前，全球主要的直复营销工具有邮购目录、直邮信件、电话营销、电视营销、其他媒体营销和网络营销等几种。其中以网络营销发展最为迅速，而且出现了多种营销工具整合的趋势。

直复营销强调在任何时间、任何地点都可以实现企业与顾客间的"信息双向交流"。因特网的方便性、快捷性使得顾客可以随时通过因特网直接向企业提出建议和购买需求，也可以直接通过因特网获取售后服务。企业也可以从顾客建议、需求和要求的服务中找出自身的不足，按照顾客的需求进行经营管理，减少营销费用。

3. 关系营销

关系营销是以系统理论为基本思想，将企业置身于社会经济大环境中来考察企业的市场营销活动。关系营销与企业和产品的关系是相辅相成、互为补充的。关系营销被认为是企业与客户、供应商、分销商、其他利益相关人或组织建立长期、稳定、互信、互惠关系的活动。企业与顾客之间的长期关系是关系营销的核心，保持和发展这种关系是关系营销的重要内容。

关系营销的内涵是指企业努力与有价值的客户、分销商和供应商建立长期的、互信的双赢关系，是关系双方以互惠互利为目标的营销活动，是利用信息反馈不断完善产品和服务的管理手段。

关系营销与传统营销的区别在于，传统营销的核心是交易，而关系营销的核心是关系。传统营销的视野局限于目标市场，而关系营销所涉及的范围包括顾客、供应商、分销商、竞争对手、银行、政府及企业内部员工。传统营销只关心如何生产，如何获得顾客，而关系营销则强调充分利用现有资源保持现有顾客，一切围绕关系展开，以求得关系各方面的协调发展。

4．新媒体营销

新媒体营销是利用新媒体平台进行营销活动的方式。新媒体营销受众广泛，渠道众多，营销效果明显，已成为现代营销模式中的重要组成部分，其独特的营销模式已显露出无限的商机，详见项目八。

营销拓展

由小米的成功看互联网时代的营销变革

项目小结

市场是人口、购买力和购买欲望三要素的综合。

市场营销是指在以顾客需求为中心的思想指导下，企业所进行的有关产品生产、流通和售后服务等与市场有关的一系列经营活动。

常见的市场类型有国内市场和国际市场；完全竞争市场、完全垄断市场、寡头垄断市场和垄断竞争市场；有形商品市场和无形商品市场；现货交易市场、期货交易市场和贷款交易市场；消费者市场、生产者市场和组织市场。

市场营销研究的内容包括营销理论和营销策略。市场营销不同于推销，推销只是市场营销的一部分。

市场营销观念由生产观念、产品观念、推销观念不断发展演变为市场营销观念和社会营销观念。

营销观念的新发展：绿色营销、直复营销、关系营销和新媒体营销。

练习与实训

一、简答题

1．为什么说市场营销观念的确立，是企业经营指导思想上一次深刻的变革？

2．推销与市场营销有哪些不同？

二、案例分析题

美国爱尔琴钟表公司素以生产高档精美手表而闻名于世，自1896年创立至20世纪50年代末期，一直在美国市场乃至国际市场上享有盛誉，并通过一流的珠宝商店和百货公司的庞大商业网络销售产品。但1958年后，其销售额和市场占有率开始迅速下降。

? 思考题

请运用本章所学内容分析该公司运用的是哪一种营销观念，该案例给你的启发是什么？

延伸阅读

Eataly——"爆款"超市

人们的生活节奏变得越来越快，逛超市都逐渐成为一种奢侈，更多的人习惯去便利店买东西，然后迅速走人。在意大利却有这样的一家食品超市，偏偏逆向而行，不仅主打"慢食生活＋健康"的生活理念，更通过"超市＋餐厅"的模式深入人心，2014年在全球只有28家店的情况下，年收入达到2.2亿欧元（约15亿人民币）。在纽约的一家分店，一天的客流量便可达到12800人，这家超市就叫Eataly。

Eataly 的名字来源于英文"吃"（Eat）和"意大利"（Italy）的组合，它是全世界规模最大、品种最全的意大利食品超市。Eataly 的创始人奥斯卡·法利内希望开办一家以持续性、责任感及分享为目标的食品超市。于是，2007 年他在意大利都灵开办了第一家 Eataly。这家店马上引起了超乎想象的轰动效应。现在，你几乎在意大利的每个重要城市都能找到 Eataly 的坐标，而且它还扩展到了美国、英国、日本、阿联酋等国家的重要城市中。Eataly 在纽约曼哈顿的分店总投资为 2000 万美金，于 2011 年 8 月开业，开业不久马上就创造了单日 12800 名到访者的纪录。

是什么让 Eataly 如此受欢迎呢？

法则一：极致的体验深入人心

1. 人性化的设计

很多时候，我们到超市要买一件东西立刻走，必须逛完整个超市才能找到收银台，而 Eataly 和传统超市不同，顾客一进门就可以看到收银台，如果顾客着急，可以直接买完东西结账走人，而不用逛完整个超市。

2. 颠覆传统超市的定义

Eataly 不仅仅是一个食品购物超市，它还提供了一种生活方式。Eataly 将自己定位为"慢食超市餐厅"，所以当顾客走进去时，会觉得更像是一个食品市场，这里不仅陈列着琳琅满目的食材，旁边还有厨师、餐桌和服务生。每个陈列区旁都设有用餐处，顾客既可以选好食材回家烹饪，也可以直接让厨师烹饪好，直接在此享用。以纽约的门店为例，顾客可以坐在超市里边吃烤肉边看电视，逛累了可以在咖啡柜台坐下喝杯咖啡休息片刻，还可以去小图书馆里翻翻食谱。多样化的购物餐饮场景给顾客

带来了极致的体验。

3. 不一样的营销理念

Eataly 并没有像其他超市一样，花费大量的广告费用，Eataly 的营销核心是饮食教育。Eataly 的公关认同"透过教育才能创造新的顾客"。比如，Eataly 收集了大量美食书刊，并设置了一个小图书馆，顾客可以在这里看美食书刊，确定好要买的东西，可以在旁边的计算机上打印出清单，再去购买。在入口处或餐桌上画上当季蔬菜、水果，让顾客认识当季食品，因为当季食物既便宜又好吃，顾客也可以购买食物生产季节的海报回家参考。

Eataly 的每个营业区经常针对不同年龄层，开办各类烹饪课、品尝课。这些课程的价格从 30 欧元到 120 欧元不等。比如，意大利的传统烹饪课程，葡萄酒的品鉴及存放课程，专为小学生开设食材的历史、特性、烹饪方法课程，等等。Eataly 精心挑选的厨师会耐心地传授烹饪方法，然后让学员们一起动手，并在最后分享自己的成果。

法则二：看得见的健康产品理念

在 Eataly，到处可以看到一个大标语：吃是一种农业行为（Eating is an agricultural act.），展示了其别具一格的经营理念。品牌诞生初期，Eataly 就集合了一群以传统方式种植、生产食材，自制饮品的小农场和小作坊，Eataly 宁可舍弃市面上常见的品牌，也要选择当季、本地及个性化的商品。这里约一半食材产于本地区，45% 来自意大利其他地方，进口商品只占 5%。商品是直接向约 900 位生产者采购的，不额外收取上架费，这也减少了生产方和零售商之间中间环节的成本。

为了推销这些小型生产者的产品，Eataly 不仅制作海报、小告示，举办试吃、品酒、烹饪课等活动，还安排顾客参观食品产地，以轻松友善的方式，拉近消费者和生产者的距离。从一开始，Eataly 就通过建立自己与农业生产者之间的直接关系，用合理的价格提供给人们最天然最健康的农产品。这个经营模式也体现了 Eataly 持续、责任、分享的价值核心。

法则三：独树一帜的社交媒体推广

为了让品牌文化更加深入人心，Eataly 在社交媒体上下了不少功夫，通过自己创造的各种活动和节日，让习惯了快节奏生活的顾客学会慢下来，享受"慢食"的魅力。除了两大主流社交媒体平台 Facebook 和 Twitter，Eataly 的官方网站也是这些活动推广的重要媒介。

无肉星期一：在这一天，倡导大家吃素食，同时宣传 Eataly 精致的素食菜单。

全国啤酒日：号召美酒爱好者齐聚 Eataly 的酒类专区，品尝美酒和小食。

反情人节：这是 Eataly 想出来的奇怪节日之一。如果你 2 月 14 号没有地方浪漫，那就可以来 Eataly 的屋顶餐厅加入"One Night Stand"活动，从中午到午夜，Eataly 提供了五十多种啤酒佳酿及美食，有些酒甚至具有巧克力口感。所以说，情人节那天没有被丘比特之箭射中没关系，错过这些美酒美食才是真的遗憾！

Eataly 在全球范围内都颇受欢迎有两个重要原因：一是超市的设计和餐厅的食物的确令人惊喜；二是 Eataly 倡导的慢生活、慢食物的生活方式深受大城市居民的喜爱。在大家习惯于忙忙碌碌的今天，在 Eataly 你却可以慢悠悠地逛超市，同时选择自己中意的食材和菜谱。如果有幸遇到个好天气，到 Eataly 屋顶餐厅选择一个小圆桌，对着暖阳和高楼，俯瞰整个城市，简直让每一个对生活品质有追求的食客心旷神怡。

（资料来源：《世界经理人》）

项目 2

分析营销环境

知识目标

❖ 了解市场营销环境的概念

❖ 掌握影响企业营销的微观环境和宏观环境的构成

❖ 掌握市场营销环境分析的方法及其变化时的对策

能力目标

❖ 理解微观环境之间的关系

❖ 理解宏观环境之间的关系

❖ 具有一定的市场环境分析能力及捕捉市场营销机会的能力

素质目标

❖ 具备自主探究学习和团队合作意识

❖ 具备学会分析问题、解决问题的良好素质

案例引领2——海尔的成功之路

海尔创业于1984年，成长在改革开放的时代浪潮中。30多年来，海尔始终以创造用户价值为目标，一路创业创新，历经名牌战略、多元化发展战略、国际化战略、全球化品牌战略四个发展阶段，2012年进入第五个发展阶段——网络化战略阶段，海尔目前已发展为全球白色家电第一品牌。

海尔品牌的高知名度、良好的信誉、对用户的忠诚、能快速满足用户个性化需求、"真诚到永远"服务等良好形象，让用户感到物有所值的同时，也感到一种亲情的存在和精神上的享受。海尔与用户之间良好的相互信任的品牌客户关系的形成，使海尔品牌赢得了广大用户的尊重和忠诚。海尔凭借在第一阶段确立起来的品牌优势，通过产品创新，从仅做单一的冰箱产品延伸到高新技术、多规格产品，以及全部系列家电名牌产品群，使海尔品牌在产品范围上得到延伸。同时，海尔凭借品牌优势，通过"吃休克鱼"方式，用海尔文化、先进的管理方法、优质的服务等来激活许多濒临破产或缺乏活力的企业，给这些兼并企业构建了新的海尔品牌核心竞争力，使海尔品牌在地域范围上得到了延伸。

海尔集团注重创新能力的发展。

（1）战略创新。海尔在其发展的第一阶段就确立了名牌战略，把提高质量而不是数量作为首要工作。第二阶段是多元化发展阶段，海尔从冰箱一种产品做到多种产品。第三阶段是海尔的国际化战略。

（2）观念创新。海尔提出了"斜坡球体论"的管理理念；"卖信誉而不是卖产品"的"信誉第一"理念；"用户总是对的"和"以客户需求为真理唯一标准"理念；"先造人后造产品"理念；"二三等品就是废品"理念；"赛马不相马"理念。

（3）技术创新。海尔运用技术创新形成自身核心技术优势，这其中有两种基本模式：一是自我发展，建立自己的研究开发机构——工程塑料国家工程研究中心和广电局广播科学研究院（2018年9月经中编办批准，更名为广播电视科学研究院）；二是与拥有互补优势的企业或科研院所建立战略联盟与联系，或兼并收购拥有某种企业所需要的专长的企业为我所用。

（4）组织创新。海尔组织结构演变经过了三个阶段：直线职能式、矩阵结构和市场链结构。

（5）流程再造。海尔的业务流程再造可以用"三个零"表示。第一个"零"是零距离，和用户建立一种零距离的关系；第二个"零"是零库存；第三个"零"是零营运资本。海尔内部有一个原则，叫现金流第一，利润第二，就是做到现款现货，海尔每天推出两个多专利和一个新产品以满足用户的个性化需求，从而创造许多有价值的订单。

（6）市场创新。在市场创新方面，海尔走好了如下四步：一是形成质保体系；二是坚持先难后易的原则，先打入发达国家，再进入发展中国家，想办法进入海外的大连锁店、大营销系统中去；三是必须打海尔品牌；四是速度制胜，海尔自知在技术、销售等很多

领域与国外大公司有差距，因此坚持以速度占领市场的制高点，创造世界品牌。

海尔集团每开拓一个市场，都要做出完美的营销策略，而市场调研工作更可谓细致入微。在开拓巴基斯坦市场时，海尔调研发现该国家的白色衣服放进洗衣机中清洗往往会转不动，并且在那里温度比较高，塑料制的洗衣机不耐热，于是海尔制定出研发新产品的战略，研发了双动力加大的产品，并设计出另一款产品——金属外桶且容量较大的干衣机。在洗衣方式上，不同地域的特点不同。例如，亚洲人讲究的是价格适宜，使用方便的耐用性产品，而欧美人偏重产品外观和设计是否符合自己的品位。海尔根据不同喜好设计出不同款式的洗衣机，根据消费者群体分出冷、温、热三洗式洗衣机，既满足了顾客对产品质量的要求，又保证了顾客对设计的满意度。

20世纪80年代的工业改革，海尔抓住机会，运用德国技术成功实现了品牌的发展。90年代初中央实施培育发展资本市场的政策，海尔在此机遇下上市，筹得重金。21世纪的今天在中国经济新常态下，海尔又做出了什么呢？面对"新常态"，海尔不但仍重视品牌活动，更是加大了生态建设，开放了平台生态，增加了网络平台生态的使用，在冰箱、洗衣机、空调方面打造智慧生活，使消费者亲身感受产品带来的服务。企业转型，产品转型给海尔带来了一次又一次的商机，因为海尔懂得根据经济政策采取适合自己的发展策略。海尔集团针对这样的外界因素，及时把握国家政策，深度分析市场环境，为自身的发展打下深厚的基础。2014年"双十一"当天，海尔创下3.24亿元的销售额；2015年"双十一"，仅7小时就创下3.5亿元的销售额，当天海尔官方旗舰店销售额更是达到4.77亿元，在这期间，海尔在全网的销售额达到了11亿元。2015年海尔同期实现同比增长29%的高增长率，与同行业相比超出7倍之多。2016年海尔在全网的销售额远高于去年保持的纪录，"双十一"当天海尔在天猫官方旗舰店的销售额仅用6分钟就突破了1亿元，17分钟突破2亿元，79分钟突破5亿元大关，并且展现出强劲的增长势头。截至当天24点，海尔位居天猫"双十一"大家电类品牌销售额排行榜第一，商家销售额排行中海尔官方旗舰店位居第一。同时，海尔在国美在线、京东、苏宁等大家电销售排行榜中位居第一。

就目前来看，海尔集团的竞争者中，最强有力的当属美的。美的比海尔年轻，因此在发展活力上美的更胜一筹，但是对于已经进入市场多年的海尔来说，无论是顾客回头率、产品承诺，还是信用度等方面都要优于美的。因此，未来两家企业的竞争可谓不分上下，如何能更进一步地占有优势，那就要看谁能更迅速地响应新常态经济政策，做出优质产品，注重长期发展，实现可持续发展。在网络化高度集中的今天，海尔转型为平台型企业，一个上万人的集团要想做到高速发展，关键是要充分利用可利用的资源，如时间、人力、物力等。

综上所述，海尔若要不断地发展并突破已有的成就，就需要对市场环境全面分析，了解消费者市场，抓住国家政策，找到适合自己发展的时机，不断改革创新。虽然海尔的无人工厂已建成并投入使用，但是只有通过不断的技术改革，节省劳动力和成本，才能实现真正意义上的利润最大化和成本最小化。

？思维训练

尝试分析现阶段海尔集团在国内发展中相关的营销环境因素有哪些。通过本项目的学习对海尔集团进行 SWOT 分析。

模块 1　市场营销环境构成

市场营销环境是指影响企业营销能力和效果的各种参与者与社会影响力，同时企业的市场营销环境是不断地变化的。这种变化对企业而言可能形成新的市场机会，也可能对企业形成新的威胁，因此，企业必须随时关注营销环境，适时分析和判断环境变化可能带来的市场机会和威胁，并根据企业自身条件及时采取有效措施，以取得最佳的营销效果。

一般情况下，市场营销环境包括微观环境和宏观环境两大类。

微观环境是指企业内部各部门之间，以及与企业营销活动有协作、竞争、服务等关系的企业相互之间的关系，它包括企业内部因素和企业外部的供应商、顾客、竞争者和公众等因素。

宏观环境是指直接影响企业市场营销活动的各种社会约束力量，包括人口环境、经济环境、自然环境、科学技术环境、政治法律环境和社会文化环境等。微观环境与宏观环境的主要内容及相互关系如图 2-1 所示。

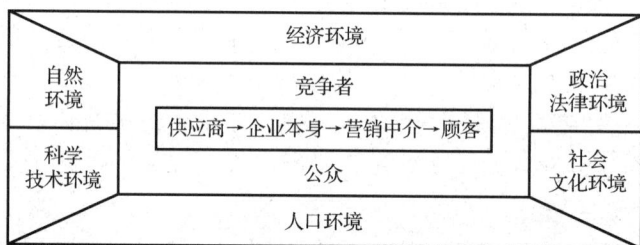

图 2-1　微观环境与宏观环境的主要内容及相互关系

1.1　微观营销环境

企业所采取的各种策略和措施的最终目的是满足目标市场的需要，从而获得利润。要实现这个任务，企业必须把自己与供应者和市场营销中介联系起来，以接近顾客。供应商→企业本身→营销中介→顾客，形成企业的基本市场营销系统。此外，企业市场营销的成败还受另外两个因素的影响：一是竞争者，二是公众。它们之间的关系如图 2-1 所示。下面依次分析这些微观因素对企业市场营销活动的影响。

1. 企业本身

企业的市场营销部门不是孤立的，它面对着企业的许多其他职能部门，如高层管理、财务、研究与发展、采购、制造、统计、人事部门等。企业目标的实现要靠企业内部各方面力量的相互配合。其中高层管理部门是企业的最高领导核心。营销部门必须在高层管理部门所规定的职权范围内做出决策，并且所制订的计划在实施前必须得到高层管理部门的批准。此外，营销计划在实施过程中资金的有效利用、资金再制造与市场营销间的合理分配、可能实现的资金回收率等都同财务管理有关；新产品的设计与生产方法是研究与发展部门集中考虑的问题；原材料能否充分供应与价格的高低由采购部门负责，这关系到商品的售价和销路；统计部门则协助营销部门了解它的目标达到程度等。所有这些部门都同营销部门的计划和活动息息相关，因此，营销部门在制订和执行市场营销计划时，必须考虑其他部门的意见，处理好同其他部门的关系。

企业内部资源状况，以及各个管理部门之间的分工是否科学，协作是否和谐，目标是否一致，配合是否默契，都将影响企业营销管理决策和方案的实施，是企业经营成败的关键因素之一。

？ 开动脑筋

一个企业的市场营销部门为什么不能孤立存在？

案例　美的——帮出来的好汉

2. 供应商

供应商是向企业及其竞争对手提供它们为生产特定的产品和劳务所需的各种资源的企业和个人。这些资源包括原材料、设备、能源、服务和资金等生产要素。

供应商情况的变化会对企业的营销活动产生巨大的影响。营销人员需要密切注意企业主要购入物料的价格变化趋势。营销人员同样还应关心原材料的来源。原材料供应短缺、工人罢工及其他事故，都会影响对客户按时交货的承诺，使近期销售量下降，并且会影响与客户的长期关系。因此，许多企业都宁愿分头从多家供应商那里采购，同时不断开发新的供应商，避免对某一家供应商的过分依赖，从而摆脱因该供应商任意提价或限制供应而造成的影响。因此，营销人员对供应商应有充分的认识，并采取各种办法，力求降低采购成本。

总之，供应商是影响企业竞争能力和产品销售量的重要因素。因此，企业营销人员必须对供应商的情况有比较全面的了解和比较透彻的分析，以便对其进行有效的管理。

3. 营销中介

在多数情况下，企业的产品要经过营销中介才能到达顾客手中。所谓营销中介，是指协助企业推广、销售和分配商品给最终顾客的所有中介单位。营销中介一般包括以下四种类型。

1）中间商

中间商是协助企业寻找顾客或直接与顾客进行交易的商业组织或个人。它的类型如表2-1所示。

表2-1 中间商的类型

类型		性质	举例
代理中间商	企业代理商	专门介绍客户或与客户磋商交易合同，但并不拥有商品所有权	生产企业可以雇用一些代理人到各国各地区去寻找零售商，根据代理人为企业取得的订货单的多少向他们支付佣金。代理人本人并不购买产品，而是生产企业直接向零售商发货
	销售代理商		
	寄售商		
	经纪商		
买卖中间商	批发商	他们购买商品，拥有商品所有权，再出售商品	生产企业销售产品的主要方法是把产品卖给批发商、大型连锁超级市场、自动售货机经营商，这些中间商再以保证一定利润的价格把产品卖给消费者
	零售商		

除非企业建立自己的销售渠道，否则，中间商对企业产品从生产领域流向销售领域具有极其重要的影响。从表2-1中可以看出，中间商由于与最终顾客直接打交道，因而其销售效率、服务质量就直接影响企业的产品销售，因此，选择合适的中间商尤为重要。企业要随时了解和掌握与之合作的中间商的经营活动，并采取一些激励性合作措施，共同推进业务的发展。

❓ 开动脑筋

现今，在所有的食品行业中，越来越多的销售份额掌握在大型连锁超市手里，而这些中间商有着巨大的力量并以此作为筹码左右交易条件，或者迫使一些生产企业退出某些大型市场。假如你是企业的营销人员，应该怎样解决企业被排斥出市场的局面？

2）实体分配机构

实体分配机构是协助企业进行商品或原料的保管、储存及运输的专业企业，包括仓储公司和运输公司，即当今所称的物流企业。实体分配机构的作用在于使市场营销渠道中的物流畅通无阻，为企业创造时空效益。一般来说，企业会根据成本、运送速度、安全性和方便性等因素选择合适的实体分配计划。近年来，随着物流业的飞速发展，实体分配机构的功能越发明显和重要。

3）市场营销服务机构

市场营销服务机构是指调研机构、营销咨询机构、广告机构，以及各种广告媒体。它们协助企业选择目标市场，与最终顾客进行有效沟通，并帮助推销产品。当然，有些大企业本身设有这些机构，但对于大多数中小企业而言，这些机构是十分必要的。企业在利用这些机构时，关键是要选择出最适合本企业的营销方案。

4）金融机构

金融机构包括银行、信贷公司、保险公司和其他协助融资或保障货物的购买与销售风险的公司。在现代经济生活中，每一个企业都不可避免地要与金融机构建立一定的联

系，开展一定的业务往来。而金融机构的行为会对企业的营销活动产生较大的影响，如银行贷款利率上调、保险金额上升、信贷来源的受限等，都会使企业的营销活动受影响。因此，企业在与金融机构的合作中，要特别注意企业的信用，这样才可以获得金融机构的信赖与支持，建立良好的合作关系。

4. 顾客

营销拓展

用户永远都是对的

提示：

始终把顾客放在心上当然是驱动企业前进的力量，以顾客为中心调整公司的组织机构、管理系统、解决方案和人员配置，一定会取得成功并最终留住顾客。海尔集团就是这方面的成功典型。

营销名言："永远以用户为是，以自己为非"的是非观是海尔创造用户的动力。

顾客是企业的商品或服务的购买者，是企业服务的对象，也是企业营销活动的出发点和归宿。企业的一切市场营销活动都是以满足顾客的需求和欲望为中心的。顾客的变化就意味着企业市场的获得与丧失。因此，顾客是微观营销环境中最重要的因素。

顾客可以是个人、家庭，也可以是组织机构和政府部门；可能与企业同在一个国家或地区，也可能不在一个国家或地区。

5. 竞争者

在商品经济条件下，竞争是必然的产物。一般来说，为某一顾客群体提供商品和服务的企业不止一个，而且资源的有限性也决定了企业不可能独占市场。企业进行市场营销活动不可避免地会遇到竞争对手的挑战、制约和威胁。这些竞争对手不但来自本国市场，而且来自其他国家和地区；竞争不仅发生在行业内，行业外的企业也可能通过替代商品的生产来参与竞争。竞争主要在商品的质量、形式、性能、价格、品牌，以及新商品的开发和售前、售后服务等方面展开，也可能在资金、人才、技术、资源等方面进行，竞争的结果是优胜劣汰。因此，对竞争者进行深入调查和全面分析是企业成功开展市场营销活动的关键因素之一。

竞争的4种类型

一个公司在竞争中树立顾客观点尤为重要。

顾客在决定将要购买某件东西的决策过程中，究竟考虑些什么呢？假定一个人劳累之后需要休息一下，这个人会问："我现在要做些什么呢？"他的脑中可能闪现社交活动、体育运动和吃些东西的念头。我们把这些称为欲望竞争因素，相关的企业称为欲望竞争者。

假如这个人很想解决饥饿的问题，那么问题就成为："我要吃些什么呢？"各种食品就会出现在心头，如炸土豆片、糖果、软饮料、水果。这些能表示满足同一需要的不同的基本方式，我们称之为类别竞争因素，相关的企业称为类别竞争者。

这时，如果他决定吃糖果，那么又会问："我要什么样的糖果呢？"于是就会想起各种糖果来，如巧克力块、甘草糖和水果糖。这些糖果都是满足吃糖欲望的不同形式，我们称之为产品形式竞争因素，相关的企业称为产品形式竞争者。

最后，顾客认为他要吃巧克力块，此时他会想："我要吃哪个牌子的呢？"这样又会面对几种牌子的选择，如金帝、德芙、吉百利等品牌，这些称为品牌竞争因素，相关的企业称为品牌竞争者。

产品形式竞争和品牌竞争是同行之间的竞争，其中又以品牌竞争最为激烈。这两类竞争影响的只是本企业产品的市场占有率的高低，有远见的企业经营者在重视这两类竞争的同时，丝毫不忽视欲望竞争和类别竞争，这是影响整个行业市场范围扩大还是缩小的更具战略性的问题。因此，每个企业在开展市场营销活动时，都应充分了解谁是自己的竞争者，然后全面调查分析竞争者的经营状况、市场营销策略、市场营销特点、在市场上的竞争地位，以及自己与竞争者的力量对比如何等情况，并时常关注竞争者的动态变化，适时采取相应的对策和措施，扬长避短，充分发挥自身优势。商场如战场，在日趋激烈的市场竞争中，只有知己知彼，才能百战不殆。

6. 公众

公众是指对一个组织完成其目标的能力有着实际或潜在兴趣或影响的群体。现代企业是一个开放的系统，其营销活动必然与社会各方面发生关系，不断进行物质、信息、能量的相互交换，并影响公众的利益。同时，社会公众对企业的商品和市场营销活动的态度也深刻地影响和制约着企业的经营，既可增强也可削弱企业实现目标的能力。因此企业必须充分考虑并采取有效措施，处理好与周围公众的关系。每个企业的周围都有以下7类公众。

1）金融公众

金融公众指影响企业融通资金能力的各种金融组织和社会集团，如银行、投资公司、股票经纪公司、保险公司等。企业应通过提高自身资金运行质量，确保投资者的合理回报，不断提高自身信誉，及时协调好各种关系来取得这些公众的信任。

2）媒介公众

媒介公众指报纸、杂志、广播电台、电视台、网络等有广泛影响的大众传播媒介。它们不但是企业广告的主要媒体，而且在建立企业信誉、树立良好形象方面也起着重要的作用。

3）政府公众

政府公众指各种负责管理企业业务和经营活动的有关政府机构。企业必须随时关注政府机构的政策、措施与态度，以及未来发展趋势，并主动采取相应的协调措施。

4）社团公众

社团公众指有可能影响企业营销活动开展的消费者组织、环境保护组织、少数民族组织，以及其他群体性团体等。例如，食品安全与健康协会认为某种食品的热量太高，那么企业就会很容易失去消费者对该产品的需求。

5）社区公众

社区公众指企业附近的居民群体和社团组织等。大企业应指定一名负责社区关系的职员来处理社区事务，参加社区会议或赞助当地有意义的公益事业。

6）内部公众

内部公众指企业的员工。他们对企业的信任和积极性不但直接决定了劳动生产率，而且他们对企业的态度也会潜移默化地影响企业以外的公众。

7）一般公众

虽不是有组织的公众，但一般公众对企业的印象影响着消费者对该企业及其产品的看法。

目前，企业已认识到公众对企业命运产生的巨大影响，精明的企业纷纷建立了公共关系部门，负责处理与社会公众有关的各个方面的问题，采取各种营销手段努力建立与各类公众的长期、良好的关系。

1.2 宏观营销环境

案例 家乐福败走中国香港

宏观营销环境是指对企业的生存发展创造机会和产生威胁的各种社会力量。这些力量对企业来说是"不可控制的因素"，企业必须重视它们，并运用各种手段做出适当的反应，对外界环境施加影响，使某些因素能向有利于企业发展的方面转化。

1. 人口环境

从市场营销学看，企业应关注人口环境的变化，因为市场由具有购买兴趣同时又具有购买力的人所组成。而且这种人越多，市场规模就越大，因此人口是影响企业营销活动的重要因素，人口决定市场的潜在容量。人口构成、地理分布、家庭结构、出生率、子女就业率，以及人口的自然流动性、文化教育等人口特性和变化动向，都会对市场格局产生深远的影响。

1）人口总量

一个国家或地区的总人口数基本上反映了该国消费品市场的大小，概括地表示出生活必需消费品的需求量。我国是一个人口大国，据2018年统计，人口总数接近13.95亿人，约占世界人口总量的21%。这一数字表明我国资源的人均占有率低于世界水平，致使我国人均资源消费水平偏低，从而给企业的生产经营带来困难。但另一方面，众多的人口又预示着我国国内市场极为广阔，消费量极大，而且潜力巨大。企业应研究人口数量及其增长变化特点，从而开拓目标市场，扩大企业的经营规模。例如，我国当前采取低人口自然增长率政策，使得生产儿童玩具、儿童服装、儿童用具和儿童食品的行业萎缩。与此同时，诸如旅馆、航空公司、饭店等行业，却因没有孩子的年轻夫妇有更多的时间和更多的金钱去旅游和上饭馆吃饭而大受裨益。

营销拓展

世界人口发展方向

2）人口的地理分布

地理分布是人口在不同地区的密集程度。我国人口的地理分布极不平衡，如果以黑龙江的漠河到云南的腾冲为界，可分为东西两个半壁。我国东南半壁的人口占总人口的96%，而西北半壁的人口仅占4%。但是，西北的物质资源又比较丰富，因此企业营销的布局，应结合自身特点综合平衡。随着我国工业化和城市化的发展，人口流动性日益增强。另外，经商、学习、旅游使人口流动量呈上升趋势。人口流动一方面使劳动力供给增多，就业问题突出，另一方面又会增加本地市场需求量，给企业带来更多的市场份额和营销机会。

? 开动脑筋

我国人口流动的特点是什么？

3）人口的结构

人口构成包括自然构成和社会构成，前者如性别结构、年龄结构；后者如民族构成、职业构成、教育程度等。不同年龄、不同性别的消费者，对商品的需求存在明显的差异。而受教育程度与消费者的收入、社交、居住环境及购买行为和习惯等均有密切关系。一

> 营销名言：认识目前未满足的需要和欲望，估量和确定需求量大小，决定适当的产品、劳务和计划为目标市场服务。

般而言，消费者受教育程度越高，购买时的理性程度也越高。2013—2030 年的人口预测数据，从人口老龄化的视角分析了未来消费支出结构的变动趋势。当剔除收入效应、财富效应和偏好转变等因素时，老龄化将导致食品、家庭设备用品及服务、医疗保健和居住的消费比重上升，衣着、交通和通信、教育文化娱乐服务、其他商品和服务的消费比重下降。即使考虑收入效应后，医疗保健消费占比仍将快速增长，而教育文化娱乐消费占比仍将快速下降。这说明人口老龄化下医疗需求将会膨胀，教育需求将会萎缩。

2. 经济环境

经济环境是指企业进行营销活动时所面临的外部社会经济条件。对企业而言，最主要的经济环境因素是社会购买力水平，但是购买力水平是一个综合性的指标，它是社会经济发展水平、产业结构、工资水平、消费结构、物价、储蓄、信贷、税收、就业程度等一系列经济变量的函数。为此，企业的营销人员要了解其所处的经济环境，就需要从以下 3 个主要经济因素展开分析。

1）消费者收入水平

消费者的购买力来源于其收入。同时，消费者并不是把全部收入都用来购买商品，购买力只是收入的一部分。因此，常用个人可支配收入和个人可任意支配收入两个指标来分析消费者的收入水平。

个人可支配收入：从个人收入中扣除必须应由消费者个人缴纳的各项税款（如个人所得税等）以后剩余的部分就是个人可支配收入。可见，消费者的一切个人收入并不都是可以由自己支配的，它是真正影响消费者购买力水平的决定因素。

个人可任意支配收入：上述个人可支配收入实际上仍不是消费者所能任意支配的，因为其中的相当一部分必须用来维持个人及家庭的生活或其他固定的开支，如伙食、服装、房租、分期付款、保险费用和其他固定开支，其后的余额部分才是个人可任意支配的收入。它是消费者用来扩大购买量及提高消费水平的基础，也是营销者最关注的部分。通常这部分消费者收入是影响奢侈品、汽车、旅游等高档消费品销售的主要因素。

❓ 开动脑筋

影响消费需求变化的最活跃的因素是什么？

2）消费支出模式与消费结构的变化

随着消费者收入的变化，消费者支出模式会发生相应的变化，继而使一个国家或地区的消费结构也发生变化。西方一些经济学家常用恩格尔系数来反映这种变化。恩格尔系数是德国统计学家恩斯特·恩格尔在 1857 年提出的。

恩格尔系数＝用于食物支出的总额 / 全部消费支出 × 100%

食物支出占全部消费支出的比重越大，恩格尔系数越高，生活水平越低；反之，食物支出占全部消费支出的比重越小，恩格尔系数越小，生活水平越高。可见，恩格尔系数是衡量一个国家、地区、城市、家庭生活水平高低的重要参数。

我国是一个发展中国家，人口众多，居民收入水平与世界人均水平有很大差距。改革开放以来，居民人均收入增长较快，特别是我国绝大部分人口温饱问题已基本解决，恩格尔系数呈明显下降趋势，2018 年我国居民恩格尔系数为 28.4%，这反映出我国居民生活已达到"富足"水平。近年来随着住房、医疗和社会保险制度改革的不断深化，人们在住房、保险等方面的支出递增。而且由于个人收入差距拉大，出现多层面消费需求，高档享受型商品的消费需求逐渐递增。企业应重视消费支出模式及其结构性变化趋势，以便生产开发出适销对路的产品和劳务。

[营销视野]

恩格尔系数

2013 年，《经济学人》依据美国农业部的数据，做出 22 个国家恩格尔系数对比，中国人民的生活水平已到"富裕水平"，迈入发达国家行列。然而通过对比，恩格尔系数的高低并不一定与经济发展水平匹配，人均收入和 GDP 更高的沙特、匈牙利等国家恩格尔系数反而高于墨西哥、越南、伊朗。近几年，我国在恩格尔系数的适用性上也一直有争议。在最近几年统计的数据中，我国城镇居民恩格尔系数最低的是内蒙古，广东、上海均处于排名的中下游，而甘肃的恩格尔系数一直与全国金融中心的上海相仿，略低于经济非常发达的广东。

为什么会出现这种情况？难道恩格尔系数不能衡量一个国家的生活水平？

大体上，恩格尔系数可以作为生活水平的反映，但是不同国家和地区的社会经济状况差异，降低了横向对比时恩格尔系数的有效性。中国各省之间的差异就很明显。经济明显不够发达的甘肃，恩格尔系数居然和广州差不多，这其实和饮食消费习惯有很大的关系。广州人以讲究饮食著称，其社交活动多数在餐厅、茶店中举行，这部分消费也被记入饮食支出。甘肃人均收入低，部分农村地区为了应付这些开销，可以省吃俭用，反而降低了恩格尔系数。至于中国的恩格尔系数属于"富裕水平"，则和中国城乡居民收支结构变化有关，相对于食物，近年的住房、教育、医疗等价格的增速远超收入增速。同时，中国的社会保障制度还不完善，为了应对风险，居民储蓄率一直很高，相比之下，食品支出占的比例也就"被"减少了。

实际上，恩格尔系数对中国生活水平的适用性，学界一直存在争论。中国的恩格尔系数比较复杂，背后还受中国经济发展不平衡不充分的影响。在整体恩格尔系数下降的同时，东部地区和中西部地区、发达地区和贫困老少边穷地区的恩格尔系数差异整体较大。对于农村地区的恩格尔系数下降，要考虑其特殊性。恩格尔系数也与消费习惯、收入预期有关。当前中国的恩格尔系数的变化并不能直观、单一地解释成积极的社会现实。虽然恩格尔系数显示中国在某些方面已取得长足进步，也应客观、理性、科学看待，不因单一指标的突破而沾沾自喜。恩格尔系数的变化及其背后的消费新趋势，提示今后要顺应消费升级来改善生产结构、投资机构以及消费的基础设施，使消费红利充分释放，让消费更好地发挥经济发展的基础性作用。

150 年前的欧洲，由于科技和文化发展所限，商品种类有限，非食品支出远比今天要少。同时，统计数据的可靠性，一直都很难保证，如居民消费结构的数据并没有可靠的测量方法，调查问卷又很难做到可靠的样本量。诸多问题降低了恩格尔系数的可信度，因此，它很难真实精确地反映两个地区和国家生活水平的差别。目前，世界各国普遍倾向使用恩格尔系数来设定贫困线——先确定人体每天所需的营养量，衡量最低限度的食物支出，之后除以一般贫困家庭的恩格尔系数，从而确定贫困线。这也是恩格尔系数目前最主流的应用。

3）消费储蓄与消费信贷的状况

消费者的收入通常用于现实消费和储蓄两个方面。当收入一定时，储蓄越多，现实消费就会越小，但潜在消费量越大；反之，储蓄越少，现实消费量就越大，而潜在消费量就越小。

我国居民有勤俭持家的传统，长期以来养成了储蓄的习惯。近年来，我国城乡居民储蓄额及其增长率都较大。从现阶段看，居民储蓄的目的主要是教育子女和婚嫁；从发展趋势看，居民购买住房和投资股市、买保险和高档用品的储蓄消费动向将增加。企业应关注这一发展动向，设法调动消费者或投资的积极性，解决企业资金不足、销售疲软等问题。

在发达国家，消费者不仅用其收入来购买他们需要的商品，还用贷款来购买商品。这种贷款称为消费者信贷，即消费者可以先取得商品的使用权，然后按期归还贷款。消费者信贷主要有短期赊销、分期付款、信用卡、信贷 4 种形式。西方各国盛行消费者信贷，这是企业刺激消费，促进产品销售，提高市场占有率的重要营销措施和方式。

我国消费者信贷起步晚，但发展迅速，许多厂家、公司及各大专业银行都相继推出了诸如赊销、延期付款、分期付款和信用卡消费等多种消费者信贷形式，居民住房交易及汽车也实施了分期付款的方式。企业将通过不断建立、健全和完善消费者信贷方式，为实现企业营销目标创造良好的环境条件。

3. 自然环境

从市场营销的角度来讲，自然环境主要是指影响社会生产的自然因素，包括自然资源和生态环境。目前的问题是生态平衡不断遭到破坏，自然资源日渐枯竭，环境污染问题日益严重，这些变化在给企业生存和发展带来严重威胁的同时，也形成了市场机遇与挑战并存的格局。从长远的观点看，合理、有效地利用自然环境，实行生态营销、绿色营销是必然的趋势。

营销拓展

地球上的自然资源

4. 技术环境

科学技术是第一生产力，科技的发展必然引起经济、自然环境、政治、法律和社会化因素的一系列变化，这就会给企业营销活动带来有利或不利的影响。任何一项新技术的出现，都会形成一个新的行业，但同时也会使某些使用陈旧技术的产品遭到无情的打击，甚至摧毁一个行业。例如，晶体管和集成电路的出现打击了真空管行业，复印机的出现使复写纸行业成为过去。有人把科学技术的发展称为"创造性的毁灭力量"，它创造了一些新的行业，也毁灭了一些旧的行业。因此，企业应密切注视科技发展的动态，着重分析这些相关科技变化给企业带来的是机会还是威胁。同时应尽快掌握或利用新技术开发研制新产品，抢占市场的制高点。当今，计算机的出现和网络技术的发展，使消费者足不出户，只需一个电话、一份传真或一个指令就可以在家获得所需的一切商品或劳务。同样，企业可以利用现代传媒技术，包括"计算机电话"系统开展广告宣传、市场研究、产品开发和产品促销。企业应密切关注这一发展趋势。

5. 政治与法律环境

政治与法律环境直接与一个国家的体制、宏观政策相联系，它指出了整个国家的发展方向，以及欲采取的措施。政治与经济是密切相连的，政治变动必然会引起经济形势的变化。政府会通过法律手段对企业经营活动进行干预，以此制约企业的各种经济行为。

企业市场营销的政治与法律环境包括政治形势、经济政策和法律法规等。政治形势指企业市场营销的外部政治形势，包括目前国际、国内政治的态势和走势。经济政策指与企业营销有关的国家财政政策、货币政策、价格政策、劳动工资政策与对外贸易和国际收支政策，如汇率、进出口关税税率、资本和技术引进政策等。法律法规指国家主管部门及地方政府颁布的与企业营销有关的各项法规、法令和条例等。

总体而言，影响企业行为的法规虽然纷繁复杂，而且在不同的国家有很大的差别，但从立法的目的来看，可分为以下 3 类。

（1）为了保护企业相互之间的利益，防止不正当竞争的法规。

（2）为了保护消费者的利益，使其免受不公平商业行为损害的法规。

（3）为了保护社会利益，以防被不受限制的商业行为损害的法规。

由此可见，企业的各种经营行为均受法律的制约和保护，企业应当学会用法律武器来维护自己的合法权益。

6．社会文化环境

社会文化环境是人类在社会发展过程中所创造的物质财富和精神财富的总和，它体现着一个国家和地区的社会文明程度。其核心部分带有传统的持续性而且能形成自己的特点。社会文化环境主要是通过影响消费者的思想和行为，间接地影响企业的营销活动。它具体包括以下几方面。

1）价值观念

价值观念是指生活在某一社会环境下的多数人对事物的普遍看法和态度。社会环境不同，人们的价值观念不同，使其认识存在很大差异。由于东方人和西方人的态度、风俗习惯有很大差异，因此，东西方国家企业的营销方法也有所不同。日本的文化强调和谐，企业经营管理中奉行的是团队精神，强调忠诚、和谐，所以日本企业的广告宣传往往突出人们对产品的共性，而常常忽视个性；相反，西方人喜欢看到的恰恰是个性化的特点，所以企业的广告往往充分利用这一特点。亚洲国家的商品包装往往只注重商品的名称和价格，而美国的企业注重商品的设计包装，它们设计的包装具有标新立异的特点，在超市拥挤的货架上显得很突出。我国消费者在生活上崇尚节俭、重情义、求同步，消费偏于大众化，这些东方人的传统习俗，会对企业营销产生广泛影响。

2）民族传统

民族传统是指一个国家整个民族的文化传统与风俗习惯。不同的国家有不同的文化传统和风俗习惯，这些民族特色浓厚的风俗习惯和社会文化是影响企业市场营销的重要因素。例如，在西方国家，非常重视圣诞节，每逢 12 月 25 日前后，各种食品、日用品和礼品就出现销售高峰。而在我国，春节前夕会形成生活用品购买的最高峰。大千世界，风俗各异，消费者对商品多样化、差异化的要求，使企业的决策必须考虑民族、民俗、民情的差别，做到入乡随俗，善解人意。如果不了解对方的风俗习惯，就会使对方误会，影响成交。在这方面，民族禁忌是千万不可忽视的因素。在我国，民族众多，禁忌不胜枚举。因此，企业营销人员应考虑不同国家和民族的习俗和禁忌，因地制宜，因人制宜，讲求策略性和针对性，否则会导致营销失败。

3）宗教信仰

宗教信仰对市场营销也有一定的影响，特别是在一些信奉宗教的国家和地区，其

影响力更大。比如，在比利时，人们分别信仰罗马天主教和新教，并各自有自己的报纸，对营销者来说，选择什么报纸做广告就要仔细考虑一番。又如，在伊斯兰教国家的斋月，一切商务活动都要停止，如果在这一时期到那里谈生意，显然是不合时宜的。宗教还有各式各样的禁忌，直接影响着人们的产品消费。由此看出，宗教信仰不但决定人们的社会观、生活观和习惯，而且还影响其对产品的要求和购买方式，影响人们的消费行为。

模块 2 市场营销环境分析

市场环境是企业生存和发展的外部条件，对企业经营具有重大影响。分析市场环境的任务就是对外部环境诸因素进行调查研究，以明确其现状和变化发展的趋势，从中区别出对企业发展有利的机会和不利的威胁，并且根据企业自身的条件做出相应的对策。只有在不断变化的环境中寻找机会、规避风险、研究对策，才能使营销工作百尺竿头，更进一步。

2.1 营销环境方法分析

1．列表评价法

所有对企业经营有影响的环境事件，其影响可分为正影响（机会）和负影响（威胁）两种。市场营销的任务就是抓住机会、避开或减小威胁，以有力的措施迎接挑战。

不论是正影响还是负影响，都有不同的强弱程度。此外，环境因素还有一个发生的概率问题。为了能定量地表述影响的强弱程度和概率大小，常以某个数列来表示。例如，从最好的机会到最大的威胁分别以 +5 ～ –5 的 11 个数字表示影响的强弱程度，以 0 ～ 5 的 6 个数字表示发生的概率大小，然后将影响强弱的得分和概率大小的得分相乘，得到的积就表示正或负影响的重要程度。

例如，某工业发达国家的某造船厂，石油涨价这一环境因素可能引发的事件对该厂业务的影响如表 2-2 所示。

表 2-2 环境事件重要程度分析

序　号	因石油价格上升所引发的事件	对企业的影响	发生的概率	潜在的机会（+）或威胁（−）的重要程度
1	油轮需求量减少	−5	5	−25
2	运煤船需求量增加	+5	5	+25
3	储油设备需求增加	+4	3	+12
4	酒精燃料技术的进步	+1	1	+1
5	发展中国家造船技术的提高	−4	5	−20

由表 2-2 可见，1、2、5 三个事项最为重要，是企业制定对策时应首先考虑的因素，第 3 项是次一级考虑的因素，而第 4 项属于不重要的，可以忽略。

2. 矩阵分析法

并不是所有的市场威胁都会对企业构成同样的破坏力。企业必须进一步分析哪些机会更具吸引力，哪些威胁更具破坏力，以便采用相应的市场营销战略。我们可以将有关环境事件的影响区分为机会和威胁两类，将影响的程度和发生的概率大致分为高、低两档。然后，以发生的概率为横坐标，以机会或威胁的强弱程度为纵坐标，分别做出威胁矩阵和机会矩阵，根据各环境事件的相应数据在坐标平面上描点，就可以区分其重要程度了。仍以上例为例，可分别做出威胁矩阵（见图 2-2）和机会矩阵（见图 2-3）。

微课 营销环境的分析方法之矩阵分析法

图 2-2 威胁矩阵

图 2-3 机会矩阵

从图 2-2 和图 2-3 中可以看出，列于矩阵左上角的因素，皆为目前重要性高的因素，应高度重视并制定对策以利用机会避开、减小威胁；列入右上角的因素，发生概率较低，一般不需要立即制定对策，但经营者仍应严密监视其动向；列于右下角的因素，在目前的状况下可以忽略。

任何事物都有矛盾的两个方面，存在对立统一的关系，在一定条件下，任何一对矛盾都可以互相转化，威胁可以转变成机遇，机遇也可转变成威胁。但是，在一定时期和一定条件下，威胁和机遇又相对稳定。我们可将环境对企业的影响，用"威胁—机会"综合矩阵进行分析，如图 2-4 所示。

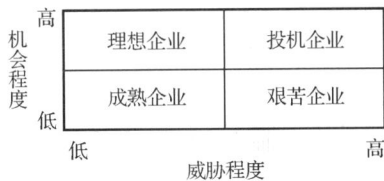

图 2-4 "威胁—机会"综合矩阵

从环境因素给企业带来的威胁和机会看，可将企业分为以下 4 种类型。

（1）理想企业，即机会大而威胁小的企业。

（2）成熟企业，即机会小且威胁也小的企业，也称平淡企业。

（3）投机企业，即机会大但威胁也大的企业，也称冒险企业。

（4）艰苦企业，即机会小而威胁大的企业。

❓ 开动脑筋

随着工业化和城市化的发展，环境污染程度日益加重，社会公众纷纷指责污染的制造者，根据这一环境因素，利用所学的威胁矩阵和机会矩阵分析对哪些行业是威胁，对哪些行业是机会。

3. SWOT分析法

SWOT分析法，又称态势分析法或内外情况对照分析法，是对企业的优势（Strength）、劣势（Weakness）、机会（Opportunity）和威胁（Threat）进行综合评估与分析，从而将企业的战略与公司内部资源、外部环境有机结合起来的一种科学分析方法。借此方法可有针对性地制定和调整企业的战略与策略，不失时机地利用营销机会，尽可能减少威胁带来的损失。

1）企业内部环境分析

企业内部环境分析即微观环境分析，主要分析企业的优势和劣势。

优势（Strength）是企业具有的竞争对手不可匹敌、无法模仿的独特能力，如充足的资金来源、纯熟的竞争技巧、市场领先者的承认、达到规模经营、产品创新、良好的管理、成本方面的优势等，这些优势有助于实现企业的主要目标——盈利。

劣势（Weakness）是企业较之竞争对手在哪些方面存在的缺点与不足，如无明确的战略方向、每况愈下的竞争地位、过时的销售促进方式、管理深度和管理才能的缺乏、过于狭窄的产品线、没有能力根据战略的变化筹措资金等。

2）企业外部环境分析

企业外部环境分析即宏观环境分析，主要分析环境机会和威胁。市场环境的变化或给企业带来机会或给企业造成威胁，环境因素的变化对某一企业是不可多得的机会，但对另一家企业可能意味着灭顶之灾。

机会（Opportunity）是对企业市场营销管理富有吸引力、享有差别利益的领域或范围。在该领域内，企业将拥有竞争优势。例如，向新增加的消费者群体的服务、进入新的市场、扩充产品线以满足更大范围消费者需求、相关产品的多样化、增加产品的附加部分、产品垂直一体化、市场销售高增长等都可能成为企业的机会，但实际中要看这些机会是否与企业目标、资源及任务相一致，企业利用这些机会能否带来比其他竞争者更大的利益。

威胁（Threat）是指环境中一种不利的发展趋势所形成的挑战和干扰，若不采取果断的市场营销行动将会影响企业在市场上的地位。例如，新的竞争对手可能进入、替代性产品销售增长、不利于企业发展的政府政策、日益增长的竞争压力、顾客需要与爱好方面的变化、与企业不利的人口因素的变化等都会给企业带来威胁，能否有效化解，取决于企业对市场变化的反应的灵敏程度和实力。

在对企业环境因素进行评价分析时，可用矩阵分析法，建立 SWOT 矩阵，如图 2-5 所示。

	S：优势	W：劣势
内部	1. 2. 3.	1. 2. 3.
外部	O：机会 1. 2. 3.	T：威胁 1. 2. 3.

图 2-5　SWOT 矩阵

将调查得出的各种因素根据轻重缓急或影响程度等排序方式，构造 SWOT 矩阵。在此过程中，将那些对公司发展有直接的、重要的、大量的、迫切的、永久的影响因素优先排列出来，而将那些间接的、次要的、少许的、不急的、短暂的影响因素排列在后面。

3）SWOT 分析模型的方法

分析方法包括组合分析和综合分析两种。

（1）组合分析。组合分析是对优势—机会组合、优势—威胁组合、劣势—机会组合、劣势—威胁组合这四个组进行分析，如图 2-6 所示。

内部环境 外部环境	S：优势	W：劣势
O：机会	外部有机会，内部占优势 **SO**——增长型战略 充分发挥优势，抓住机会	外部有机会，内部处劣势 **WO**——扭转型战略 利用外部资源，克服内部劣势
T：威胁	外部有威胁，内部占优势 **ST**——多元化战略 利用优势，回避威胁，最终转为机会	外部有威胁，内部处劣势 **WT**——防御型战略 减少劣势，回避威胁

图 2-6　SWOT 矩阵组合分析法

优势—机会组合：产生于内部优势与外部机会相互一致和适应时。此时，企业可用自身内部优势撬起外部机会，使机会与优势充分结合发挥作用。然而，机会往往是稍瞬即逝的，因此企业必须敏锐地捕捉机会，把握时机，以寻求更大的发展。

优势—威胁组合：是脆弱性的，意味着优势的程度或强度的降低、减少。当环境

状况对公司优势构成威胁时，优势得不到充分发挥，出现优势不优的脆弱局面。在这种情形下，企业必须避开或减小威胁，以发挥优势。

劣势——机会组合：是抑制性的，当环境提供的机会与企业内部资源优势不相适应，或不能相互重叠时，机会再大其优势也难以发挥。在这种情形下，企业需要提供和追加某种资源，以促进内部资源的劣势向优势方面转化，从而迎合或适应外部机会。

劣势——威胁组合：是最不利的，当企业内部劣势和企业外部威胁相遇时，企业就面临着严峻挑战，如果处理不当，直接威胁到企业的存亡。任何企业都要尽量避免。

（2）综合分析。综合分析是针对实际复杂情况的权衡方法。在实际工作中，机会、威胁、优势、劣势往往交织在一起，所以需要权衡利弊，结合具体情况，寻找最佳解决方案。

在完成环境因素分析和SWOT矩阵构造后，便可以制订出相应的行动计划。制订计划的基本思路：发挥优势因素，克服劣势因素，利用机会因素，化解威胁因素；运用组合分析和综合分析方法，将排列与考虑的各种环境因素相互匹配起来加以组合，得出企业未来发展可选择的对策。

❓ 开动脑筋

请对海尔集团进行调研，结合本项目"案例引领2——海尔的成功之路"对海尔集团进行SWOT分析。

2.2 营销环境对策分析

企业采取对策应以研究环境作为基本前提。如何避免威胁、抓住机会？对企业来说，对策有很多，下面从威胁和机会两个方面进行分析。

1．威胁中的企业对策

1）促进对策

促进对策即企业通过采取措施设法限制或扭转环境中不利因素的发展。例如，日本的一些企业面对欧美国家实行的限制进口、鼓励出口的贸易保护政策，采取了合资合作、联营的方式，在进口国直接投资，实行加工生产本地化的策略，取得了较好的效果。又如，我国的很多企业通过走联合化、集团化的道路，冲破了地方封锁和条块分割，从而改变了各地方政府的地方保护主义政策，促使其实行开放的经济政策。

2）减轻对策

减轻政策即企业通过改变自己的营销战略，主动地去适应环境的变化，以减轻环境威胁的程度。例如，由于人们对环境保护的要求不断提高，我国已经推行了车用汽油无铅化、无毒化的措施，以限制城市废气的排放和污染。这对许多石化企业来说是一种挑

战，同时也是一种机遇。企业只有通过技术改造，主动引进新设备、新工艺，加强管理，降低成本费用，优化产品结构，从而生产优质高效的高标号无铅汽油，才能获得较以前更好的经济效益。企业在减轻威胁的同时也促进了企业的发展。

3）转移对策

转移对策即企业见环境不利时，主动将投资转移到其他行业或市场，或者实行多元化经营等，以求新的发展。例如，我国近几年彩电生产数量猛增，更新换代的速度加快，周期缩短，加上多媒体计算机的有力冲击，彩电市场供求矛盾突出，表现疲软。在这种形势下，一些彩电生产企业，如长虹、海信集团等开始转移投资，涉足前景被看好的计算机市场和信息产业，以及房地产行业，以期获得更好的发展。

2．捕捉机遇的时机

市场机遇随时可见，又转瞬即逝。作为精明的企业家应善于捕捉市场机遇，把握时机。著名军事家刘伯承有句名言："机之未至，不可以先，机之已至，不可以后。"企业家要从企业营销活动中考察环境机遇，可以从经营决策、输入、输出3个时机去捕捉机遇。

1）抓住经营决策时机

企业应利用环境机会，在进行战略性决策时，选好投资方向。

中国香港亿万富翁、长江集团董事局主席李嘉诚，是一位目光超前、善于决策的经营大师。在20世纪50年代末，作为自由港的香港，利用天时、地利的优越条件，吸引投资者、经营者、外商纷纷来到香港投资经商，香港转口贸易开始进入黄金时代。这时，还在经营塑胶生意的李嘉诚，开始将目光瞄准了房地产。李嘉诚敏锐地意识到：香港寸土寸金的时刻就要到来了！从1958年开始，他步步为营，开始有计划、有选择地购买房产、地皮。1966年的"文化大革命"，波及香港地区，一些目光短浅的商人纷纷低价出售经营多年的工厂、商号、酒楼、住宅，携款迁居国外。李嘉诚却出手不凡，乘机而动，大兴土木。经过20年的经营发展，李嘉诚已拥有房屋面积15 800万平方英尺（1平方英尺＝0.092 9平方米），其公司成为最大的房产公司。当许多投资家纷纷效仿李嘉诚投资房地产时，李嘉诚却已经开始把目光转向股市，投资股票市场，并大举收购英资企业和外资企业。

2）抓住输入时机

企业进行进口贸易或购进决策时，应利用资源的区域差异和价值差异，获取比较利益，寻找发展机遇。

例如，日本是一个资源贫乏的国家，却能够成为世界经济强国，其成功经验之一就是大量引进国外先进技术，然后进行技术综合，在综合中寻求创新。日本电子工业技术有"世界专利橱窗"之称，世界一流的日本松下电视机技术是在综合各国400多项技术基础上发展起来的。

3）抓住输出时机

企业应利用机遇扩大其产品的销售和市场需求。

例如，现代的体育比赛已不仅仅是一种竞技活动，而是作为一种社会文化现象，与商业、贸易等经济活动紧密联系在一起，一些重大的体育赛事往往会给许多商家提供赚钱的机会。秉承可口可乐与全球顶级赛事的全面合作关系，可口可乐公司于 2016 年加入奥林匹克全球合作伙伴的行列，先后成为中国国家游泳队的信赖之选，2018 年平昌冬奥会的官方合作伙伴以及 2018 年俄罗斯 FIFA 世界杯合作伙伴。

项目小结

市场营销环境是指影响企业营销能力和效果的各种参与者与社会影响力。

根据营销环境中各种力量对企业营销活动影响的方式和程度的不同，可以把企业的营销环境区分为微观营销环境和宏观营销环境。

企业的微观营销环境由企业本身、供应商、营销中介、顾客、竞争者及公众构成。它们与企业形成协作、竞争、服务、监督的关系，直接影响和制约着企业服务目标市场的能力。

企业的宏观环境包括人口环境、经济环境、自然环境、技术环境、政治与法律环境和社会文化环境。它们作为不可控制的强大力量影响和制约着企业的营销活动。

企业处于复杂和动态的环境之中，这些环境因素或给企业带来有利于其发展的市场机会，或给企业带来不利于其发展的环境威胁。企业可通过列表评价法、矩阵分析法、SWOT 分析法等，制定有效的营销战略，扬长避短、趋利避害、抓住时机、适应变化、避免损失地开展营销活动。

练习与实训

一、简答题

1. 简述市场营销环境的构成。

2. 每个企业周围有哪几类公众？

二、课堂实训

1. 试分析本章海尔集团是如何落实"用户永远是对的"的经营理念的。请调查海尔集团的服务盲区并加以分析。

2. 见教材配套用书《市场营销基础（第 5 版）学习导航与习题》。

三、案例分析题

星巴克进入中国市场

1998 年 3 月，星巴克进入台湾，1999 年 1 月进入北京，2000 年 5 月进入上海，目前星巴克已成为国内咖啡行业的第一品牌。2016 年 2 月 18 日，媒体报道，星巴克计划未来五年将在中国的店面从 1 900 家增至 4 400 家，星巴克成功地把世界上最古老的商品发展成一个与众不同的、持久、有高附加值的品牌，成为了遍布全球三十多个国家和地区的咖啡"绿巨人"。同时只用了 10 年的时间，星巴克在中国就成了一个时尚的代名词，它所标志的已不只是一杯咖啡，而是一个品牌和一种文化。

思考题

1. 请分析星巴克进入中国市场的经济环境。
2. 运用所学知识并查阅资料，分析星巴克走向世界成功的奥秘。

延伸阅读

国外互联网公司在中国水土不服

2016 年 8 月 1 日消息，滴滴出行正式宣布与 Uber 全球达成战略协议，滴滴出行将收购 Uber 中国的品牌、业务、数据等全部资产在中国大陆运营。这其实对于一家外来的互联网企业在中国市场已是不小的成就，因为好多先辈的事迹告诉我们：外来的和尚不好念经，"水土不服"是常事。

2001 年，eBay 已是全球首屈一指的 C2C 公司，易趣则是当时中国电子商务 C2C 领域的老大。2002 年 3 月，eBay 收购了易趣 33% 的股份。2003 年 5 月，马云开始筹建自己的 C2C 交易平台——淘宝。针对中国市场，两者采取了不同，甚至是对立的做法。eBay 对卖家收取费用，而淘宝对卖家始终免费，对增值业务收费；eBay 阻止卖家与买家私下沟通，以确保不会流失交易佣金，而淘宝鼓励买卖双方进行沟通，消除信息不对称；eBay 主打二手商品拍卖，而二手商品从来不是淘宝的主营业务；eBay 缺乏交易担保手段，而淘宝的支付宝担保交易，消除了消费者对网络购物的不信任感……后来结果大家都知道了。

亚马逊作为全球最大规模的电子商务网站，于 2004 年收购中国卓越网，开始进入中国。但是多年来，其对卓越网的改变一直非常缓慢，2007 年卓越才改名为"卓越亚马逊"，2011 年更名为"亚马逊中国"。这些年里，亚马逊在中国一直不温不火，知名度赶不上京东这些本土电商。综合来讲，亚马逊目前主要有这样几点被人诟病：埋头技术，营销赢弱，对中国电商市场判断后知后觉；页面设置照搬西方模式，产品分类、显示不符合中国消费者的阅读习惯；物流速度慢，赶不上京东等网站，在竞争中再度落后；启用外籍高管，中国团队与外籍管理层存在不信任，沟通效率低下；在大数据、云计算等传统技术强项上，面临阿里等本土电商的强力竞争。

雅虎的简史简直就是一部美国互联网历史，如今在中国国内只剩下品牌空壳。对于雅虎，今天的 90 后和 00 后可能已经不太熟悉，但 80 后肯定有印象，雅虎可以说是互联网的领航人之一。雅虎是全球第一家提供互联网网址导航的网站，曾是免费搜索、免费新闻、免费邮箱、免费聊天等服务的代名词。它曾经收购阿里巴巴 40% 的股权（后卖出），也曾帮助谷歌走出困境。但在互联网 2.0 时代，雅虎屡战屡败，搜索输给谷歌，社交服务输给 Facebook，以致没落至今。面对中国这个庞大

的市场，如果雅虎催化、发展出新的理念与技术，也不至于一败涂地。

2010年谷歌将服务器由中国内地搬到中国香港地区，放弃了内地搜索市场。很多人认为是政策方面导致了谷歌的离去，其实这是很多因素综合所致。其一，谷歌中国没有合适的领军人。在李开复离开谷歌时，谷歌一时难以找到合适的领军者，所谓火车跑得快要靠车头带，没有领军人，当然谷歌中国的本土化和品牌塑造会比较吃力，这极大地动摇了谷歌美国对中国市场的信心。其二，政策和法规不同，让谷歌无法适从。互联网卖的不是技术和产品，而是本土化和用户习惯。而本土化是互联网公司成功的关键，卓越亚马逊无法对抗淘宝，Facebook在中国没戏，反而QQ和新浪微博大行其道，这就是本土化的力量。其三，谷歌连续遭遇危机，惹恼了谷歌美国。谷歌被央视曝光涉黄，谷歌图书馆将被起诉，并且政府相关部门也出面指责谷歌不妥，李开复离职，等等，这一切都让谷歌总部很头痛。选择退出显示出美国人的果断与冲动，就如同微软被欧盟惹恼之后，直接将Windows内置浏览器删掉一样，最后让欧盟无所适从。其四，谷歌与中国的"恋爱"失败还有另一个很关键的因素，那就是"文化"，"百度更懂中文"，换一个字，"百度更懂中国"。这就是谷歌失败的原因。

为何总是遭遇"滑铁卢"？

总体来说，主要是因为外国企业对互联网在中国的发展情况估计不足，市场研究不够深入，导致"水土不服"。

1. 对中国市场研究不够深入

（1）由于社会环境的原因，中国消费者大多钟情于免费的互联网模式，国外盛行的收费模式在中国没有市场，eBay的失利很大程度源于此。

（2）由于物流业发达，中国消费者对物流要求很高。外国人总也想不明白，为什么中国人总是那么急躁，总是希望上午下单，下午就收到货。

（3）外国企业对中国政策研究得不够深入，某些企业屡屡触犯中国政策红线。这些都导致外国企业的不适应。

2. 本地团队权力过小，中外双方存在不信任

（1）从亚马逊到谷歌，都存在着国外总部对本地团队授权过小的情况，他们总是希望中国公司完全西化。

（2）由于中国市场的特殊性与激烈竞争，如果任何事务，比如政策、营销、产品、数据中心配给、用户界面等都需要经过总部认可才可以执行，就会在时效性和执行力上大大落后于中国的本土企业。

（3）本土团队在运营企业时感到时时受限，不能针对中国市场展开本地化的应对战略。同时，这些国外巨头将他们的运营管理模式从国外照搬到中国，在管理上也使得中国管理人员与外国管理人员之间的不信任感加剧。

3. 文化和习惯上格格不入

（1）亚马逊由于购物页面不符合中国人的使用习惯，用户在使用时往往这个功能也找不到，那个功能也找不到，需要的功能也没有，用不到的功能一大堆，导致用户流失。

（2）中外工作人员由于文化差异，在沟通上存在各种障碍，这使得很多政策难以执行。

如何在中国取得成功？

1. 在管理上中国本土化，给予中国团队足够的权力

由于中国文化、市场和营销环境的不同，导致中国管理者在企业运营方面与国外注定有着极大的不同。在国外行得通的管理模式，在中国未必行得通，在中国，就要按照中国的规则。

为何总是遭遇"滑铁卢"？

总体来说，主要是因为外国企业对互联网在中国的发展情况估计不足，市场研究不够深入，导致"水土不服"。

1. 对中国市场研究不够深入

（1）由于社会环境的原因，中国消费者大多钟情于免费的互联网模式，国外盛行的收费模式在中国没有市场，eBay的失利很大程度源于此。

（2）由于物流业发达，中国消费者对物流要求很高。外国人总也想不明白，为什么中国人总是那么急躁，总是希望上午下单，下午就收到货。

（3）外国企业对中国政策研究得不够深入，某些企业屡屡触犯中国政策红线。这些都导致外国企业的不适应。

2. 本地团队权力过小，中外双方存在不信任

（1）从亚马逊到谷歌，都存在着国外总部对本地团队授权过小的情况，他们总是希望中国公司完全西化。

（2）由于中国市场的特殊性与激烈竞争，如果任何事务，比如政策、营销、产品、数据中心配给、用户界面等都需要经过总部认可才可以执行，就会在时效性和执行力上大大落后于中国的本土企业。

（3）本土团队在运营企业时感到时时受限，不能针对中国市场展开本地化的应对战略。同时，这些国外巨头将他们的运营管理模式从国外照搬到中国，在管理上也使得中国管理人员与外国管理人员之间的不信任感加剧。

3. 文化和习惯上格格不入

（1）亚马逊由于购物页面不符合中国人的使用习惯，用户在使用时往往这个功能也找不到，那个功能也找不到，需要的功能也没有，用不到的功能一大堆，导致用户流失。

（2）中外工作人员由于文化差异，在沟通上存在各种障碍，这使得很多政策难以执行。

如何在中国取得成功？

1. 在管理上中国本土化，给予中国团队足够的权力

由于中国文化、市场和营销环境的不同，导致中国管理者在企业运营方面与国外注定有着极大的不同。在国外行得通的管理模式，在中国未必行得通，在中国，就要按照中国的规则。

2. 在产品开发上启用"中国通"，开发符合中国用户习惯的产品

想当初，微软为了在产品的汉化上做到入乡随俗，专门组建了由中国人构成的团队负责产品的内核汉化，即成立微软中国研究院（后更名为微软亚洲研究院），与中国政府和高校进行紧密合作。

3. 严格遵守中国的法律和相关规定

2010年，谷歌打着奉行"不作恶"理念的旗号，公开反对中国的信息审查制度，退出了中国市场，由此也引发了关于网络言论自由的大讨论。由于种种原因，中国的内容审查制度可能更为严格，这也导致很多国外互联网巨头，如Twitter、Facebook等社交网站，由于在内容方面得不到中国有关部门的认可，不得不被拒之门外。而反观同属社交产品的LinkedIn就不同，LinkedIn严格遵守中国法律监管。谷歌的遭遇告诉我们一个道理，在任何地方都要遵守当地的法律和相关规定。

（资料来源：搜狐网"对话鲁商"栏目）

项目二
确立目标市场

知识目标

❖ 市场细分的含义、作用

❖ 市场细分的程序和细分标准

❖ 目标市场的含义、涵盖方式

❖ 目标市场策略及影响目标市场策略选择的因素

❖ 市场定位的含义和策略

❖ 市场定位的步骤

能力目标

❖ 能根据市场调研情况对某产品的整体市场进行有效细分

❖ 选择目标市场

❖ 对产品进行准确的市场定位

❖ 在学习本项目内容的同时培养学生处理信息和营销策划的能力

素质目标

❖ 提升学生对市场营销工作的兴趣

❖ 增强学生的团队合作意识

案例引领 3——锁定老年人鞋业，足力健走红市场

近几年，中国老龄化现象加快，老年人口的数量持续增加。伴随着消费升级和物质条件的丰富，老年消费群体的个性化需求越来越多样化，老年人对自己的生活品质更加注重。

然而在调查中发现，很多老年朋友很难买到满意的鞋子，原因是市场上很多鞋子并不是针对老年人的脚型设计的，导致老年人在日常穿着中会有挤脚、磨脚、伤脚等诸多困扰。足力健老人鞋（见图 3-1）敏锐地洞察到了市场机会，锁定老年人鞋业市场，致力为老年人打造专业的老年鞋。

图 3-1　足力健老人鞋

为给老年群体带来更好的穿着体验，足力健老人鞋调研了上百万老人的脚型并建立数据库。在数据支持下，以独创的"五维一体"专业标准对老人鞋进行研发，进一步帮助老年人解决出行难题。其鞋头加宽、鞋腰加高，让老人穿了不挤脚、不磨脚；鞋底采用双层缓震设计，轻松舒适不累脚；更有橡胶防滑鞋底，让老人行走更稳健、不怕滑。

足力健坚持每年全力打造 1～2 款极致单品，如 2016 年的动力鞋，2017 年的安全鞋，2018 年的轻旅鞋等。这些单品的推出满足了老年人各种场景的穿着之用。

为了适应老年人的心理价位，足力健从源头上控制原材料的价格，精准把控成本，制定适中的价格。考虑到网上购物的老人很少，足力健把重心放在线下实体店，并把大多数的店面开在老年人信赖的超市。在足力健老人鞋的实体店里，顾客试穿时，工作人员半跪式服务，亲自给老人脱鞋、换鞋，令很多顾客大为触动。

足力健老人鞋以实际行动表达了对老年群体的关怀，也赢得了老年朋友的青睐。目前足力健老人鞋品牌已在全国拥有 5000 多家连锁专卖店，年销售额突破 10 亿元！

? 思维训练

鞋业市场的竞争异常激烈，制鞋企业应如何发现市场机会，采取什么策略更好地满足顾客、赢得市场呢？

确定一个明确的目标市场，并采取有针对性的措施，已经是当今企业经营能否成功的关键因素。本章将围绕企业如何进行市场细分，选择目标市场并对产品进行准确的定位三大内容展开介绍。

模块 1　市场细分

任何一个企业，无论其资源多么丰富，实力多么雄厚，都无法满足所有消费者的全部需要。因此，每个企业必须为自己选定一个市场范围，满足部分消费者的某种需要。如何科学、合理地对整体市场进行细分，在此基础上选定企业的特定服务对象，即目标市场，是制定企业营销战略的基本出发点。

1.1　市场细分的含义

1. 含义

市场细分是指企业通过市场调研，根据消费者需求的差异性，把某一产品的整体市场划分为若干消费者群的市场分类过程。每一个消费者群就是一个细分市场，也称"子市场"或"亚市场"；每一个细分市场都是由具有类似需求倾向的消费者构成的群体。因此，分属不同细分市场的消费者对同一产品的需要与欲望存在着明显差别，而属同一细分市场的消费者，他们的需要与欲望则极为相似。

图 3-2　伊利乳业对牛奶市场的市场细分

随着国内牛奶市场竞争的日益激烈，许多牛奶制造商针对牛奶市场进行了有效的市场细分，从而更好地满足消费者对牛奶的不同需求。如图 3-2 所示，伊利乳业针对牛奶市场进行市场细分后，针对一般大众对牛奶营养价值的需求推出了纯牛奶；针对学生及上班族推出高品质、符合中国饮食习惯的谷粒多黑谷系列牛奶；针对老年人、补钙族推出了无乳糖的"舒化"高钙牛奶；针对儿童推出欧洲进口菌种发酵、富含维生素 D 和膳食纤维的 QQ 星系列牛奶；针对初、高中女生推出能够促进肠道蠕动的畅意乳酸菌饮品；针对高端用户推出纯天然的金典有机系列牛奶，等等。

［营销视野］

市 场 细 分

市场细分是由美国著名市场营销学家温德尔·史密斯在 20 世纪 50 年代中期首先提出的一个新概念。它的提出顺应了第二次世界大战后美国众多商品市场由卖方市场转化为买方市场这一新形势，受到了西方各企业经营者的重视，并被迅速推广和应用。

　　市场细分的提出有两点理论依据。第一，顾客需求的差异性。顾客的需求是多种多样的，针对不同类型的顾客就需要采用不同的策略及方法。第二，企业应用有限的资源进行有效的市场竞争。企业自身的资源力量是有限的，不可能向市场提供所有产品或服务。为了进行有效的竞争，企业必须进行市场细分，选择最有利可图的细分市场进入，集中企业资源，制定有效的竞争策略，以取得竞争优势。

　　不是所有的产品和服务对消费者产生的需求反应都一致。从消费者需求状况的角度来说，产品的市场可以分为两类：一类是同质市场，即消费者对某一产品的需求基本相同或极为相似，如白糖、食盐等市场；另一类是异质市场，即消费者对某类产品的需求是有差异的，如服装、饮料、家电、汽车等市场。只有极少部分产品（主要是初级产品）的市场属于同质市场，同质市场无须细分。绝大多数产品的市场都是异质市场，正是这些差异，使市场细分成为可能。市场细分的实质，就是把一个异质市场划分为若干个相对来说是同质市场的过程。

　　值得注意的是，有的同质市场也可以渐变为异质市场。例如，内燃机燃料市场在初期一度曾是相对的同质市场，主要由长途运输或卡车货运业组成。但后来，随着内燃机的推广使用，这个市场越来越成为异质市场，不仅包括卡车运输行业，还包括铁路运输业、农业和客车运输业。原来没有必要进行细分的市场，此时却需要进行细分了。

　　反之，异质市场有时也在向同质市场转化。例如，不同民族和地区的消费者对饮料都曾有不同的传统和口味偏好，中国人喜欢喝茶，西方人喜欢喝咖啡，而且不同地区人们对茶和咖啡的喝法和品种偏好还有所不同。但第二次世界大战后，可口可乐公司成功地将其可乐产品推广到全世界一百多个国家和地区，各国都有一批消费者接受了同一口味的可口可乐。就这些消费者来说，对产品需求的同质性占据了主导地位。

2. 作用

1）有助于企业发现新的市场机会，寻找新市场

　　在一个整体市场中，往往存在着未被完全满足的市场需求或未被发现的市场机会，它们一般不易被企业发现。企业通过市场细分，可以了解顾客存在的不同需求和被满足的程度，从而寻找、发现市场机会。

> 营销名言：好的市场细分是营销成功的一半。

　　近年来，孩子的安全问题是中国所有家庭关注的重点。对于不能陪在孩子身边的家长们来说，孩子的安全是他们最担心的。小孩子的安全意识低下，甚至没有自我保护意识，很容易遇到危险，或者令自己身处险境。很多生产商发掘到这一新的市场机会，开发出了具有打电话、定位与一键呼救等功能的电话手表（见图3-3）。在产品设计上，电话手表从关爱儿童角度出发，针对儿童安全的需求，特设一键求救、自动定位等功能，让孩子更有安全感。儿童电话手表细分市场的营销策略，不仅为企业选择目标市场奠定了基础，也巧妙地把握了运作整个市场的出发点。

SOS 一键呼救

遇到危险情况，孩子只要按SOS键，便会
轮番拨打亲情号码，直到拨通为止。

按住1秒
即可SOS呼救

寻人
启事

事先做好准备，不再事后后悔

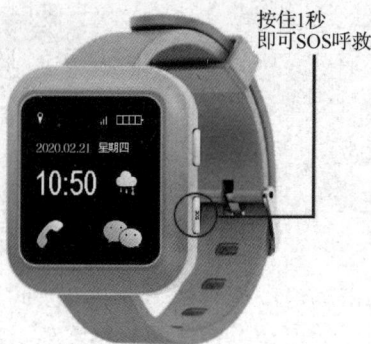

图 3-3　电话手表

2）有利于选择目标市场和制定市场营销策略

市场细分后的子市场比较具体，有利于企业了解消费者需求和确定目标市场。企业可以结合自身条件针对较小的目标市场，制定相适应的营销组合策略。同时，在细分市场上，信息容易了解和反馈，一旦消费者的需求发生变化，企业可迅速改变营销策略，制定相应的对策，以适应市场需求的变化，提高企业的应变能力。

图 3-4　屈臣氏

屈臣氏（见图 3-4），全称是屈臣氏个人护理用品商店（以下简称屈臣氏），是现阶段亚洲地区最具规模的个人护理用品连锁店。目前在中国 438 个城市拥有超过 3 200 家店铺和 6 400 多万名会员，并且业务遍布 24 个国家和地区，在全球拥有 12 000 多间零售商店。

屈臣氏在中国能取得如此大的成就，跟它精准的目标市场是分不开的。屈臣氏将中国内地主要目标市场锁定在 18～35 岁的白领女性，为什么选择这样的细分市场呢？在其调研中发现，亚洲女性与西方国家女性的消费习惯明显不同，欧美女性在每个店平均逗留时间是 5 分钟，亚洲女性却足足逗留 20 分钟，她们愿意投入大量时间去寻找性价比更高或是更好的产品。同时，这个年龄段的女性消费者最富有挑战精神，喜欢用好的产品，寻求新奇体验，追求时尚，愿意在朋友面前展示自我。屈臣氏通过市场细分十分准确地抓住了这个社会主流消费群体。

屈臣氏倡导"健康、美态、乐观"的经营理念，产品组合以个人护理品、化妆品及护肤用品为主导，这些是目标消费者日常所需而且是相对高频的产品。在定价上，屈臣氏实行"优质优价"的定价策略，与城市优质白领女性的目标市场选择一脉相承。在渠道方面，屈臣氏采取扁平化自营连锁的渠道策略，将大部分门店设在一些大型购物中心和百货商场内，唤起了消费者对屈臣氏品牌的认知，强化了其品牌形象。另外，标准化、

轰炸式的促销策略抓住以城市高收入为代表的白领丽人，有效刺激了更多目标消费者进店消费，提高了其品牌知名度和忠诚度。

3）有利于企业增强竞争能力，提高经济效益

一方面，企业在进行市场细分后，可将有限的人力、财力、物力资源集中使用于一个或几个细分市场，避免了企业资源的浪费，使企业的有限资源发挥出最大功效，从而获得更多的经济效益；另一方面，进行市场细分，易于看清楚每一个细分市场上各个竞争者的优势和劣势，有利于企业避实就虚地确立自己的目标市场，这也有利于增强企业竞争能力，提高经济效益。

4）有利于更好地满足消费者需求，提高社会效益

消费者的需求千差万别，并不断变化，企业运用市场细分策略，可以发现尚未被满足的潜在需求，并把它们变成企业一个又一个的市场机会和目标市场。这样，新产品就会层出不穷，同类产品的花色品种就会越来越丰富，消费者或用户也就有可能在市场上购买到各自称心如意的商品。

2018 年，中国车市遇冷下行，豪华车市场增速也明显减缓，但豪华 SUV 细分市场的潜力要远高于轿车市场，2019 年上半年豪华 SUV 市场销量为 40.3 万辆，同比增长 21.5%，其中大型 SUV 细分市场表现不俗。这无疑说明豪华中大型 SUV 市场是具备潜力的，而目前这一细分市场仍存在一定的空白，虽然各大豪华品牌均已在这一细分市场有所布局，但大多以进口车型为主，售价区间都集中在 60 万～90 万元。

在 40 万～50 万元区间的豪华大型 SUV 市场，消费者可选择的产品较少。凯迪拉克 XT6（见图 3-5）正是看中了这一空白，同时凯迪拉克也看到了消费升级和家庭用车需求的增长趋势，因此选择了推出同级唯一的 "2+2+2" 的三排六座布局，给豪华 SUV 市场带来了久违的新鲜感。这不但满足了这一细分市场的需求，而且与同级产品形成差异化区隔。

图 3-5 凯迪拉克

1.2 市场细分的程序

（1）选择市场范围，确定经营目标。企业根据自身的经营条件和经营能力确定进入子市场的范围，也就是确定企业经营什么商品，提供什么服务，这是细分市场的基础。产品市场范围的确定应依据市场的需求而不是产品的特性。为此，企业必须开展深入细致的调查研究，分析市场消费需求的动向，再做出相应决策。

（2）选择市场细分的标准，列出消费者群体的需求情况。这是确定市场细分的依据，企业必须对所有的细分变量进行分析和研究，从而选出适合企业自身情况和市场状况的细分标准，针对市场需求的差异性，细分市场。

（3）初步市场细分。找出各类消费者的典型代表，分析他们需求的具体内容，哪些需求对这些潜在顾客更为重要，然后按上述细分标准进行细分。

（4）筛选细分市场。将企业的实际条件同各细分市场的特征进行比较，剔除企业没有条件去拓展的市场，选出最能发挥企业优势的细分市场。

（5）初步为细分市场定名。企业对筛选出来的细分市场，做进一步分析，并结合各细分市场的顾客特点，初步安排一个名称。

（6）进一步分析各子市场。企业要对各子市场的顾客进行更深入细致的调查，明确各顾客群体的特点，检查各个细分市场是否符合企业实际情况，以便对各个细分市场进行必要的合并和分解，使之形成更有效益的目标市场。

（7）决定每个细分市场的规模，相应地选定目标市场。企业应把每个细分市场与细分标准结合起来分析，测量出各子市场潜在顾客的数量，选择市场潜力大、获利机会大的子市场作为该企业的目标市场。

这个方法虽有7步，但在具体运用时，都要对它的经济价值进行评价，才能决定值不值得去占领。要对细分市场做出正确的评价，最根本的是对企业能在哪个市场获得多少利润做出比较可靠的判断。总体来说，这个方法是简便易行的，有利于企业正确选择营销的目标市场，有计划地拓展市场营销。

⑦ 开动脑筋

以汽车市场为例，汽车生产企业进行市场细分的具体程序是什么？

1.3 市场细分的原则

企业可根据单一因素，也可根据多个因素对市场进行细分。选用的细分标准越多，相应的子市场也就越多，每一子市场的容量相应就越小。相反，选用的细分标准越小，子市场就越少，每一子市场的容量相对较大。如何寻找合适的细分标准，对市场进行有效细分，在营销实践中并非易事。一般而言，成功、有效的市场细分应遵循以下基本原则。

1. 可衡量性

可衡量性指细分的市场必须是可以识别的和可以衡量的，即细分出来的市场不但范围比较明晰，而且能大致判断该市场的大小。为此，细分市场的各种特征应是可以识别和衡量的，如玩具市场可以按性别和年龄细分。然而，也有一些因素是不易衡量的，如要衡量有多少消费者属于"爱好家庭生活型"就相当困难了。凡是企业难以识别、难以衡量的因素或特征，都不能进行市场细分。否则，细分的市场将会因无法界定和衡量而难以描述，市场细分也就失去了意义。所以，恰当地选择细分变量十分重要。

2. 实效性

实效性也称需求足量性。细分出来的市场必须大到足以使企业实现它的利润目标。在进行市场细分时，企业必须考虑细分市场上顾客的数量，以及他们的购买能力和购买产品的频率。如果细分市场的规模过小，市场容量太小，细分工作烦琐，成本耗费大，获利小，就不值得去细分了。

福特汽车公司曾经在 20 世纪 50 年代打算专门为 1.2m 以下的特殊身材者生产特制汽车。特殊的产品设计，与大众化汽车生产不同的生产线及工装设备，必然造成成本的大幅增加，但可以更好地满足特殊消费者的需求。通过市场调研与细分后，福特公司发现这一汽车细分市场的需求极其有限，人口较少，赢利前景暗淡，最终放弃了这一构想。

3. 可进入性

可进入性指细分的市场应是企业的营销活动能够通达的市场，即细分出来的市场应是企业能够对顾客发生影响、产品能够展现在顾客面前的市场。这主要表现在 3 个方面：一是企业具有进入这些细分市场的资源条件和竞争实力；二是企业能够通过一定的广告媒体把产品信息传递给该市场的众多消费者；三是产品能够经过一定的销售渠道抵达该市场。考虑细分市场的可进入性，实际上就是考虑企业营销活动的可行性。显然，对于不能进入或难以进入的市场进行细分是没有意义的。

4. 反应差异性

反应差异性是指细分出来的各个子市场，要对企业市场营销变项组合中任何要素的变动都能灵敏地做出差异性的反应。如果几个子市场对于一种市场营销变项组合按相似的方式做出反应，那么就不需要为每一个子市场制定一个单独的市场营销变项组合。例如，如果所有子市场按同一方式对价格变动做出反应，就无须为每一子市场规定不同的价格策略。也就是说，这样的市场细分是不成功的。成功的市场细分应当是这个子市场立即会对价格变动做出反应，而不太在意价格变化的另一个子市场能对包装或别的什么因素的变化做出更大的反应。这就是说，对细分的顾客群，应当统筹考虑他们对所有市场营销组合因素的各种反应，而不能以单一的变项为基础加以考虑。只有这样进行市场细分，才能为选中的目标市场制定出有效的市场营销组合方案。

1.4 市场细分的标准

1. 消费者市场细分的标准

案例 小王同学的出行
新选择：共享单车

由于年龄、性别、收入、家庭人口、居住地区和生活习惯等因素的影响，不同的消费者群有不同的欲望和需要。这些不同的欲望和需要，是企业据以进行消费者市场细分

的依据，即"细分标准"。这些细分标准能概括一群具有相同需求的消费者，是细分消费者市场的基础。细分消费者市场的依据可概括为 4 类，即地理细分标准、人口细分标准、心理细分标准和行为细分标准，如表 3-1 所示。以上 4 类标准，要根据消费者需求的差异，综合运用。需求差异大的产品，应该用较多的细分标准区分，反之，则可运用较少的细分标准区分。凡是需求差异大、市场竞争激烈的产品，往往要经过多次细分，才能从中筛选出符合本企业条件的细分市场或子市场，并以此作为企业的目标市场。

表 3-1　消费者市场细分标准

细分标准	具体细分变量
地理细分标准	地理和行政区、城市乡村、地形气候、交通运输等
人口细分标准	年龄、性别、家庭大小、收入、生活习惯等
心理细分标准	生活方式、个性等
行为细分标准	使用时机、追求利益、使用者情况、使用程度、信赖情况（品牌忠诚度）等

1）地理细分标准

地理细分是指企业根据消费者所在的地理位置、地形气候等因素来细分市场，然后选择其中一个或几个分市场或子市场作为目标市场，对于销路广阔的消费品，地理细分往往是进行市场细分的第一步。尤其像我国，幅员辽阔，人口和民族众多，风俗差异很大，更是这样。

（1）地理和行政区。按照地理区域，可以将市场分为华东、中南、西南、西北、华北、东北，或者内地、沿海、边远地区；按照行政区域可以将市场分为省、直辖市、自治区、县等。由于地理位置的不同，消费者的需求有很大差异。例如，不同地区有不同的口味，所谓"东甜南辣西酸北咸"；南方以米饭为主食，北方以面粉为主食。

（2）城市乡村。交通的发达与否，人口密度的稠密或稀疏，是区分大、中、小城市的主要依据。通常可分为大城市、中小城市、乡镇和农村。大城市与中小城市、城市与农村、城市与乡镇等，都有不同的消费需求，如化妆品，就目前情况看，城市是以美容为主，农村是以护肤为主。

（3）地形气候。按地形可分为山区、平原、丘陵；按气候可分为热带、温带、寒带；按湿度可分为干旱区、多雨区。地形的不同，对许多消费品都有不同的要求。譬如收音机，山区由于接收电波的阻碍大，要求灵敏度高，而平原要求选择性好。

（4）交通运输。交通运输是地理环境的主要内容之一。交通工具有先进落后之分，装卸效率也有高低之别。交通运输的细分，对于有时间性和有保质期要求的产品尤其重要。处在不同地理位置的购买者群，各有其不同的需要和欲望，他们对企业所采取的市场营销策略的反应也有所不同，这就是按地理细分的依据。

2）人口细分标准

所谓人口细分，就是企业按照人口调查统计的内容，如年龄、性别、家庭大小、收入、生活习惯、职业、教育水平、生活阶段、宗教信仰等人口因素来细分市场。由于消费者

的欲望和使用程度与人口因素有因果关系，而且人口因素比其他因素更容易衡量，因此，人口因素一直是细分市场的重要依据。

（1）年龄。根据我国的习惯，年龄大致可分为学龄前、小学生、中学生、大学生、青年、中年和老年几个阶段。经营服装、食品、书刊等的企业，往往是以年龄来细分市场的。

（2）性别。性别虽然只是分为男性和女性两类，但理发、化妆品和服装等，长期以来一直是按照性别来细分市场的，如化妆品，就是女用和男用化妆品市场。

（3）家庭大小。在我国，多数家庭一般为三口人。但也有人数多的家庭，有的家庭多达十口人。例如，电冰箱就和家庭大小密切关联。新婚小家庭，电冰箱在 200 升左右就可以了，而五六个人以上的大家庭就需要至少 250 升的电冰箱。

（4）收入。按照当前的平均收入水平，可简单地区分为高收入、中等收入和低收入。需要时，可以就一种产品可能形成的购买力来确定收入水平。在购买商品时，低收入消费者往往看重经济实惠，而高收入消费者更注重质量、包装和品牌等。

（5）生活习惯。对于衣、食、住、行、用等所有行业的企业来说，都应考虑按消费者的生活习惯细分市场。以罐头食品为例，猪肉类罐头千万不能销往回族居住地区，回族不吃猪肉，作为该民族的传统生活习惯，应得到尊重。

3）心理细分标准

在心理细分中，是以社会阶层、生活方式及个性等因素作为划分消费者群的基础的。同一个人口因素相同的群体，可以展示出不同的心理现象。

（1）生活方式。生活方式是指一个人或群体对消费、工作和娱乐的特定习惯和倾向性。生活方式影响了人们对各种产品的兴趣，而他们所消费的产品也反映出他们的生活方式。各种不同产品和品牌的生产企业是根据消费者的生活方式来细分市场的。

德国大众汽车公司就为适应各种消费者的生活方式，设计出了不同类型的汽车。例如，供"循规蹈矩者"使用的汽车突出表现经济性和安全性，并符合生态学的特点；供"玩车者"驾驶的汽车则突出易驾驶、灵敏和运动娱乐性等特点。

（2）个性。企业经营者常使用个性因素来细分市场，他们试图赋予其产品适合消费者个性的"品牌个性"，以树立品牌形象。

特步作为体育用品制造业的国民品牌，多年来深耕运动服饰市场，立足消费前沿，洞悉消费者的需求。2020 年夏天，特步携手微软小冰打造"用 AI 创造不撞衫的夏天"活动。在特步的淘宝店铺里，消费者通过对星座、色彩、场景等随机五个问题的选择回答，就可以生成一幅专属自己的 AI 定制图案，在服装的定制设计中，还可以对图案的印花样式再次创作。在定制平台上，通过 H5 互动功能，借助人工智能技术，让消费者与 AI 交流，快速生成属于自己的艺术基因，为消费者打造"千人千 T"的专属定制设计，全面提升消费者的消费体验，满足消费者的个性化追求。

4）行为细分标准

在行为细分中，是以购买者对产品的知识、态度、使用或反应为基础来划分消费者群的。不少经营者相信行为因素是创建分市场的最佳起点。

（1）使用时机。使用时机是指根据购买者对产品产生需要、购买或使用的时机加以区别。譬如，航空与人们出差、度假或探亲等时机有关，航空公司可以在这些时机中选择为人们的特定目的服务。

（2）追求利益。追求利益就是根据购买者对产品所追求的不同利益而形成的一种有效的细分方式。

某品牌牙膏宣传其具有3种功能：防蛀、爽口和清齿。许多顾客对这3种功能都需要，企业要做的就是设法让顾客相信该牙膏确实具有这3种功能。该公司发明了一种可同时挤出3种颜色的牙膏产品，顾客通过视觉确信该产品具有这3种功能。

因此，生产牙膏的企业，假如要以追求利益来细分市场，就必须使自己的牙膏突出某种特性，并分别确定各自的品牌，最大限度地吸引某一个或几个消费者群。

（3）使用者情况。有许多市场可以按照使用者的情况将市场细分为非使用者、曾经使用者、潜在使用者、初次使用者和经常使用者。对于不同的使用者，企业在促销工作中，显然要采用不同的手段和内容。

（4）使用程度。使用程度是指按消费者对产品的使用频率进行细分，可分为少量使用、中量使用和大量使用，所以也称数量细分。大量使用者通常占市场总人数的比重不大，但其消费量占消费总量的比重很大。

（5）信赖情况（品牌忠诚度）。消费者的信赖可以表现在对品牌、对商店的信赖，以及其他方面。按消费者对品牌的信赖程度，可将一种产品的消费者划分为以下几个消费者群：单一品牌忠诚者、几种品牌忠诚者、无品牌爱好者。

2．生产者市场细分标准

许多消费者市场的细分标准，同样可以用来细分生产者市场，此外，还需其他一些标准。归纳起来，企业常用3种标准来细分生产者市场。

1）用户规模

在生产者市场中，有的产品用户购买量大，有的产品用户购买量小。以钢材市场为例，像建筑公司、造船公司、汽车制造公司对钢材需求量很大，而一些小的机械加工企业，一年的购买量也不过几吨或几十吨。企业应当根据用户规模大小来细分市场。根据用户或客户的规模不同，企业的营销组合方案也应有所不同。比如，对于大客户，宜直接联系，直接供应，并在价格、信用等方面给予更多优惠；对众多的小客户，则应使产品进入商业渠道，由批发商或零售商去组织供应。

2）用户要求

不同用户对同一种产品往往有不同的要求和不同的使用目的，从而会在产品的规格、

型号、品质、功能、价格等方面提出不同的要求。例如，轮胎公司必须为豪华汽车制造商提供比标准汽车制造商更高级的轮胎。

3）地理位置

每个国家和地区都在一定程度上受自然资源、气候条件和历史文化传统等因素的影响，形成了若干工业区。因此，生产者市场往往比消费者市场更为集中。按购买者地理位置细分市场，使企业目标放在用户集中的地区，有利于节省推销人员往返于不同客户之间的时间和费用，有利于节省营销成本，提高企业经济效益。

通常，生产者企业在进行市场细分时会将多个细分标准放在一起综合考虑，用户规模、用户要求、地理位置是企业主要考虑的3个细分标准。

营销拓展

市场细分化格局形成　蓝米鼠童装多个系列制胜

模块2　目标市场策略

选择目标市场，明确企业应为哪一类用户服务，满足他们的哪一种需求，是企业在营销活动中的一项重要策略。因为不是所有的子市场对本企业都有吸引力，任何企业都没有足够的人力资源和资金满足整个市场或追求过分大的目标，只有扬长避短，找到有利于发挥本企业现有的人、财、物优势的目标市场，才不至于在庞大的市场上瞎撞乱碰。

2.1　目标市场的含义

目标市场是企业决定要进入的市场部分或子市场，即企业的商品或服务所要满足的特定消费者群。

2019年9月，新希望乳业以儿童视力为突破点，与成都中医大银海眼科医院联合研制创新，推出了养眼牛奶（见图3-6）。这款新品关注的是5～12岁的青少年群体，即该产品的目标市场。对于新品护眼奶，新乳业不但进行了口味的创新，同时发布经典原味和草莓口味，而且在产品包装上也做了精心构思，以新希望乳业的IP形象"黑小优"为原型，采用当下最流行的设计——"自

图3-6　养眼牛奶

立袋＋蘑菇盖"，符合青少年的审美观，打造出专属青少年的"每日鲜呵护"养眼鲜奶。

❓ 开动脑筋

是不是所有的细分市场都可以成为企业的目标市场？企业应怎样选择适合自己的目标市场？

2.2 选择目标市场的条件

一般来说，一个细分市场要能成为企业的目标市场，必须具备以下4个条件，如图3-7所示。

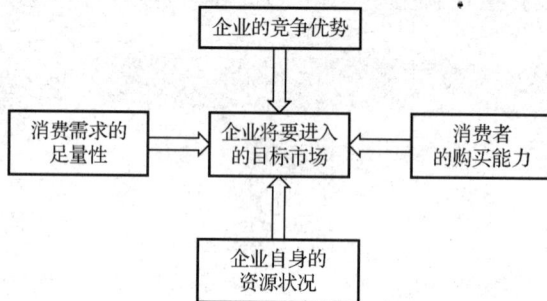

```
                    ┌──────────────┐
                    │  企业的竞争优势  │
                    └──────┬───────┘
                           │
                           ▼
┌──────────┐      ┌──────────────┐      ┌──────────┐
│ 消费需求的   │ ───► │ 企业将要进入     │ ◄─── │ 消费者      │
│ 足量性      │      │ 的目标市场       │      │ 的购买能力    │
└──────────┘      └──────┬───────┘      └──────────┘
                           ▲
                           │
                    ┌──────────────┐
                    │  企业自身的     │
                    │  资源状况       │
                    └──────────────┘
```

图 3-7　企业进入目标市场必须具备的条件

（1）消费需求的足量性：目标市场有一定的购买力，企业能取得一定的营业额和利润。

（2）消费者的购买能力：目标市场有尚未满足的需求，有充分发展的潜在购买力，以作为企业市场营销发展的方向。

（3）企业的竞争优势：目标市场市场竞争还不激烈，竞争对手未能控制市场，有可能乘势开拓市场，并占有一定的市场份额，在市场竞争中取胜。

（4）企业自身的资源状况：目标市场符合企业的资源条件，企业有能力开拓该市场。

富可视糖果 M210 手机（见图 3-8）是富可视（InFocus）针对年轻消费者推出的一款智能手机，刚好一手握的大小，外观轻巧细致，色彩如糖果般绚烂，清甜可口。这款手机由富可视精心制造，主打多彩糖果色，希望成为年轻人的穿搭新宠。

图 3-8　富可视糖果 M210 手机

所以，选择目标市场就是选择一个或一个以上有利于本企业扩大产品销售的市场，并保持市场的相对稳定，而不是越多越好。

2.3 选择目标市场的模式

企业在对不同细分市场进行评估后，就必须对进入哪些市场和为多少个细分市场服

务做出决策。一般来说，可采用的目标市场模式有 5 种，如图 3-9 所示。

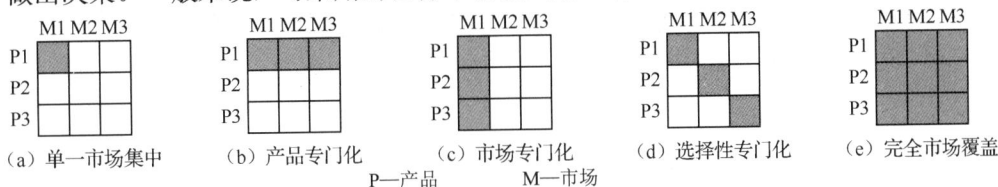

（a）单一市场集中　（b）产品专门化　（c）市场专门化　（d）选择性专门化　（e）完全市场覆盖

P—产品　　M—市场

图 3-9　企业选择目标市场的 5 种模式

1）单一市场集中

单一市场集中即企业只生产一种产品供应某一个顾客群（子市场），以取得某一特定市场上的优势，但同时隐含较大的经营风险，小企业通常采用这种模式，如图 3-10（a）所示。

2）产品专门化

产品专门化即企业向不同的顾客群只供应同一种产品。采用此种模式，企业可以在特殊的产品上创造专业化的商誉，但如有替代品出现或消费者的偏好发生转移，企业将面临经营滑坡的危险，如图 3-9（b）所示。

3）市场专门化

市场专门化即企业决定向某一顾客群供应各种产品，满足其各种不同需求。采用这种模式企业可获得良好的声誉，成为其他产品要打入市场的总代理。然而，如果该顾客群体的采购量下降，将会有销售量大幅下降的风险，如图 3-9（c）所示。

4）选择性专门化

选择性专门化即企业有选择地进入几个细分市场，向各个不同的顾客群分别供应不同的产品。采用该模式可以较好地分散公司的经营风险，即使某个细分市场失去了吸引力，公司仍可继续在其他子市场上获取利润，如图 3-9（d）所示。

5）完全市场覆盖

完全市场覆盖即企业用各种产品满足所有顾客群体的需求。一般只有实力雄厚的大企业才能采用完全市场覆盖模式，如图 3-9（e）所示。

2.4　选择目标市场的策略

企业确定了目标市场模式后，应选择不同的目标市场策略与之相适应。一般有以下 3 种策略可供选择。

微课　选择目标市场策略及影响选择的因素

1）无差异市场营销策略

无差异市场营销策略是指企业把产品的整体市场作为企业的目标市场，用单一的营销策略开拓市场，即用一种产品和一套营销方案面向所有的消费者，如图 3-10 所示。无

差异营销策略只考虑消费者或用户在需求上的共同点，而不关心他们在需求上的差异性。例如，可口可乐公司在 20 世纪 60 年代前曾以单一口味的品种、统一的价格和瓶装，以及统一的广告主题将产品面向所有顾客，采取的就是这种策略。

```
┌──────────┐          ┌──────────┐
│ 企业营销组合 │ ───────→ │ 整体市场  │
└──────────┘          └──────────┘
```

图 3-10　无差异市场营销策略

无差异市场营销策略的优点十分明显。首先，大批量的生产和经营，有利于企业降低成本，取得规模效益；单一的营销组合，尤其是无差异的广告宣传可以节省促销费用；不对市场进行细分，可相应地减少企业在市场调研、产品开发、制定各种营销组合方案等方面的营销投入。

无差异市场营销策略的缺点是难以长期满足消费者多样的需求，不能适应瞬息万变的市场形式，应变能力差，易受到竞争企业的攻击。由于这些原因，世界上一些曾经长期实行无差异营销策略的大企业最后也被迫实行差异性市场营销策略。例如，被视为实行无差异市场营销典范的可口可乐公司，也不得不改变原来的策略，针对顾客的不同需要推出多种类型的新型饮料。无差异市场营销策略一般适用于需求广泛、市场同质性高且能大量生产、大量销售的产品。

2）差异性市场营销策略

差异性市场营销策略是将整体市场划分为若干细分市场，企业选择两个或两个以上的细分市场作为目标市场，针对每个细分市场的特点，分别设计不同的产品，制定不同的营销方案，如图 3-11 所示。例如，某自行车企业，根据地理位置、年龄、性别细分了几个子市场：农村市场，因常运输货物，要求自行车牢固耐用，载重量大；城市男青年市场，要求自行车快速、样式好；城市女青年市场，要求自行车轻便、漂亮、闸灵。针对每个子市场的特点，制定不同的市场营销组合策略。

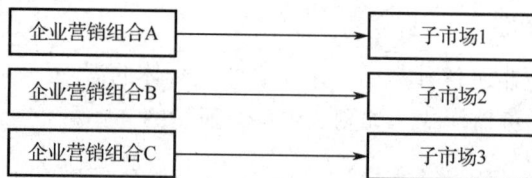

```
┌───────────┐          ┌─────────┐
│ 企业营销组合A │ ───────→ │ 子市场1  │
└───────────┘          └─────────┘
┌───────────┐          ┌─────────┐
│ 企业营销组合B │ ───────→ │ 子市场2  │
└───────────┘          └─────────┘
┌───────────┐          ┌─────────┐
│ 企业营销组合C │ ───────→ │ 子市场3  │
└───────────┘          └─────────┘
```

图 3-11　差异性市场营销策略

差异性市场营销策略的优点是小批量、多品种，生产机动灵活、针对性强，可使消费者需求更好地得到满足，由此促进产品销售。另外，由于企业是在多个细分市场上经营，在一定程度上可以减少经营风险。一旦企业在几个细分市场上获得成功，有助于提高企业的形象及市场占有率。

差异性市场营销策略的不足之处主要体现在两个方面。一方面，增加营销成本。由于产品品种多，管理和存货成本将增加；由于企业必须针对不同的细分市场发展制订独

立的营销计划，会增加企业在市场调研、促销和渠道管理等方面的营销成本。另一方面，可能使企业的资源配置不能有效集中，顾此失彼，甚至在企业内部出现彼此争夺资源的现象，使拳头产品难以形成优势。

瑞士雀巢公司是以生产和销售优质食品而闻名于世的企业。它生产的食品属于差异性大、市场变化快的产品。咖啡是雀巢公司系列产品中的"骄子"。为适应不同消费者的口味，它针对 4 种消费市场制作了 4 种咖啡（见图 3-12）：专为特殊口味人士制作的金牌咖啡；为嗜好浓重口味者制作的特浓咖啡；为满足爱喝咖啡却嫌弃咖啡因的消费者制作的不含咖啡因但又保留咖啡因味的特制咖啡；用玉米糖、植物油、乳脂等制作的咖啡伴侣，冲在咖啡中，让人感到甜润适口，适于那些喝不惯咖啡苦涩味的人饮用。

图 3-12 雀巢咖啡

此外，雀巢公司还生产奶类、谷类速溶营养饮品，烹调食品，巧克力，婴儿系列食品等。公司紧紧跟随消费者需求的变化，不断改进和开发营养丰富、品质高级的食品，使企业不断发展，享誉世界。

3）集中性市场营销策略

集中性市场营销策略是企业将整体市场细分后，集中力量进入一个细分市场（或对该子市场进一步细分后的几个更小的市场部分），实行专业化生产和销售，如图 3-13 所示。实行这一策略，企业不是把资源分散到广大市场上，而是集中企业的有限资源，重点开发一个或几个细分市场，争取在局部市场上占有较大份额。例如，德国有一个左撇子工具店，专门销售左撇子劳动用的左手工具。德国人认为自己动手干活是一种享受，所以一开张生意就很红火，现在成为当地最大的左撇子工具商店。

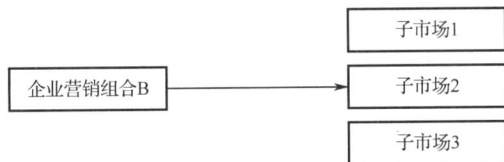

图 3-13 集中性市场营销策略

集中性市场营销策略的指导思想是与其四处出击收效甚微，不如突破一点取得成功。这一策略特别适合资源力量有限的中小企业。中小企业由于受财力、技术等方面因素的制约，在整体市场可能无力与大企业抗衡，但如果集中资源优势在大企业尚未顾及或尚未建立绝对优势的某个或某几个细分市场进行竞争，成功可能性就大多了。

集中性市场营销策略的局限性体现在两个方面：一方面，市场区域相对较小，企业发展受到限制；另一方面，潜伏着较大的经营风险，一旦目标市场突然发生变化，如消

费者趣味发生转移，或强大竞争对手的进入，或新的更有吸引力的替代品的出现，都可能使企业因没有回旋余地而陷入困境。

随着我国电动自行车市场趋于饱和，电动自行车的市场竞争日益激烈，消费者对产品的要求也越来越高。然而，奔的电动自行车却能在激烈的竞争中脱颖而出，十年来保持稳定地增长，成为电动车行业的"元老"。奔的电动自行车的良好发展，得益于奔的车业有限公司专注于女性消费市场，通过市场细分，打入女性消费群体，提升产品竞争力。

奔的电动自行车整体设计小巧玲珑，时尚清新，整车线条柔美，车身塑件的光泽度高，符合女性受众的审美心理。因为专注于某一领域，奔的车业有限公司更好地控制风险和降低业务成本，增强了产品的核心竞争力。

2.5 影响目标市场策略选择的因素

这3种目标市场策略各有利弊，也各适用于不同的情况，企业在选择目标市场策略时，必须全面考虑各种因素，权衡得失，做出正确的选择。一般企业在选择目标市场策略时需考虑的因素主要有以下5点。

1）企业的实力

企业的实力包括企业的设备、技术、资金等资源状况和营销能力。一般来说，大型企业实力比较雄厚，资金多，原材料比较充足。那么，它就有条件采用无差异市场营销策略和差异性市场营销策略。反过来，如果企业没有这个实力，就适合把力量集中起来专攻一个或两个市场面。一般来说，我国的中小企业比较适用集中性市场营销策略。

2）产品的自然属性

产品在性能、特点等方面没有差异性或差异性很小，如汽油、钢铁、原粮等产品，这类商品适宜采用无差异市场营销策略。反之，差异性较大、特性变化快的商品，如服装、家具等，适合采取差异性或集中性市场营销策略。

3）市场的差异性

如果市场上顾客对产品的需求相近或基本相同，即为"同质市场"，宜实行无差异市场营销策略；反之，如果市场需求的差异性较大，即为"异质市场"，宜采用差异性或集中性市场营销策略。

4）产品生命周期

新产品在投入期和成长前期较适合采用集中性市场策略或是无差异市场营销策略，到了成长后期和成熟期，一般适合采用差异性和集中性市场营销策略。

5）竞争对手状况

一般来说，企业的目标营销策略应该与竞争对手有所区别，反其道而行之。如果竞争对手采用的是无差异市场营销策略，以一种产品来供应所有的消费者，在这种情况下，

要想打进市场，应当采用差异性或集中性市场营销策略。当竞争对手已经采取了差异性市场营销策略时，一般就不宜采用无差异市场营销策略，可以采用更行之有效的差异性或集中性市场营销策略。当然，这些只是一般原则，并没有固定模式，营销者在实践中应根据竞争双方的力量对比和市场的具体情况灵活选择。

营销拓展

"江小白"成为明星

模块 3　市场定位策略

3.1　市场定位的含义

市场定位是通过为自己的产品创立鲜明的个性，从而塑造出独特的市场形象来实现的。一种产品是多个因素的综合反映，包括性能、构造、成分、包装、形状和质量等，市场定位就是要强化或放大某些产品因素，从而形成与众不同的独特形象。产品差异化乃是实现市场定位的手段，但并不是市场定位的全部内容。市场定位不但强调产品差异，而且要通过产品差异树立独特的市场形象，赢得顾客的认同。

> 营销法则：准确的市场定位是成功策划的关键。

［营销视野］

市场定位可分为对现有产品的再定位和对潜在产品的预定位。对现有产品的再定位可能导致产品名称、价格和包装的改变，但是这些外表变化的目的是为了保证产品在潜在消费者的心目中留下值得购买的形象。对潜在产品的预定位，要求营销者必须从零开始，使产品特色确实符合所选择的目标市场。

企业在进行市场定位时，一方面要了解竞争对手的产品具有何种特色，另一方面要研究消费者对该产品的各种属性的重视程度，然后根据这两方面进行分析，再选定本企业产品的特色和独特形象。

3.2 市场定位的方法

1. 属性和利益定位法

属性和利益定位法是根据需要满足的需求或所提供的利益来定位。这里的利益包括顾客购买产品时追求的

案例 华为手机的"双旗舰"阵型：Mate 9+P10 合围高端市场

利益和购买企业产品时能获得的附加利益，产品本身的属性及消费者获得的利益能使人们体会到它的定位，如大众汽车"气派"，丰田汽车"经济可靠"，沃尔沃汽车"耐用"，奔驰汽车"高贵、王者、显赫、至尊"。

2. 用途定位法

用途定位法是根据产品使用场合及用途来定位。例如，"金嗓子喉宝"专门用来保护嗓子，"丹参滴丸"专门用来防治心脏疾病。

3. 使用者定位法

使用者定位法是根据使用者的类型来定位的。企业常常试图把某些产品指引给适当的使用者，即某个细分市场，以便根据顾客对该细分市场的看法塑造恰当的形象。例如，金利来的广告语"金利来，男人的世界"，颇具号召力，使男人趋之若鹜。再如，娃哈哈果奶主要定位于小朋友，助长奶粉主要定位于儿童，高钙铁质奶粉主要定位于老年人。

4. 竞争定位法

竞争定位法是根据竞争者来定位的，可以接近竞争者定位，也可远离竞争者定位，如"七喜"将自己定位为"非可乐"饮料，从而成为软饮料的第三巨头。

5. 档次定位法

不同的产品在消费者心目中按价值高低有不同的档次，企业的产品便可根据相应市场的特点，按照档次来进行定位。例如，劳力士表价格高达几万元甚至十几万元人民币，是众多手表中的至尊，也是财富与地位的象征。拥有它，无异于暗示自己是一名成功人士或是上流社会的一员。

6. 特色定位法

特色定位法是指企业通过分析市场中现有产品的定位状况，发掘新的具有鲜明特色的市场位置，来为企业的产品定位。企业应根据市场需求情况与本身条件，尽量突出其产品的特色。

市场定位实际上是一种竞争策略，是企业在市场上寻求和创造竞争优势的手段，要根据企业及产品的特点、竞争者及目标市场消费需求的特征加以选择。实际营销策划中往往是多种方法结合采用。

3.3 市场定位的步骤

市场定位的关键是企业要设法在自己的产品上找出比竞争者更具有竞争优势的特性。

竞争优势一般有两种基本类型：一是价格竞争优势，就是在同样的条件下比竞争者定出更低的价格，这就要求企业尽最大努力来降低单位成本；二是偏好竞争优势，即能提供确定的特色来满足顾客的特定偏好，这就要求企业尽最大努力在产品特色上下功夫。因此，企业市场定位的全过程可以通过以下 3 个步骤来完成。

1. 分析目标市场的现状，确认本企业潜在的竞争优势

这一步骤的中心任务是要回答以下 3 个问题：一是竞争对手的产品定位如何；二是目标市场上顾客欲望满足程度如何，以及确实还需要什么；三是针对竞争者的市场定位和潜在顾客真正需要的利益要求企业应该及能够做什么。要回答这 3 个问题，企业市场营销人员必须通过一切调研手段，系统地设计、搜索、分析，并报告有关上述问题的资料和研究结果。

通过回答上述 3 个问题，企业就可以从中把握和确定自己的潜在竞争优势在哪里了。

2. 准确选择竞争优势，对目标市场初步定位

竞争优势表明企业能够胜过竞争对手的能力。这种能力既可以是现有的，也可以是潜在的。选择竞争优势实际上就是一个企业与竞争者各方面实力相比较的过程。比较的指标应是一个完整的体系，只有这样，才能准确地选择相对竞争优势。通常的方法是分析、比较企业与竞争者在经营管理、技术开发、采购、生产、市场营销、财务和产品 7 个方面，究竟哪些是强项，哪些是弱项。借此选出最适合本企业的优势项目，以初步确定企业在目标市场上所处的位置。

3. 显示独特的竞争优势和重新定位

这一步骤的主要任务是企业要通过一系列的宣传促销活动，将其独特的竞争优势准确传递给潜在顾客，并在顾客心目中留下深刻印象。为此，企业首先应使目标顾客了解、知道、熟悉、认同、喜欢和偏爱本企业的市场定位，在顾客心目中建立与该定位一致的形象。其次，企业通过各种努力强化企业在目标顾客中的形象，保持对目标顾客的了解，通过稳定目标顾客的态度和加深目标顾客的感情来巩固与市场相一致的形象。最后，企业应注意目标顾客对其市场定位理解出现的偏差或由于企业市场定位宣传上的失误而造成的目标顾客模糊、混乱和误会，及时纠正与市场定位不一致的形象。企业的产品在市场上定位即使很恰当，但在下列情况下，还应考虑重新定位：一是竞争者推出的新产品定位于本企业产品附近，侵占了本企业产品的部分市场，使本企业产品的市场占有率下降；二是消费者的需求或偏好发生了变化，使本企业产品销售量骤减。

3.4 市场定位的策略

1. 避强定位策略

避强定位策略是指企业力图避免与实力最强的或较强的其他企业直接发生竞争，而将自己的产品定位于另一市场区域内，使自己的产品在某些特征或属性方面与最强或较强的对手有比较显著的区别。例如，彬彬专做男式西装，以全毛科为主，在定位上避开杉杉，以低价为主，适应了大部分工薪阶层的需要，一度经济效益大大提高。这种方式的市场风险较小，成功率较高，能使企业较快地在市场上站稳脚跟，被多数企业采用。但是避强往往意味着企业必须放弃某个最佳的市场位置，很可能使企业处于最差的市场位置。

2. 迎头定位策略

迎头定位策略是指企业根据自身的实力，为占据较佳的市场位置，不惜与市场上占支配地位的、实力最强或较强的竞争对手去正面竞争，而使自己的产品进入与对手相同的市场位置，如麦当劳与肯德基、百事可乐与可口可乐。这种定位有时风险很大，但也有很多企业认为这是一种能激励自己奋发向上的、可行的定位方式。

在总量300亿元的洗发水市场中去屑概念的洗发水约占40%，在这个巨大的市场里，一度以海飞丝一家独大。联合利华推出清扬（见图3-14）分羹去屑市场时，采用的是正面攻击海飞丝（见图3-15）："如果有人一次又一次对你撒谎，你要做的就是立刻甩了他""信任不是谁都配得上"。清扬的广告语，明显的蕴含了对海飞丝霸主地位的挑战。同时，清扬提出了性别区分概念，提供男士专用去屑产品，并且提出"深度头皮滋养"去屑方案。清扬对性别区分的细分策略带来洗发水市场的一次革命，改变了消费者以往对待去屑洗发水的消费观念。

清扬凭借对老大的挑战，成为去屑领域第二名，而海飞丝凭借着和清扬的对战，扩大去屑市场份额，在这场"你死我活"的战役中，清扬和海飞丝无疑都是获利者，都是市场的赢家。

图 3-14　清扬

图 3-15　海飞丝

3. 重新定位策略

企业在选定了市场定位目标后，若定位不准确，或者虽然开始定位得当，但市场情况发生了变化（如遇到竞争者定位与本企业接近，侵占了本企业部分市场，或者由于某种原因消费者或用户的偏好发生了变化）时，就应考虑重新定位。重新定位是以退为进的策略，目的是为了实施更有效的定位。

东阿阿胶曾致力于打造亚洲补血第一品牌，然而，随着生活水平的提高，贫血现象逐渐减少，"补血"市场日益萎靡，企业经营陷入困境。为更好地寻找市场机会，东阿阿胶进行了市场调研，发现滋补市场存在较大的市场潜力，于是将阿胶品类重新定位为滋补上品，跻身人参、鹿茸之列，成为滋补三大宝之一，开创出新的高端客群，成为主流人群所关注和消费的品类。然后，通过广泛的广告宣传——"滋补国宝，东阿阿胶"，实现对自身品牌定位的进一步拔高。东阿阿胶通过重新定位，实现了市场的转换，由原来的补血市场转到滋补市场，成为国内滋补品类第一品牌（见图 3-16）。

图 3-16　东阿阿胶

市场定位是设计企业产品和形象的行为，以使企业明确在目标市场中相对于竞争对手自己的位置。企业在进行市场定位时，应通过反复比较和调查研究，找出最合理的突破口，避免出现定位混乱、定位过度、定位过宽或定位过窄的情况。而一旦确立了理想的定位，企业必须通过一致的表现与沟通来维持此定位，并应经常加以监测以随时适应目标顾客和竞争者策略的改变。

营销拓展

"王老吉"的重新定位

项目小结

正确地选择目标市场，明确企业特定的服务对象，是企业制定营销战略的首要内容和基本出发点。市场细分是企业选择目标市场的基础和前提。

市场细分是指企业通过市场调研，根据消费者需求的差异性，把某一产品的整体市场划分为若干消费者群的市场分类过程。

企业进行市场细分一般分为7个步骤，细分时应遵循可衡量性、实效性、可进入性和反应差异性。消费者细分的标准包括地理细分标准、人口细分标准、心理细分标准和行为细分标准。生产者市场细分的标准包括用户规模、用户要求和地理位置。

目标市场是企业决定要进入的市场部分或子市场，即企业的商品或服务所要满足的特定消费者群。

企业在确定目标市场时应考虑4个条件；可选择的目标市场模式有单一市场集中、产品专门化、市场专门化、选择性专门化和完全市场覆盖。

企业的目标市场策略有3个，即无差异市场营销策略、差异性市场营销策略和集中性市场营销策略。影响企业选择目标市场策略的因素有企业的实力、产品的自然属性、市场的差异性、产品生命周期和竞争对手状况。

市场定位是通过为自己的产品创立鲜明的个性，从而塑造出独特的市场形象来实现的。市场定位方法有根据产品的属性和利益定位法、用途定位法、使用者定位法、竞争定位法、档次定位法和特色定位法等。企业市场定位的全过程可以通过3个步骤来完成，可选择的定位策略有避强定位策略、迎头定位策略和重新定位策略。

练习与实训

一、简答题

1. 市场细分的程序可以分为哪些步骤？

2. 市场细分应遵循哪些原则？

3. 一般来说，一个细分市场要能成为企业的目标市场，必须具备哪些条件？

4. 一般来说，企业可采用的目标市场模式有哪几种？

5. 影响目标市场策略选择的因素有哪些？

6. 市场定位的方法和策略分别有哪些？

二、课堂实训

见教材配套用书《市场营销基础（第 5 版）学习导航与习题》。

三、案例分析题

百雀羚是跨越世纪的知名中国老品牌，曾经风靡一时。然而，单纯依靠国货情结的怀旧牌，已不能满足追逐个性、热衷分享、冲动购买的新兴消费人群的需求。为了消除传统老国货的消费者印象，2008 年百雀羚启动全新的品牌定位"草本护肤"，采用"天然不刺激"的品牌诉求。后来进入电商领域后，百雀羚为了吸引年轻顾客，陆续推出了迎合年轻人的多个系列产品，如"三生花"系列、"小雀幸"系列面膜等，产品设计紧跟年轻人的审美方向，积极向年轻人靠拢。后来百雀羚进军高端护肤市场，以"海洋护肤"为主题的新品牌"海之秘"抓住了人们的眼球。除了针对年轻女性的护肤品，百雀羚还把目标市场瞄准了男性护肤，推出了男士水能保湿系列、男士肌活系列、净衡系列三大主线，实现了跨圈层营销。

思考题

1. 百雀羚护肤品的市场定位是什么？

2. 百雀羚护肤品采用了哪种市场定位方法？

3. 百雀羚护肤品采用了哪种目标市场策略？

延伸阅读

美博首发共享空调，品牌形象重新定位

自 2016 年共享单车"忽如一夜春风来，七色遍地满花开"的局面后，"共享经济"逐渐引起大家的关注与讨论；继而，共享汽车、共享篮球、共享充电宝等新形态的不断涌现，在国内掀起了又一轮共享热潮。值此之际，家电业界也是智者见智，共享洗衣机、共享彩电之后，操作难度"更上一层楼"的共享空调也横空出世。

2017 年 8 月 8 日，广东美博制冷设备有限公司（以下简称美博）举办新闻发布会，全球首发美博共享空调 1.0 公测版。美博董事长余方文先生现场致辞，美博共享空调营销总经理甘建国在会上做了精彩的主题演讲。

以物联网技术变革传统租赁模式

美博近三年来的销售量增幅、2017 冷年近百万套的规模，充分展示了这匹行业黑马的势头。此次，美博在业内率先提出共享空调的概念，是对传统家电业商业模式的变革，也是一次充满士气与勇气的冲刺。鲁迅先生曾说："第一个吃螃蟹的人是令人佩服的，不是勇士谁敢去吃它呢？"

美博共享空调采用物联网、大数据等新技术手段，将实现"押金＋按时收费"可循环的盈利模式。美博共享空调的一大特点就是为传统的空调产品植入了物联网科技，使厂家可以与消费者连接，并通

过大数据技术掌握用户使用空调的状态。

从用户来看，消费者只需下载美博智能共享空调 APP，注册之后就可以选择消费需求；美博空调线下服务商接到 APP 订单信息，会进行送货上门安装服务，消费者支付押金后，扫描二维码充值即可。美博智能共享空调 APP 拥有独立的运维系统；设备监控系统有着统计设备数据、展示设备分布图、主动售后等主要功能。同时，每台空调都应用 GPR54G 技术；将芯片植入电脑板中，所有数据信息传送到后台，通过大数据技术，除了可以检测用户的使用时长等情况，还具备"异常提醒"与"故障预警功能"；因此能快速、有效、有力地提供售后服务，保障用户权益。"与传统的租赁不同，共享经济的模式就是要应用新科技手段。"甘建国这样说。

品牌重新定位："新一代，轻奢派"

美博共享空调除了高校、酒店、租房市场等较长期租赁，还有厨房、洗手间、客厅及公共空间短期租赁的移动空调共享。作为一种崭新的商业模式，面向的市场主体有所不同，美博共享空调提出"新一代，轻奢派"的品牌定位，主打"90"后，强调轻奢的产品用来共享。有数据显示，中国"90后"人口有 1.74 亿人，这些人正逐步进入社会成为消费市场新力军。按照"90后"人群组建的新家庭，以每户 3 套空调计算，就有 2.6 亿套市场需求。并且，随着政府对房地产租赁市场开发建设的重视及各大中城市"租购同权"的渐次施行，"90后"的"占有式"消费理念会受到相应的冲击，这对于美博共享空调而言，无疑是个前景广阔的利好市场。

"轻奢"是共享的关键，也是共享的动力之一。因为"90后"的年轻用户理念超前，注重体验性，而"轻奢"显得刚刚好，不俗不华，不苦不靡。余方文说："美博在业内首次提出'共享空调'新模式，并定位'90后'年轻的美式轻奢空调品牌。'新一代，轻奢派'将是美博空调品牌的新定位。美博新模式和新定位就是希望乘着共享经济的新风口，推动商业模式与消费理念的更新。"

（摘自：艾肯家电网　作者：行之）

项目四　选择产品组合

知识目标

❖ 了解产品整体概念、产品生命周期概念和新产品概念

❖ 掌握产品组合策略

❖ 掌握产品生命周期各阶段的特点及营销策略

❖ 掌握开发新产品的程序

能力目标

❖ 能够运用产品组合策略，进行市场营销活动

❖ 能够运用所学理论研究并延长产品的生命周期

❖ 能够对新产品进行营销策划，成功推出新产品

素质目标

❖ 具备自主探究学习和团队合作意识

❖ 具备分析问题、解决问题的能力

案例引领4——欧莱雅让世界更美好

法国欧莱雅集团是世界著名的化妆品生产厂商，创立于1907年。欧莱雅集团是美妆品行业中的领导者，其各类化妆品畅销全世界，广受欢迎。除化妆品外，该集团还经营高档消费品，并从事制药和皮肤病研究。欧莱雅集团经营范围遍及130多个国家和地区，在全球拥有283家分公司、42家工厂、100多个代理商，以及5万多名员工，其总部设于法国，是财富全球500强企业之一。2016年6月8日，《2016年BrandZ全球最具价值品牌百强榜》公布，欧莱雅集团排第36名。

作为全球最大的化妆品集团，欧莱雅集团在近一个世纪的历程里，不遗余力地为满足世界各国人民对美的追求而奋斗；同样肩负着这一崇高使命，欧莱雅集团1997年正式来到中国，产品有化妆品、护肤品、防晒用品、彩妆、香水、卫浴、染发用品和高档消费品。

欧莱雅集团的产品体系采用独特的金字塔模式，从经济层次来分析，产品在金字塔结构的不同位置，也就意味着针对不同的目标消费者，所需要的竞争战略也将不同。

（1）顶级品牌：赫莲娜、阿玛尼。

（2）一线品牌：兰蔻。

（3）二线品牌：碧欧泉、科颜氏。

（4）三线或三线以下品牌：羽西、巴黎欧莱雅、美爵士、卡尼尔、小护士、美体小铺。

（5）彩妆：巴黎创意美家、植村秀、美宝莲、YSL（圣罗兰）。

（6）药妆品牌：薇姿、理肤泉、修丽可。

（7）口服美容品牌：一诺美。

（8）香水品牌：阿玛尼、拉尔夫劳伦、卡夏尔、歌雪儿、维果罗夫。

（9）美发品牌：欧莱雅专业美发、卡诗、美奇丝。

在欧莱雅集团500多个品牌中，只有欧莱雅染发等少数几个是集团自有品牌，其余都是通过全球并购而来的。这其中较大的并购有1966年收购法国著名的高档品牌兰蔻，这使欧莱雅集团进入了护肤、化妆品及香水领域。之后它又先后收购了赫莲娜、碧欧泉、薇姿，进一步巩固了其在护肤品市场中的市场份额。1996年欧莱雅集团还收购了第一支睫毛膏生产商——美国化妆品公司美宝莲，并将美宝莲打造成"一个适用于全球各种族年轻、时髦、喜欢化彩妆的所有女性的国际品牌"。2000年欧莱雅集团并购了集团唯一的日本品牌——植村秀，将其打造成世界一流的高档彩妆品牌。通过一系列的并购，欧莱雅集团获得互补性品牌层次，成了拥有各类美容化妆品的国际企业集团之一。企业进行品牌垂直延伸的好处主要体现在扩大市场占有份额，从高端市场到低端市场每一个层次都能有与之相匹配的品牌。自1997年欧莱雅集团进入中国以来，已经向中国市场输出了旗下的10个品牌，欧莱雅集团逐渐认识到，在中国市场要想更快地发展，不能固守中高端，必须将战线拉向市场空间更为广阔的大众化妆品领域。为此，欧莱雅集团收购了小护士和羽西，填充了欧莱雅品牌金字塔的"塔基"，符合其金字塔品牌结构战略。

由此，欧莱雅集团完成了其高端、中高端、中低端、低端的战略布局。

如何让一个本质单纯、差异化程度不大的产品发展成一个复杂微妙的明星品牌呢？以小护士为例，实施收购之后，欧莱雅集团即开始玩转其品牌管理魔方，将卡尼尔研究中心领先的科技和独特自然的科技护肤理念嫁接到小护士，这无疑让这个土生土长的品牌染上些许国际化的颜色。欧莱雅集团同时还明确赋予小护士"中国第一护肤品牌"的战略定位。可见，欧莱雅集团不仅通过跨国收购品牌完善自身的品牌体系，同时针对不同的国家，还适当地进行品牌本土化，让收购的本土品牌染上国际色彩。这一策略让欧莱雅集团每年的业绩保持两位数的增长比例，据欧莱雅集团执行副总裁贝瀚青介绍，2005 年的时候，中国仅为欧莱雅集团第十大市场，直到 2010 年中国也仍旧排在美国、法国之后，为欧莱雅集团的第三大市场。2015 年中国市场为欧莱雅集团贡献了 149 亿元的销售额，超越法国成为欧莱雅集团第二大市场（仅次于美国）。为了进一步扩大优势，往中国市场引入更多品牌是必不可少的。2015 年 4 月，欧莱雅集团就往中国市场引入了拥有 150 年历史的高端香氛品牌香邂格蕾，而它也让欧莱雅集团在中国市场运营的品牌达到了 22 个之多。

仅在 2 个月后，沃尔玛中国官网发布微博称，欧莱雅集团旗下自然洗护品牌淳萃已经在该渠道销售。据公开资料显示，淳萃是欧洲自然洗护第一品牌，也是欧洲市场占有率第二的洗护品牌。此次引入的淳萃洗发水主打去屑、柔顺、滋养等功效。

2016 年欧莱雅集团发布中期业绩报告，以 65.4 亿港元收购的中国面膜品牌美即上半年减值亏损 15.8 亿元（2.13 亿欧元），而这也是欧莱雅集团收购美即之后首次爆出其业绩。

曾经是中国市场占有率最高的面膜品牌美即，在进入欧莱雅集团之后其实也获得了不错的待遇。在欧莱雅集团中国研发中心的帮助下，美即面膜于 2015 年 5 月宣布进行包括品牌形象与产品形象在内的全新升级，由世界级设计大师原研哉设计全新品牌 LOGO 与包装；原有缤纷系列与流金岁月系列都进行了替换，并推出全新产品——原生润系列。

虽然拥有欧莱雅集团强大的资金与技术支持，但面对众多本土面膜品牌的激烈竞争与冲击，加之自身宣传推广不利，美即面膜的市场表现一路下滑。虽然市场表现不佳，但欧莱雅集团正尝试通过一系列的内部调整让美即重新焕发活力，至于美即能不能再次雄起，还是静观其变吧。

（资料来源：百度及搜狐网络）

❓ **思维训练**

法国欧莱雅集团产品组合策略的优势有哪些？缺陷有哪些？欧莱雅集团的新产品策略是什么？

模块 1　制定产品组合策略

现代营销观念认为，"顾客导向"是企业经营的基点，而消费者需求的满足只能通

过某种产品或服务来实现。若企业不能生产出满足消费者需要的产品，其他策略与战术再高明也无济于事。产品是市场营销组合中最重要的，也是最基本的因素，定价策略、分销渠道策略、促销策略都是以产品策略为出发点，围绕产品策略进行的。因此，能否正确制定和实施产品策略对企业营销成败关系重大。

1.1 认识产品的整体

在现代市场营销学中，产品的整体概念具有极其宽广的外延和深刻而丰富的内涵，它是指提供给市场的能够满足人们需要的实体或服务。它包括核心产品、有形产品和附加产品，如图 4-1 所示。

微课 认识产品
的整体

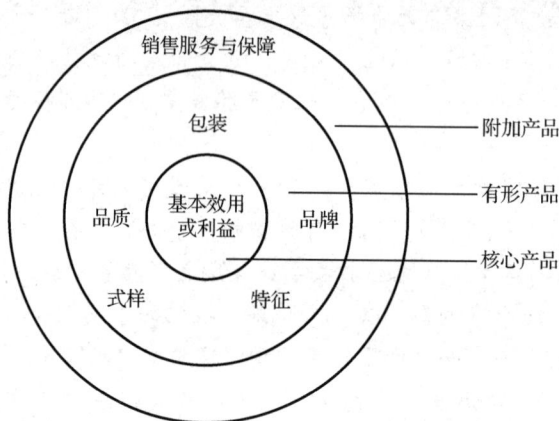

图 4-1 产品整体概念

1. 核心产品

核心产品也称实质产品，是指向顾客提供的产品的基本效用或利益，是构成产品最本质的核心部分，是顾客真正要购买的东西。顾客购买某项产品不是为获得构成该产品的各种原材料，而是为了满足某种特定的需求。比如，购买空调是为了满足人们调节室内温度以达到舒适的需要；妇女购买口红，并非购买物理或化学特性，而是购买美感，美才是化妆品的核心。核心产品向人们说明了产品的实质，因此，企业营销人员销售的任何产品都必须具有反映顾客和新需求的基本效用或利益。

2. 有形产品

有形产品是指核心产品借以实现的形式或目标市场对某种需求的特定满足形式。有形产品一般有 5 个标志：包装、品质、式样、特征和品牌。产品的基本效用必须通过特定形式才能实现。同类产品的基本效用都是一样的，企业要获得竞争优势、吸引消费者购买自己的产品，就必须在有形产品上下功夫，以满足顾客的需要。如消费者购买空调，其有形产品是指空调本身，包括品质、颜色、品牌和外观等因素。

3．附加产品

附加产品也称扩展产品，是指顾客购买产品时所能得到的附加服务和附加利益的总和，包括产品的运送、安装、质保和维修等售后服务。在竞争日益激烈的市场环境中，附加产品已成为企业竞争的重要营销手段。例如，购买空调时，顾客可以获得免费运送、安装调试、售后维修、有问题调换或退货的承诺，这都属于附加产品。

产品整体概念的 3 个层次，十分清晰地体现了以顾客为中心的现代营销观念。这一概念的内涵和外延都是以消费者的需求为标准，由消费者的需求来决定的。产品整体概念是建立在需求即产品这样一个等式基础上的。在当今数字化引领的媒介环境中，消费者不再只是听众和观众，他们也是媒介信息

> 营销名言：现代竞争并不在于各家企业生产什么，而在于它们能为其产品增加什么内容。

和内容的生产者和传播者。所以产品除本身要有足够的价值外，还要有让消费者能感知的个性化价值体验，比如好的故事包装、生活方式情结挖掘、信息链接、内容营销、平台传播、互动口碑等，只有这样的产品，才能在市场竞争中取得优势地位。

❓ 开动脑筋

核心产品和形式产品构成了产品的有形部分，附加产品是产品的无形部分，是消费者购买产品时所能得到的附加服务和附加利益的总和。这种说法准确吗？

1.2 产品组合要素

产品组合也称产品配合，是指一个企业生产或经营的全部产品线和产品项目的组合方式。产品组合包括以下几个要素。

1．产品线

产品线又称产品系列，是具有相同的使用功能，而规格、型号不同的一组类似的产品项目，即产品线是由若干个产品项目组成的。

2．产品项目

产品项目指产品中不同型号、不同规格、不同款式外观的具体产品。产品项目是产品等级系列中的最小构成单位。

3．产品线宽度

产品线宽度是指企业经营的产品线的多少，产品线越多，说明宽度越宽，反之则越窄。

例如，可口可乐公司没有实施多元化战略，专注于饮料业并精益求精，其产品线宽度很窄。相反，宝洁公司除了生产洗发产品，还生产护肤用品、婴儿护理品、妇女卫生用品等众多产品，每种产品的品种规格也很多，其产品线宽度就宽。如表4-1所示为安利公司的五条产品线。

表4-1　安利公司的五条产品线

	产品线宽度				
	护肤品	化妆品	个人护理品	家居系列	保健品
产品线深度	基础护理	粉底液	牙膏	空气清新剂	肝脏健康
	美白护理	散粉	香皂	皮革亮洁剂	心脏健康
	滋养护理	润唇膏	润肤露	家具亮洁剂	骨质健康
	特效护理	眉笔	沐浴露	玻璃亮洁剂	眼睛健康
		眼线笔	洗发露	预洗洗衣液	肠胃健康
		睫毛膏	口腔清新剂	预洗喷洁剂	大脑健康
			珍珠止汗露	丝白洗涤剂	
				纤细洗涤剂	

4．产品线深度

产品线深度是指一个企业经营的产品大类中每种产品有多少花色、品种或规格，即一个产品线中所含产品项目的多少。

例如，可口可乐公司产品线宽度很窄，但其经营的饮料类型有19种，每种饮料的包装规格不同，口味多样，其产品深度比较深。如表4-1所示，安利公司产品线的总深度为31。

5．产品线关联度

产品线关联度是指各产品在最终用途、生产技术、分销渠道等方面密切相关的程度。

例如，可口可乐公司没有跨行业的产品经营，所以诸多产品关联度很强；而大型超市虽然产品线很多，但相互之间的关联度较小。如表4-1所示，护肤品、化妆品、个人护理品之间为强相关，它们与家居系列的关系为弱相关，与保健品的关系为不相关。

企业可以通过产品线、产品项目、产品线宽度、产品线深度和产品线关联度等因素的变化来扩充业务，制定更好的产品组合决策。扩大产品线宽度有利于企业扩展经营领域，并分散企业的投资风险；增加产品线深度，可以使产品线更加丰富、全面；加强产品线关联度可以增强企业在整个市场中的竞争优势，赢得良好的声誉。

1.3　企业产品组合策略

当企业进行产品组合优化调整时，可根据具体情况，选择以下调整策略。

1. 扩大产品组合策略

扩大产品组合策略着眼于向任何顾客提供所需要的一切产品。它包括拓宽产品组合的宽度和加深产品组合的深度。新增加的产品线或产品项目可以不受产品之间关联度的约束。扩大产品组合可以使企业充分利用生产设备、技术、人力、物力、品牌和销售渠道等，而且通过开辟新的产品线，增加新的

> 营销理念：若有新房子，希望里面所有的电器都可以在海尔买到。

产品项目，有助于企业规避风险，提高市场占有率，增强企业的市场竞争能力。但在进行决策的过程中应注意，产品线上增加的产品要有明显差别，防止新旧产品的过度竞争，尤其要注意增加产品是为了满足市场需求，而不仅仅是企业定位的需要。例如，海尔集团，其初始产品仅为冰箱，随着企业实力的增强，产品线开始向电视、洗衣机扩展，现已扩展到几乎所有的家电产品。

案例 吉列公司的产品组合

2. 缩减产品组合策略

缩减产品组合策略指在市场不景气的时候，特别是原料和能源供应紧张时，企业为了获得最大利益，从产品组合中剔除那些获利小的产品线或产品项目。通过缩减产品组合，可以使企业避免战线过长造成的精力分散，有利于企业集中精力发挥和提高专业技术水平，使企业生产经营专业化，赢得某一特定市场的利益和信誉，同时还有利于企业节约原材料、降低成本、减少资源占用、加快资金周转。

3. 产品线延伸策略

产品线延伸策略是指为了开拓新的市场，增加顾客，或是为了适应顾客需求的变化，配齐该产品线所有的规格、品种，使之成为完全产品线。企业把产品线延长可部分或全部改变公司原有产品的市场定位。产品线延伸有以下三种形式。

1）产品线向下延伸

产品线向下延伸是指企业原来定位于高档市场的产品线向下延伸，增加低档产品项目。

企业采用这种延伸策略，其主要原因有三：一是利用高档品牌产品的声誉，吸引购买力水平较低的顾客慕名购买此产品线中低档廉价产品；二是高档产品销售增长缓慢，且市场范围有限，资源设备不能得到充分利用，不能为企业带来满意的利润，为赢得更多的顾客，企业可以将产品线向下伸展；三是补充企业产品线的空白，进一步扩展市场。

企业采用产品线向下延伸策略一定要谨慎，虽然它能够占领更多的市场份额，在短期内获得较大效益，但会影响原来高档产品的形象和声誉。所以，采用向下延伸策略时，应辅之以相应的营销手段，如重新设立分销网、加大宣传等。

2）产品线向上延伸

产品线向上延伸是指原来定位于低档产品市场的企业，在原有的产品线内增加高档产品项目，使企业进入高档产品的市场。

企业采用这种延伸策略，其主要原因有二：一是高档产品市场具有较大的潜在成长率和较高利润率的吸引；二是企业实力增强，可发展各档产品俱全的完全生产线，并重新对产品线定位。

产品线向上延伸策略可以提高企业整体形象和产品形象，但是企业也要承担一定风险，因为改变产品在顾客心目中的地位是相当困难的，加上高档产品竞争者的顽强抵抗，以及顾客对其高档产品的质量质疑等，若处理不当，不仅难以收回开发新产品项目的成本，还会影响老产品的市场声誉。

3）产品线双向延伸

产品线双向延伸是指原定位于中档产品市场的企业掌握了市场优势以后，决定向产品线的上下两个方面延伸。一方面增加高档产品，另一方面增加低档产品，扩大市场阵容，丰富产品类型。成功的双向延伸往往可使企业成长为该类产品市场上的领导者。

[营销视野]

快消品策划切不可产品线过度延伸

很多企业在成长阶段通过产品线延伸策略达到快速扩张市场的目的。正是在这样的恶性扩张模式下，我们看到，佳洁士品牌旗下拥有56个牙膏单品，心相印品牌旗下拥有数十个卫生纸单品，这种现象称为过度的产品延伸。不过像蒙牛旗下的乳业品牌，是相对比较正常的产品线延伸，不但不会伤及品牌价值，还会对企业市场营销有促进作用。

在营销策划实践中，一些初创型企业或者转型升级企业在产品策划过程中，常常会提出产品线过度延伸策略，企业简单认为，产品多就会卖得好。显然，这是一种错误的认知。

如今，快消品营销面对的基本上是80后、90后、00后新生代消费群，他们的消费特征明显区别于传统消费群，追求个性化、独特的消费需求满足成为这部分消费群的核心消费特征。这就要求企业必须对于这部分消费群做出明确的品牌定位，不可实施模糊的品牌定位。

产品线过度延伸带来诸多不同细分概念将极大地分散品牌聚焦能力，完全不利于聚焦于新生代消费群的独特定位。以曾经在中国消费品市场上风风火火的日化产品为例，在整个市场营销环境进入新营销时代后，新生代消费群成为消费主力军，这些日化产品巨头企业反而因为过去毫无顾忌的产品线延伸导致企业战略失衡，面临巨大挑战。以宝洁为例，该公司甩卖一些非主营业务，如宠物食品，同时，在核心品牌建设方面，也正在做战略性调整，又如像佳洁士品牌旗下拥有56个牙膏单品，也将成为未来企业战略调整时主要解决的问题。

越来越多的创新日化品牌通过个性化地满足消费需求而建立品牌产品，对于过去的强势品牌都面临着这样的问题：如佳洁士牙膏就受到云南白药牙膏的强烈挑战，宝洁旗下的洗发水品牌受到中药世家霸王品牌的挑战，而在洗衣品牌竞争中，蓝月亮成功地依靠洗衣液进行市场突围，成为家用洗涤剂市场里的新锐品牌。

快消品品牌策划切不可盲目实施产品线过度延伸，这不仅会给企业带来不必要的成本支出，还会影响整个企业的市场营销战略的制定和执行。如今，越来越多的创新企业取得成功的关键是塑造大单品。

（资料来源：《世界经理人》）

模块 2　确定生命周期营销策略

营销拓展

见树木又见森林

提示：

产品的生命周期取决于市场，而不取决于产品本身的品质。如果市场已经不需要某种产品，即使它是刚刚生产出来的、品质十分优良，它也没有了生命力。比如，现在的都市，奔跑着的是汽车，如果你生产的是马车，在都市就必然没有生命力，哪怕你的马车非常漂亮，质量非常过硬。

了解产品的生命周期，可以使经营者在产品的不同生命阶段中采用不同的经营策略。

开动脑筋

从"无声小狗"便鞋的开发到衰退，我们可以看出一种产品在其产品生命周期的各个阶段所采用的市场营销策略。通过对以下知识的学习，你能否找出在各个时期，费林公司分别采取了哪些营销措施？"无声小狗"便鞋各个时期的特点是什么？

2.1　理解产品生命周期

企业利用产品因素进行营销活动，除了从广义上认识产品，重视商标、包装等产品要素，合理安排产品组合，还应注重新产品的开发，并针对产品周期不同阶段的营销特

点进行营销管理，使企业在复杂多变的市场环境中求得生存与发展。

1. 产品生命周期的含义

在市场经营中，任何一个产品都有一个从产生、发展到淘汰的过程。产品从进入市场到最后被淘汰退出市场的全过程被称为产品的生命周期。典型的产品生命周期包括四个阶段，即投入期、成长期、成熟期和衰退期，一般以企业的销售额和利润的变化来衡量，如图4-2所示。投入期是指在市场上刚刚推出该项产品，由于投入大量的研制开发费用及产品的推销费用，所以此阶段销售额呈缓慢增长状态，企业的利润较低，甚至会出现亏损。在成长期，产品被消费者迅速接受，企业的销售额迅速上升，利润也大量增加，同时竞争者出现，竞争逐渐加剧。在成熟期，产品已被大多数消费者接受，销售额达到最高点。此时，生产批量大，成本进一步降低，利润也达到最高点。由于同类产品大量进入市场，为了对抗竞争，维持产品的地位，营销费用日益增加，后期利润趋于下降。在衰退期，更新的同类产品开始进入市场，正在逐渐代替老产品，销售额下降的趋势继续增强，利润也每况愈下。

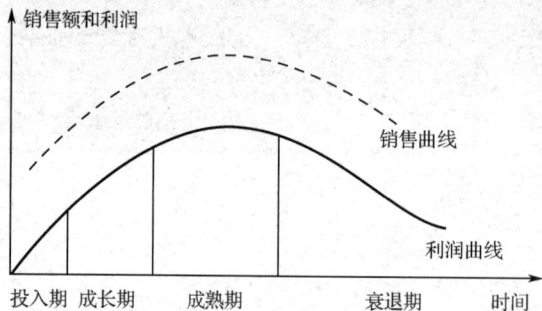

图4-2　企业产品生命周期曲线

对于企业来说，认识和掌握这一理论，可以根据产品生命周期的特点和变化，制定相应的生产和市场营销策略。随着科学技术的进步，消费需求变化的加快，市场的激烈竞争，以及国家的宏观政策、资源和能源等因素，使得各种产品的生命周期趋于缩短。因此企业只有发挥创新精神，不断根据市场需求变化，更新开发新产品，把握新产品的入市时机，适时淘汰老产品，使企业的产品组合处于最优状态，才能在市场竞争中求得生存与发展。

值得注意的是，产品的生命周期既可以指某一种类产品（如空调）的生命周期，也可以指某一品种（如变频空调）、某一品牌（如海信牌空调）的生命周期。但从严格意义上来讲，它主要研究品种和品牌的生命周期，而不是产品种类的生命周期。因为产品种类的生命周期很长，绝大多数都能在市场上长期延续下去，没有必要分析其生命周期。产品的具体品种和品牌比较真实地反映了产品生命周期的历史。

2. 特殊的产品生命周期

产品生命周期曲线一般呈S形，与正态分布曲线接近。但在实践中，产品生命周期的曲线是多种多样的，营销学家温德辨认了11种曲线形式，而特林斯和克劳福德辨认出17种形式。这里我们介绍几种较为典型的曲线图。

第一种是"循环—再循环"型，如图4-3所示。一些产品虽然符合消费者需求，但

是由于促销手段不足，消费者对其缺乏了解而销售量不好，经过企业促销方案的改进，产生了第二个周期。销售的第二个"驼峰"是产品进入衰退阶段时，由于促销推进而造成的，所以其规模和持续的时间都低于第一个"驼峰"。

第二种是"成长—衰退—成熟"型，如图4-4所示。产品投放市场以后，开始增长快，后来下降也快，最后平稳上升，保持较好的势头。

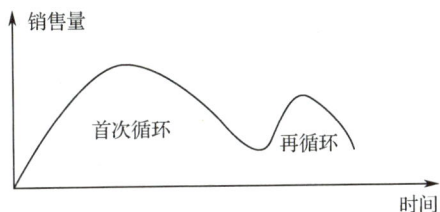

图4-3 "循环—再循环"型

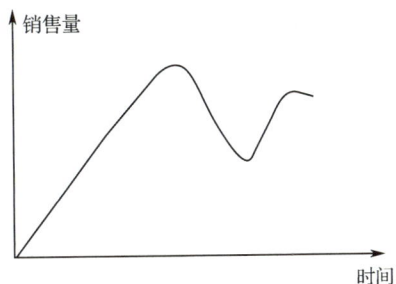

图4-4 "成长—衰退—成熟"型

第三种是"扇贝"型，如图4-5所示。它包括了一系列连续不断的生命周期，产品进入成熟期以后，在产品销售量未下降前，企业发现了新的产品特性，找到了新的用途，或发现了新市场，从而使产品的生命周期不断延长。例如，杜邦公司发明的尼龙，在第二次世界大战中用于制造军用降落伞，战后经研究制成透明女丝袜，畅销全球，后来公司又不断推出弹力袜、尼龙纱、尼龙布和地毯等新产品。

第四种是"热潮"型，如图4-6所示。这种产品一上市就能迅速吸引消费者的注意，随即被狂热地接受，很快达到高潮并趋向衰落。由于热潮吸引的人数往往有限，故它的生命周期很短，几天、几个星期或几个月。新闻媒介对它的注意力和其他因素对它的持续期都有影响。

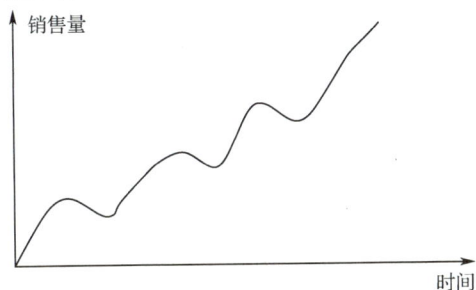

图4-5 "扇贝"型

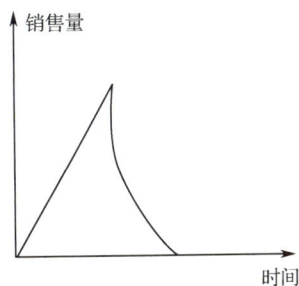

图4-6 "热潮"型

2.2 投入期的营销策略

1. 投入期的特点

投入期是指新产品经过了开发设计和试制阶段，转入小批量生产，投放到市场后的

最初销售阶段。

这一时期产品的主要特点如下。

（1）产品刚刚上市销售，尚未被消费者接受，销售量较少。

（2）消费者对新产品不了解、不熟悉，需要大量的促销活动，各种广告费用和其他营销费用开支较大。

（3）技术性能不稳定，次品率高，生产批量较少，因而产品生产成本较高。

（4）较高的成本和较低的收益使得利润较少，企业在财务上往往表现为亏损。

> 营销名言：满足消费者的"急迫需求"，是快速赚取利润的最佳途径。

（5）竞争者少，因为竞争者要推出类似产品或仿制品都需要一段时间。

（6）企业销售的目标是那些最迫切的购买者，通常为高收入阶层，因此产品价格偏高。原因是产量比较低导致成本提高，生产上的技术问题可能还未全部掌握，需要高的毛利以支持销售成长所必需的巨额促销费用。

2．投入期的策略——短

在投入期，企业承担的风险最大，支出的各项费用较高，要想尽快地获得收益，这个阶段一般要突出一个"短"字，即尽可能缩短投入期，以便在短期内迅速进入和占领市场，打开局面。考虑到价格和促销是这个阶段最重要的两个要素，因此可以组合成以下4种方式。

1）双高策略

双高策略又称高价高促销策略，即以高的价格、高促销费用配合大规模的促销活动使消费者迅速了解产品，快速打开销路，占领市场。企业采用高价格是为了获取单位产品的最大利润。

该策略适用的市场环境是潜在的消费者对该产品盼望已久，对价格反应不敏感，有能力照价支付，或者该类产品具有同类产品所不具备的创新功能，消费者愿出高价购买。该策略的优势是可以在短期内使产品迅速进入市场，尽快回收新产品的研发投资。

2）双低策略

双低策略又称低价低促销策略，即以低价格配合低促销费用努力进入市场，不急于立即占领市场，以求稳步打入和占领市场。低成本促销是为了降低成本，低价格销售是为了扩大销售量，其目的都是为了廉价占领市场。

该策略适用的市场环境是消费者熟悉该产品，对价格敏感，市场竞争非常激烈的产品。该策略的优势是以低成本逐渐侵占市场，实现更多的赢利。

3）选择性渗透策略

选择性渗透策略又称高价低促销策略，即以高价格销售、低投入促销将新产品推向市场。

该策略适用的市场环境是消费者已对该产品的功能和声望有了一定的了解和信任，在缺乏大范围促销的情况下，也能接受以高价格购买该产品。

该策略的优势是可使产品在短期内赚取最大利润。通常延伸品牌的新产品采用这种策略，原有品牌往往拥有一定的知名度可减少促销费用，借用原有产品的声誉使新产品价格即便定得较高也能被消费者接受。

4）密集性渗透策略

密集性渗透策略又称低价高促销策略，即以低价格销售、高投入促销推出新产品，迅速打入目标市场，取得尽可能大的市场占有率。

该策略适用的市场环境是市场竞争激烈、产品的市场容量大、价格需求弹性大、单位产品成本会因大批量生产而降低。该策略的优势是在短期内迅速扩大市场份额，对既无知名度，又面临激烈竞争的产品，该策略是使其迅速挤占市场的有效途径。

2.3 成长期的营销策略

1．成长期的特点

成长期是指产品顺利渡过投入期，开始被市场接受，转入成批生产，进入销售量急剧上升阶段。

这一时期产品的主要特点如下。

（1）产品销售量迅速增加。

（2）生产工艺及设备逐渐成熟配套，生产能力随之增加，产品大批量生产，单位产品成本显著下降。

> 营销名言：满足消费者的"必然需求"，是长久获利的最佳选择。

（3）随着产量或销售量的迅速增加，企业扭亏为盈，利润迅速增加。

（4）同行竞争者开始生产这类产品，竞争逐渐加剧，同类品、仿制品纷纷出现。

（5）这一时期的顾客多为早期采用者。

2．成长期的策略——好

这一阶段是企业产品的黄金阶段，营销策略要突出一个"好"字，尽可能地延长产品的成长期，保持较快的销售增长率，抓住市场机会，迅速扩大生产能力，以取得最大的经济效益。这一阶段采取的具体策略主要有以下 4 种。

1）规模策略

集中人力、物力、财力，迅速完善生产工艺，稳定产品质量，避免出现因需求旺盛、追赶进度而导致的质量问题，建立严格的质量管理制度，保证优质产品，树立产品的良

好形象，扩大批量生产的同时企业应着手研究新的换代产品，使企业及其产品不断充满活力，精益求精，以增加市场供应，形成规模效益。

2）形象策略

宣传产品的性能、品牌，树立强有力的产品形象及在社会上的声誉，巩固产品在顾客心目中的印象，建立顾客品牌的偏好，抵消同类产品促销的影响，以扩展新的消费人群。

3）服务策略

在巩固原有渠道的基础上进行调整、扩展，形成成熟的网络供应系统，搞好售前的宣传导向、集中的操作示范、完善的售后服务，以争取更多的消费者。

4）降价策略

企业应适时降价，以便吸引对价格敏感的潜在消费者。适当降低价格，企业既可以扩大需求来提高整体受益，同时也可以制止同类产品的入侵，防止竞争者成功。

2.4　成熟期的营销策略

1．成熟期的特点

成熟期是指产品已稳定地占领市场，进入销售量增长减慢的阶段。

这一时期，产品的主要特点如下。

（1）市场趋于饱和，销售量达到最高点。

（2）大批生产，成本低，利润达到最高点。

（3）很多同类产品进入市场，市场竞争十分激烈。

（4）成熟的后期，销售额已不再增长，甚至趋于下降，并且该产品已经基本普及，可能出现了性能更佳的新产品，预示着衰退期将要来临。

（5）这一时期，顾客一般为大众。

2．成熟期的策略——占

由于成熟期是产品赢利最高的阶段，该期间的长短直接影响企业在该产品上的赢利水平，故应突出"占"，即牢牢占领市场，并设法将成熟期延长。根据成熟期产品的特点，销售增长率和利润增长率趋缓并开始下降，市场竞争加剧，这一阶段采取的具体策略主要有以下3种。

1）市场改进策略

市场改进策略是通过发现产品的新用途改变推销方式，开辟新市场，寻找新顾客，以此扩大产品的销售量。

如强生公司曾经把它的婴儿洗发剂成功地推销给成年人使用。百事可乐抛出一个接

一个的挑战，劝说可口可乐的饮用人改用百事可乐。

又如，一个食品制造商通常的做法是在包装上列出几种食谱，以开阔消费者对这个食品全部用途的认识。

2）产品改进策略

产品改进策略是通过提高质量、扩大产品的使用功能及样式的改进，使产品呈现多样化发展的趋势，从而满足消费者的不同需求，以维护产品的市场份额。

例如，在手动割草机上添加动力装置，增加割草的速度和方便性，以后再在工程技术上设计出更具安全性的产品。也可以转换特点，使它具有电动割草和铲雪的双重功能，可以满足顾客不同的需求，以达到占领市场份额的目的。

3）市场营销组合改进策略

市场营销组合改进策略是通过降价让利、增加网点、提高促销水平、改进产品包装、有效利用广告及公共关系等综合促销手段延长成熟期。

此策略的缺点是很容易被竞争者模仿，尤其是减价、附加服务等。

2.5 衰退期的营销策略

1. 衰退期的特点

衰退期是指产品经过成熟期的缓慢下跌，销售额和利润开始急剧下降。此时就可以认为进入了产品的衰退期，即产品在市场上逐步被淘汰的时期。

> 营销名言：未来的富有不在于财富的积累，而在于观念的更新。

这一时期产品的主要特点如下。

（1）新产品开始进入市场，逐渐替代了老产品。

（2）除少数品牌产品外，大多数产品销售量下降。

（3）市场竞争突出地表现为价格竞争，市场价格不断下降。

（4）这一时期的顾客多为保守、忠诚的消费者。

2. 衰退期的策略——转

已进入衰退期的产品，除非特殊需要可维护外，通常应有计划、有步骤地主动撤退，把剩余的生产能力转移到发展新产品上去。因此，这个阶段应突出一个"转"字。具体策略主要有以下 4 种。

1）维持策略

由于这一阶段很多竞争者纷纷退出市场，但是这种产品在市场上还有一定的消费需求，因此，有条件的企业可仍按原来的细分市场，使用相同的销售渠道、定价及促销方

式维持经营，这也是对品牌忠诚用户的利益维护，有利于企业开拓未来市场。

2）集中策略

将企业的人、财、物集中到最有力的细分市场和销售渠道上去，以缩小市场面，同时降低推销费用，精简推销人员，以增加眼前利益。

3）淘汰策略

对市场不需要的非赢利产品，应有计划地撤出，引入新产品，以完成新老产品的接替，保持企业的市场竞争力，保证企业利润的持续增长。

4）重振策略

重振策略是积极改进产品的功能和特性，创造新的用途，开发新的市场，使产品进入新的循环。

产品生命周期不同阶段的特点、营销策略如表 4-2 所示。

表 4-2　产品生命周期不同阶段的特点、营销策略

	投入期	成长期	成熟期	衰退期
销售额	少	迅速上升	达到最多	下降
成本	高	下降	低	低
利润	负	上升	最高	下降
顾客	高收入、好奇者	早期采用者	大众	保守、忠诚者
竞争者	少	增加	最多并开始下降	减少
营销策略	双高策略	规模策略	市场改进策略	维持策略
	双低策略	形象策略	产品改进策略	集中策略
	选择性渗透策略	服务策略	市场营销组合改进策略	淘汰策略
	密集性渗透策略	降价策略		重振策略

2.6　延长产品生命周期的措施

一个产品，从开发研制到投入市场，一般会使企业投入相当的人力、财力和物力，那么延长产品生命周期的长度，就和企业能否收回投资、获得良好的经济效益密切相关了。延长产品生命周期的措施主要有以下 4 种。

1. 对产品进行再开发

企业可以通过对成熟产品进行改良，以创造新的需求。这种改良可以是质量改良、特性改良、形态改良和服务工作改良 4 种方式。每进行一次改良，相当于刺激了消费需求新的增长，从而使成熟期得以延长，如汽车产品从奢侈品发展到大众产品的过程就是产品延伸的过程。

2．开拓产品新市场

开拓产品新市场，即开发新的市场或新的市场面，为产品寻求新的顾客。市场改革的方式分两种。一是开发产品的新用途，是指不改变产品特性、质量、功能而发展的新用途。前面举例讲解杜邦的尼龙产品，就属于此种情况，这就使得该产品多年以来在市场得以持续。二是开辟新的市场，是指在原市场饱和的情况下，通过转移新市场来发展新的需求，可以通过市场的地域扩张和地域转移来实现。

3．市场营销组合改革

企业通过对产品、价格、分销和促销进行新的组合，以刺激销售量的回升，如通过降价、拓展分销渠道、促销的新组合，提供更多的附加利益，以刺激新的需求产生。比如，通过进行产品系列的开发、产品的区域化来扩展产品的适应空间，并通过降价来提高市场需求，这都是变革营销组合的方式。

4．最根本的办法在于产品的更新换代

上述措施均是小的变革，最根本的措施是使产品不断实现升级换代，有计划、有步骤地进行产品开发和储备，使新旧产品能在市场上顺利衔接，延长产品的生命周期。

产品生命周期的规律是否适用于所有产品，在理论上是有争论的。但从一个相当长的时期看，产品生命周期原理对任何产品都是适用的，只是在产品生命周期某一阶段中所遵循的最好营销措施不一定是在产品生命周期的图表中规定的那一个，每一个企业在产品的各个发展阶段都需要有自身独特的措施。

模块 3　开发新产品

通过对产品生命周期理论的学习，我们可以认识到在当今科技日新月异、顾客需求多样性，以及市场竞争激烈的情况下，一个生产企业要想生存，要想发展得更好，就必须要创新，不断地推出新产品，以满足顾客，以适应市场的需求。

请同学扫描阅读下面案例，你会发现开发新产品对企业来说是多么重要！

3.1　新产品的种类

营销拓展

不要漠视新产品

🐦 **提示：**

> 　　新产品是企业的生命线。没有新产品或推出的新产品不符合市场需求，是不能适应这个千变万化的市场的，所以我们一定要关注新产品。这样，才能在市场上立足。吉列的教训告诉我们新产品的重要性。类似于吉列的例子不胜枚举。从过去的那些惨痛的经历中我们可以知道，科技瞬息万变，你的一个疏忽，可能就会让你落后五百年！

　　营销工作面临的主要挑战之一是发展新产品的各种观念和成功地把它们付诸实施。一个企业必须为它已进入衰退阶段的产品寻找替换品。持续的新产品开发是维持企业销售增长额和利润的重要前提。企业在某些产品处在成熟期时，就应将另一些产品向市场推出，当某些产品开始出现衰退时，另一些产品则进入快速成长期，以保持企业的市场份额和利润率的持续上升。新产品开发是企业发展的前提，也是企业竞争中取胜的重要法宝。

　　新产品是指在结构、性能、材质、制造工艺等方面比老产品有显著改进和提高，并在市场上初次出现的产品。从市场营销的角度看，新产品可分为以下 4 类。

1. 全新产品

　　全新产品是指采用新原理、新技术、新材料制造的前所未有的新产品。该类新产品创新程度最高，可申请专利，得到法律的保护，但该类产品的研制需要花费大量的人力和资金，并经历较长的时间，面临巨大的开发风险，一旦成功，会获得较高的垄断收益。

案例 "太阳神" 挫败的原因何在

　　例如，苹果公司的 iPhone 手机就是苹果公司开发的全新产品。

　　对大多数企业来说，独立发展这种新产品是很困难的。

2. 换代新产品

　　换代新产品是指在原有产品的基础上，采用或部分采用新材料、新技术、新零件制造出来的新产品，其性能、特征有显著的变化，适合新用途、新需要。

　　例如，苹果公司的 iPhoneX、iPhoneXR、iPhoneX SMax、iPhone11 等手机，微软 Windows 系统的 98 版、2000 版、2010 版、XP 版都是换代新产品。

　　随着科技的迅猛发展，产品的更新换代正在加快，消费者日益多变的需求，也为产品更新换代创造了良好的条件，这是企业提高竞争能力的重要方式。

3. 改进新产品

　　改进新产品是指对产品做某些改进，以提高其质量，或增加产品的规格型号、花色品种等。

　　例如，不同型号的汽车、新款式的服装等。

　　改进新产品与换代新产品是市场上大量出现的新产品的主要来源。换代新产品主要是对用途而言，改进新产品主要是对品质、性能与外形而言，二者都是企业开发新产品的重点。改进新产品比较容易被消费者接受，但是也易于被竞争者仿效，因此竞争比较激烈。

4．仿制新产品

仿制新产品是指企业没有而市场上已有的产品，仅对企业而言是新产品。

仿制是企业开发新产品最快捷的方式，而且投入少、风险小，只要市场需要，即可迅速获利，只是在仿照的过程中不能违反专利法规。在服装市场上，流行款式的模仿是十分迅速的。

营销拓展

蒙牛特仑苏新产品研发

开发新产品对企业至关重要，同时又风险重重，所以企业在开发新产品的过程中，既要积极开发，又要谨慎从事，尤其是要遵循科学的程序来进行。

3.2 开发新产品的程序

企业开发新产品要承担较大的风险，为了减少风险，新产品的开发就必须坚持科学的程序。尽管目前还很难找到一套适用于所有企业的开发程序，但新产品开发一般应经过以下几个阶段，如图 4-7 所示。

1）新产品构思

构思是对潜在新产品基本轮廓结构的设想。这是发展新产品的基础和起点，没有构思就不可能生产出新产品的实体。从一定意义上讲，好的构思就是产品开发成功的一半。但是并不是任何一个构思都能符合市场的真正要求，从构思变成现实的产品需要经过一个艰难的过程。

新产品的设想主要来源于顾客、雇员、中间商、竞争者、研发部门和顾问。无论设想来自何方，真正好的构思都来自于灵感、勤奋和技术。以日本精工公司为例，它们根据广大穆斯林教徒的需求，构思设计了一款巧妙的"穆斯林手表"，它能把世界上 114 个城市的当地时间转换为穆斯林的圣地——麦加的时间，并每天鸣叫 3 次，

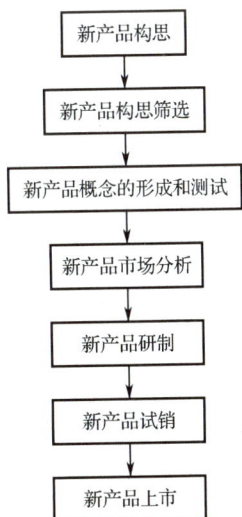

新产品构思

↓

新产品构思筛选

↓

新产品概念的形成和测试

↓

新产品市场分析

↓

新产品研制

↓

新产品试销

↓

新产品上市

图 4-7　新产品开发的过程

提醒教徒们准时祷告。这款手表一问世，立即受到广大穆斯林教徒的欢迎。

2）新产品构思筛选

好的构思对于发展新产品固然重要，但是并不是所有的构思都要采纳，哪些应该保留，哪些应该剔除，这就要通过筛选来解决。筛选的目的是尽可能早地发现和放弃错误的构思。其原因是每一后继发展阶段的开发，其成本提高得非常可观。

筛选阶段十分重要，企业应尽量避免遗漏或错误筛选。筛选时要考虑该构思是否符合企业的经营目标，企业的资源是否充分利用，产品成功的机会有多大等。经过筛选后保留下来的构思产品，需要进一步将其设计成一个完整的产品概念。

3）新产品概念的形成和测试

筛选后的设想需要经过进一步的开发，形成具体的产品概念。产品概念和产品构思是不同的，产品构思是人们以语言来描述拟推向市场的一种可能产品，而产品概念是对产品构思的具体化，是对产品的功能、形态、结构及基本特征的详细描述，是企业从消费者角度对这种创意做出的详尽描述。

> 营销名言：企业要"为顾客寻找产品"，而不是"为产品寻找顾客"。

一种产品构思可能衍生出许多产品概念，产品概念形成以后，还要对其进行评价和测试，以确定产品概念的发展前途和开发价值。常用的方式就是用文字、图画描述，或者用样品、样板的方式将产品概念展示给目标顾客，同时以问卷的形式提出某些问题，再根据反馈的意见和提出的问题，与相似产品的属性相比较，来判断新产品对消费者是否是有很强的吸引力。只有在市场反馈意见比较良好的情况下，才能进行产品的进一步开发，否则就会形成较大的风险。例如，实行国际化战略的企业因为需要将其生产的产品针对不同的国家地区的情况进行改进，这种情况下由于产品样板已经事实存在，所以产品样板测试就是对这些产品样板及其产品概念放在一起测试，其目的是了解产品样板与产品概念是否吻合、产品概念和产品样板的沟通效果和吸引力、估计消费者对新产品的购买意向等，以此确定产品概念和产品样板是否需要改进和进一步充实。

4）新产品市场分析

市场分析又称经营分析，是对产品开发的效益分析，通过分析来确定新产品的开发价值。重点在于成本分析、需求分析和利润分析。成本分析包括生产成本和推销成本。需求分析要测算市场需求潜量与销售潜量，以及消费者购买能力与购买愿望。只有同时具备了购买能力和购买愿望，才能实现销售。利润分析是对新产品的成本、销售量与利润进行的综合分析。

在该阶段结束之前，管理者应该对该产品的市场潜力有确切的了解，因为一旦新产品进入研制阶段，大量的成本支出就会发生。

5）新产品研制

将经过市场分析的新产品概念交给研发部门或技术人员进行设计，制作成实体样品，同时进行包装的研制和品牌的设计，并为新产品设计一套初始的市场营销策略，如初始促销、定价、分销策略等。

研发阶段可能要持续很长时间，企业为了降低投资风险，往往要将试制出来的样品进行消费试验。比如，研制一款新型轿车，就要考虑该款轿车用什么样的外形、内饰、颜色、配置、价位，适合什么身份的人驾驶，通过什么渠道销售，等等。所以开发工作要花费数日、数周、数月，甚至数年。

产品研制阶段需要注意的问题是，新产品样品必须能在一切可能设想的环境条件下正常使用，而不是只能在良好的环境条件下使用。它必须能在正常的生产条件与批量生产的条件下生产，因为只有这样的新产品才能有实际推广的价值。

如麦氏咖啡的事业部发现消费者喜爱的咖啡品牌，是具有"粗犷、提神、回味无穷"的咖啡，它的实验室技术人员用了四个多月的时间，混合各种咖啡和添加风味，制出了与上述味道相似的配方。但是它的制造成本太高以致不能大量投产，公司只能对这种混合物"降低成本"以适应目标制造成本。然而，降低成本使这种咖啡的口味受到了影响，因此，新的咖啡品牌在市场上销路并不好。

6）新产品试销

产品研制成功后，在推向市场之前，应在一定范围的消费者中进行检验性试销。试销不仅能增进企业对新产品销售潜力的了解，还能发现产品的缺陷等问题，以便企业采取相应的改进措施，改进市场营销策略。试销过程中所获得的各种信息和数据，都可成为今后营销决策的依据，这样会使产品在批量生产前得到完善，并为产品大规模投入市场打好基础。

7）新产品上市

新产品试销成功后，企业应根据试销过程中收集到的各种信息及消费者的反馈意见，进一步提高产品质量、完善产品的功能，然后，就可以订购产品原材料和生产设备，进行正式批量生产了。但这并不意味着新产品开发已经获得了成功，而这时恰恰是新产品能否被市场接受的关键时期，所以这时企业要注意以下几个问题。

（1）选择投放时机。新产品选择什么时机进入市场是该阶段最重要的问题，有时投放时间过早会影响企业前续产品的销售。因为在原有产品未进入衰退期前，大批量推出它的换代产品，会影响原有产品和其他同类产品的销售量，从而减少企业的赢利。有时投放时间过晚会使企业错失已有的市场份额，如企业新产品试制成功后，应以最快的速度把产品推向市场。

（2）选择投放地点。新产品不一定立即向全国市场乃至国际市场投放，可以先向某一地区市场推出，进行集中性的促销，取得相当的市场占有率以后，再扩大其他市场。

（3）选择投放对象。新产品的潜在消费者有4种类型：最先采用者、大量购买者、有影响的带头购买者、对价格敏感的购买者。企业应根据新产品的特点，选择最有潜力的消费者群作为投放对象。

（4）选择投放方法。企业应在新产品投放市场前制定比较完善的市场营销组合方案，组织生产，做好新产品的售后服务工作。

? 开动脑筋

如果新产品的需求具有较强的季节性，你认为应在何时投放？

营销拓展

成为面膜第一品牌之后，一叶子护肤此次升级意味着什么？

项目小结

在营销策略中，产品组合策略是首要策略。产品是个整体概念，包括核心产品、有形产品和附加产品。在产品组合策略中，根据产品线、产品项目、产品线宽度、产品线深度和产品关联度，可构成不同的产品组合，其中产品线组合策略是产品组合策略的基础和主要组成部分。产品组合的目的是增强企业在整个市场中的竞争优势，同时还可做出相应的调整，以保持企业的最佳产品组合状态。

产品生命周期是产品从进入市场到退出市场的周期性变化过程，可分为投入期、成长期、成熟期和衰退期4个阶段。在产品生命周期的不同阶段，产品具有不同的特征，企业应根据不同特征采用不同的营销组合手段。

产品生命周期的有限性要求企业不断开发新产品，才能使企业在市场上立于不败之地。新产品包括全新产品、换代新产品、改进新产品和仿制新产品。新产品开发的主要程序包括新产品构思、新产品构思筛选、新产品概念的形成和测试、新产品市场分析、新产品研制、新产品试销和新产品上市。

练习与实训

一、简答题

1. 如何理解整体产品概念？它包括哪几个层次？

2. 什么是产品生命周期？产品生命周期各阶段的特点及相应的市场营销策略是什么？

3. 什么是新产品？新产品的类型有什么？

4. 新产品开发要经过哪些阶段？每个阶段要解决的主要问题是什么？

二、课堂实训

见教材配套用书《市场营销基础（第5版）学习导航与习题》。

三、案例分析题

J牌小麦啤酒生命周期延长策略

国内某知名啤酒集团针对啤酒消费者对啤酒口味需求日益趋于柔和、淡爽的特点，积极利用公司的人才、市场、技术、品牌优势，进行小麦啤酒的研究。2000年，集团利用其专利科技成果开发出具有国内领先水平的J牌小麦啤酒。这种产品泡沫更加洁白细腻，口味更加淡爽柔和，更加迎合啤酒消费者的口味需求，一经上市，在低迷的啤酒市场上即掀起一场规模宏大的J牌小麦啤酒消费的概念消费热潮。

1. J牌小麦啤酒的基本状况

J牌啤酒公司当初认为，J牌小麦啤酒作为一个概念产品和高新产品，要想很快获得大份额的市场，迅速取得市场优势，就必须对产品进行一个准确的定位。集团把小麦啤酒定位于零售价2元/瓶的中档产品，包装为销往城市市场的500mL专利异型瓶装和销往农村、乡镇市场的630mL普通瓶装两种。合理的价位、精美的包装、全新的口味、高密度的宣传使J牌小麦啤酒2000年5月上市后，迅速风靡本省及周边市场，并且远销到江苏、吉林、河北等外省市场，当年销量超过10万吨，成为集团一个新的经济增长点。由于上市初期准确的市场定位，使J牌小麦啤酒迅速从诞生期过渡到高速成长期。

高涨的市场需求和可观的利润回报使竞争者也随之发现了这座金矿，本省的一些中小啤酒企业不顾自身的生产能力，纷纷上马生产小麦啤酒。一时间市场上出现了五六个品牌的小麦啤酒，而且外包装基本上都是抄袭J牌小麦啤酒，酒体仍然是普通啤酒，口感较差，但凭借1元左右的超低价格，在农村及乡镇市场迅速铺开，这很快造成小麦啤酒市场竞争秩序严重混乱，J牌小麦啤酒的形象遭到严重损害，市场份额也严重下滑，形势非常严峻。J牌小麦啤酒从高速成长期，一部分市场迅速进入了成熟期，销量止步不前，而一部分市场由于杂牌小麦啤酒低劣质量的严重影响，消费者对小麦啤酒不再信任，J牌小麦啤酒销量也急剧下滑，产品提前进入了衰退期。

2. J牌小麦啤酒的战略抉择

面对严峻的市场形势，是依据波士顿理论选择维持策略，尽量延长产品的成熟期和衰退期，最后被市场自然淘汰，还是选择放弃小麦啤酒市场策略，开发新产品投放其他的目标市场？决策者经过冷静的思考和深入的市场调查后认为，小麦啤酒是一个技术壁垒非常强的高新产品，竞争对手在短期内很难掌握此项技术，也就无法缩短与J牌小麦啤酒之间的质量差异；小麦啤酒的口味迎合了当今啤酒消费者的流行口味，整个市场有较强的成长性，市场前景是非常广阔的。所以选择维持与放弃策略都是一种退缩和逃避，失去的将是自己投入巨大的心血打下的市场，实在可惜，而且研发新产品开发其他的目标市场，研发和市场投入成本很高，市场风险性很大，如果积极采取有效措施，调整营销策略，

提升 J 牌小麦啤酒的品牌形象和活力，使其获得新生，重新退回到成长期或直接过渡到新一轮的生命周期，自己将重新成为小麦啤酒的市场引领者。

事实上，通过该公司准确的市场判断和快速有效的资源整合，使得 J 牌小麦啤酒化险为夷，重新夺回了失去的市场，J 牌小麦啤酒重新焕发出了强大的生命活力，重新进入高速成长期，开始了新一轮的生命周期循环。

（资料来源于广东商学院教学案例）

思考题

1. 分析 J 牌小麦啤酒的优势与劣势。
2. 如果你是公司的决策人，你会采取哪些具体措施来延长 J 牌小麦啤酒的生命周期？

延伸阅读

农夫山泉创新产品

农夫山泉股份有限公司（以下简称农夫山泉）原名"浙江千岛湖养生堂饮用水有限公司"，其公司总部位于浙江省杭州市，是养生堂旗下控股公司，成立于 1996 年 9 月 26 日。

该公司是一家饮用水生产企业，拥有浙江千岛湖、吉林长白山、湖北丹江口、广东万绿湖、宝鸡太白山、新疆天山玛纳斯、四川峨眉山，以及贵州武陵山八大优质水源基地。农夫山泉的产品主攻上海、杭州两地市场，以"有点甜"为卖点，通过大范围、高密度的广告轰炸，杀入中国水市并迅速崛起，奠定了农夫山泉产品在水市场的高档、高质的形象。农夫山泉为了突出产品与其他品牌的差异，在 1999 年进行了差异化的行销传播战略，传播主题从"农夫山泉有点甜"逐步转化为"好水喝出健康来"，更加突出农夫山泉产品的水质。2000 年，农夫山泉公布了一项"长期饮用纯净水有害健康"的实验报告并宣布全面停产纯净水，由此引发了一场旷日持久的天然水与纯净水阵营在媒体上的"口水大战"。此举虽然招来了同行们的敌视，但却树立了农夫山泉倡导健康的专业品牌形象，拉开了与竞争对手在品牌上的距离。为让消费者区分纯净水和天然水的概念，农夫山泉常常在全国报纸媒体上发布软性的科普教育文章，介绍天然水的优点，暗暗地抵制纯净水；农夫山泉认为纯净水几乎不含任何矿物质，对人体健康并无好处，而含有矿物质和微量元素的天然水对生命成长有明显的促进作用。

2000 年，农夫山泉全面生产天然水，选取无污染的优质水源，去除了原水中极少的杂质，保存了原水中钾、钙、钠、镁、偏硅酸等对人体有益的矿物元素，pH 值为（7.3 ± 0.5），呈天然弱碱性，有利于长期饮用。

2003 年春季，农夫山泉推出"农夫果园"混合果汁饮料，在上市之初即被业界称为"摇出了果汁行业的新天地"，引起市场轰动。该饮料品牌被誉为这一年最为成功的饮料新品牌之一，位列市场综合占有率第 7 位。作为竞争激烈的饮料市场中的新生力量，这样的成绩是相当骄人的。同时，这也标志着公司从单一的饮用水公司跨入综合饮料开发深加工企业的行列。

2004 年，农夫山泉推出全新功能性饮料——"尖叫"，国内独有的运功盖。3 种口味分别是植物、活性肽、纤维。

2008 年，农夫山泉新品"水溶 C100"柠檬汁饮料一炮打响，成为潮流饮品，震撼市场。

2009 年，继"水溶 C100"柠檬汁饮料畅销之后，农夫山泉推出"水溶 C100"西柚汁饮料。

2011 年元旦刚过，农夫山泉迫不及待地推出了"力量帝维他命水"，主打"用轻松的方式，补充日常所需维他命"的概念。

2011 年 5 月，农夫山泉以东方树叶品牌进军茶饮市场，推出红茶、绿茶、茉莉花茶、乌龙茶 4 种产品。该产品口味、包装设计、广告风格等方面处处与众不同，尤其以零卡路里的宣传，让人耳目一新，但该产品的销售量却并不乐观。2016 年，针对市场销售量不佳的状况，农夫山泉没有选择对东方树叶进行产品延伸，而是采用多品牌战略，另外开发了新品牌"茶π"，推出柠檬红茶、柚子绿茶、西柚茉莉花茶、蜜桃乌龙茶 4 种产品，欲以果茶方式赢得市场认可。

2013 年，农夫山泉推出两种口味的新品"打奶茶"。该产品以其精致的"茶筅"造型、独特的生产工艺、细腻柔滑的口感与差异化的抹茶口味，上市后迅速成为追求时尚、注重生活品质的都市白领和年轻人群间流行的潮流饮品。

农夫山泉为进入高端包装饮用水领域，近 10 年来一直在全国各地寻找适宜的水源。2008 年，农夫山泉的水源勘探师方强历时数月，终于在吉林长白山抚松县境内寻找到了顶级水源，即莫涯泉。莫涯泉是由 5 个泉眼组成的泉群，位于长白山北麓，处于露水河国家森林公园之内，距离天池主峰约 60km。水源补给主要来自于上游长白山生态保护区。2015 年 2 月 1 日，长白山气温已低至近 -20℃，在一片静谧的林海雪原中，农夫山泉新品发布会在长白山抚松工厂举行。此次发布会一共推出 3 款全新瓶装水产品：农夫山泉玻璃瓶高端矿泉水（750mL）、农夫山泉天然饮用水（适合婴幼儿，1L）和农夫山泉学生天然矿泉水（535mL）。

发布会上，农夫山泉董事长钟睒睒提出了高端水的三大特点：稀缺的天然水源、天然均衡的矿物元素含量、能够体现深厚的自然或人文文化内涵。为了让产品富有美感和文化附加值，农夫山泉花了 3 年时间邀请了 5 家国际顶尖设计公司进行设计，历经 58 稿后才最终选定包装设计。该款产品包装一共有 8 种样式，瓶身主图案选择了长白山特有的物种，如东北虎、中华秋沙鸭、红松等，图案边写有诸如"长白山已知国家重点保护动物 58 种，东北虎属于国家一级保护动物"等文字说明，透露出浓浓的生态和人文关怀气息。

近年来，婴儿水产品在国外越来越多，已经成为科学育婴的必备产品，在此之前，国内还没有专门针对婴幼儿直接饮用和调制配方食品的瓶装水产品。莫涯泉 2 号泉的主要矿物元素含量完全符合国际专业机构的建议值，矿物盐含量比较适中，尤其适于生产适合婴幼儿饮用的瓶装水。此外，婴儿水还有商业无菌的要求，国内此前的所有瓶装水都未将之列为指标。为了做到无菌，农夫山泉抚松工厂

引进了世界顶级的无菌生产线。为了此款产品，农夫山泉还制定了非常严格的饮用天然水（适合婴幼儿饮用）企业标准，并报吉林省卫生和计划生育委员会备案。经对比，该标准共 43 项指标远远比国家相关标准严格，并对微生物相关指标做了严格的规定。

20 年前，农夫山泉推出了运动盖包装，受到了孩子们的热烈欢迎，那句"上课的时候不要发出这种声音"的广告语至今令人印象深刻。为了纪念这个充满童趣的产品，农夫山泉推出了运动盖升级版：学生天然矿泉水。为了让青少年获得更好的使用体验，农夫山泉设计了一个瓶盖，单手就能开关。瓶盖内设专利阀门，只有在受压情况下才会开启。开盖状态下，普通的侧翻、倒置都不会使水流出，非常适合孩子使用。农夫山泉还邀请英国著名插画师画了一组极富想象力的标签，表现长白山春、夏、秋、冬四个季节，整个设计充满童真，如同孩子们想象中的长白山自然世界。

每打造一个产品都是人类长期知识的积累与研究，如果没有知识的积累，拥有再多的其他资源也是无法创造出消费者满意的产品的。

（资料来源：新华网、搜狐网）

项目 5
制定产品价格

知识目标

❖ 了解企业调整价格的策略

❖ 掌握影响产品定价的因素

❖ 掌握企业定价导向

❖ 掌握产品定价的几种策略

能力目标

❖ 能够根据企业的不同类型计算企业产品的定价

❖ 能够综合分析企业所处的环境与产品的性质从而制定企业的定价策略

素质目标

❖ 具备探究性学习和合作学习的意识

案例引领 5——物以稀为贵

图 5-1　飞天茅台酒

飞天茅台酒（见图 5-1）在不少人眼里已被看作"神话"，53 度飞天茅台酒一路走高，零售价已突破 2 500 元 / 瓶，批发价也突破了 2 100 元 / 瓶的关口，创造了历史最高价。同样一瓶酒，历时 4 年，2015 年年底市场价为 850 元 / 瓶，现在，零售价是它的 3 倍！

中国酒业峰会上，茅台集团兼茅台股份董事长李保芳说："根据现在测算的情况，我们在很长一段时间，茅台酒的产能也就是基酒 5.6 万吨（1 吨 =1 000 千克）。当前是 5 万吨，还有 6 600 吨的产能正在扩建，今年年底可以完成，然后在相当长的时间就不再扩建了，因为它的环境承载能力、上游的原材料和赤水河水都不允许再做了。所以，现在和未来，茅台酒都是一个稀缺资源。"

他还表示："过去卖酒春节要搞促销，想方设法把酒卖出去。但茅台酒不需要。"在他眼里，茅台酒的供需关系让它在中国成了一个特殊商品。

思维训练

谁让飞天茅台酒的价格 4 年涨了 3 倍？产品的价格是如何制定出来的？

一般来讲，当企业要将其新产品投入市场，或者将某些产品通过新的途径投入市场或新的市场，或者竞争投标时，都必须给其产品制定适当的价格。价格一向是影响购买选择的最主要因素。定价问题是一切营销管理者所面临的主要问题之一。价格是市场营销组合中十分敏感而又难以控制的因素，它涉及生产者、经营者、消费者等各方面的利益，影响着市场需求和企业利润的多少。因此，定价策略是企业市场营销组合策略中一个极其重要的组成部分。

定价策略是指企业根据市场中不同的变化因素对商品价格的影响程度采用不同的定价方法，制定出适合市场变化的商品价格，进而实现定价目标的企业营销战略。

价格策略不能同企业的其他营销策略分离。产品的价格可能会影响市场对这一产品的认识，也会影响与此产品一起出售的其他产品的市场情况，还会影响广告的效果和分销过程中人们对这个产品的注意程度。它们之间的相互作用反映在两方面：一方面，产品、广告、销售渠道这 3 个因素会影响价格策略；另一方面，尽管定价过程是一个独特的营销行为，但是价格策略毕竟还是整体战略中的一部分。公司的营销组合包括 4 方面：产品设计、促销、价格和分销。只有这 4 方面互相协调，营销活动才能取得成功。

模块 1　影响企业定价的因素

随着我国市场经济体制的逐步成熟，商品价格已成为经济活动的中心。企业定价有

着重要的战略作用，在企业经营决策中是最错综复杂的，直接影响到产品是否成功、赢利潜力是否最大化、品牌是否能够建立。企业的产品价格策略运用得当，会促进产品的销售，提高市场占有率，增加企业的竞争力。反之，则会制约企业的生存和发展。同时，由于定价具有动态性、竞争性、地域性，以及与企业的生存状态和行业格局有关，这就决定了企业定价具有高度的复杂性。

1.1　内部因素

影响企业定价的内部因素包括定价目标、产品成本、产品差异性和企业的销售能力。

1. 定价目标

定价目标是指企业在对其生产或经营的产品制定价格时，有意识地要求达到的目的和标准。定价目标取决于企业的总体目标。不同行业的企业，同一行业的不同企业，以及同一企业在不同的时期、不同的市场条件下，都可能有不同的定价目标。

一般来说，企业的定价目标越清晰，价格越容易确定。而价格的确定，又影响到利润、销售收入及市场占有率的实现，所以，确定定价目标是制定价格的前提。

1）利润目标

获取利润是企业从事生产经营活动的最终目标，是企业经营的直接动力。利润目标一般分为以下三种。

第一，以获取合理利润为定价目标。采用这种定价目标的企业必须有充足的后备资源，并打算长期经营。以合理利润为目标确定的价格既可以使企业避免不必要的竞争，又能使企业获得长期利润。企业的目的是为了减少风险，保护自己，或限于自身力量不足，只能在补偿正常情况下的平均成本的基础上，加上适度利润作为产品价格。

第二，以获取投资收益为定价目标。采用这种定价目标的企业，一般是根据投资额规定的收益率，计算出单位产品的利润额，加上产品成本作为销售价格。但必须注意两点：首先，要确定适度的投资收益率。一般来说，投资收益率应该高于同期的银行存款利息率。但不可过高，否则消费者难以接受；其次，企业生产经营的必须是畅销产品。与竞争对手相比，产品具有明显的优势。

第三，以获取最大利润为定价目标。采用这种定价目标的企业希望制定一个能使当期利润最大化的价格。利润最大化取决于合理价格所推动的销售规模，因而追求最大利润的定价目标并不意味着企业要制定最高单价。最大利润既有长期和短期之分，又有企业全部产品和单个产品之分。有远见的企业经营者，都着眼于追求长期利润的最大化。当然并不排除在某种特定时期及情况下，对其产品制定高价以获取短期最大利润。对于一些多品种经营的企业，经常使用组合定价策略，即有些产品的价格定得比较低，有时甚至低于成本以招徕顾客，借以带动其他产品的销售，进而谋取最大的整体效益。

2）市场占有率目标

市场占有率又称市场份额，是指企业的销售额占整个行业销售额的百分比，或者是指某企业的某产品在某市场上的销售量占同类产品在该市场上销售总量的比重。市场占有率是企业经营状况和企业产品竞争力的直接反映。作为定价目标，市场占有率与利润的相关性很强，较高的市场占有率，可以保证企业产品的销路，巩固企业的市场地位，从而使企业利润稳步增长。以提高市场占有率为定价目标，企业通常有两种做法，即定价由低到高和定价由高到低。定价由低到高，就是在保证产品质量和降低成本的前提下，企业入市产品的定价低于市场上主要竞争者的价格，以低价争取消费者，打开产品销路，挤占市场，从而提高企业产品的市场占有率。待占领市场后，企业再通过增加产品的某些功能，或提高产品的质量等措施来逐步提高产品的价格，旨在维持一定市场占有率的同时获取更多的利润。定价由高到低，就是指企业对一些竞争尚未激烈的产品，入市时定价可高于竞争者的价格，利用消费者的求新心理，在短期内获取较高利润。待竞争激烈时，企业可适当调低价格，赢得主动，扩大销售量，提高市场占有率。

3）稳定价格目标

企业对竞争者的行为十分敏感，尤其是价格的变动状况更是如此。价格是影响厂家、经销商、顾客和产品市场前途的重要因素，制定合适的价格，是维护厂家利益、调动经销商积极性、吸引顾客购买、战胜竞争对手、开发和巩固市场的关键。

稳定价格目标是以保持价格相对稳定，避免正面价格竞争为目标的定价。稳定的价格通常是大多数企业获得一定目标收益的必要条件，市场价格越稳定，经营风险也就越小。当企业准备在一个行业中长期经营时，或某行业经常发生市场供求变化与价格波动需要有一个稳定的价格来稳定市场时，该行业中的大企业或占主导地位的企业率先制定一个较长期的稳定价格，其他企业的价格与之保持一定的比例。这样，对大企业是稳妥的，中小企业也避免遭受由于大企业的随时随意提价而带来的打击。按这种目标定价，可以使市场价格在一个较长的时期内相对稳定，减少企业之间因价格竞争而发生的损失。在钢铁、采矿、石油化工等行业内，稳定价格目标应用得最广泛。

4）企业形象目标

树立企业形象需要多方面的努力。从长期发展战略来看，它是企业经营活动中最宝贵的资源。良好的企业形象是企业的无形资产，因此，不可小觑。以树立和维护企业形象为目标，首先，产品的价格要使人感到质价相符。企业可以考虑产品质量领先这样的目标，并在生产和市场营销过程中始终贯穿产品质量最优化的指导思想。产品优质优价的同时，还应辅之以相应的优质服务。其次，要考虑价格水平能否被目标顾客所接受，是否有利于整体策略的有效实施。

[营销视野]

企业定价目标

企业定价的基本目标是追求利润，这是由企业整个生产经营的总目标决定的，而其他目标都是为最终获利服务的。但我们要认识到，企业定价的目标不仅仅只是为了利润的增加。在现实中，企业定价目标是多种多样的。

选择定价目标是整个企业定价过程的核心，关系着企业定价的成效。定价目标还决定着企业对具体定价策略、定价方法和定价技巧的选择。因此，定价目标不同，与其相对应的定价策略、方法和技巧也各不相同。

2．产品成本

成本是构成价格的主要成分。从长远来看，任何产品的销售价格都必须高于成本费用，只有这样，才能以销售收入来抵偿生产成本和经营费用，否则企业就无法经营。在实际工作中，产品的价格是按成本、利润和税金三部分来制定的。成本又可分解为固定成本和变动成本。就产品的市场价格而言，主要是受社会平均成本影响。

3．产品差异性

所谓产品差异性，是指企业在提供给顾客的产品上，通过各种方法造成足以引发顾客偏好的特殊性，使顾客能把它同其他竞争型企业提供的同类产品有效区别开来，从而达到使企业在市场竞争中占据有利地位的目的。拥有差异性的产品，其定价灵活性较大，可以使企业在行业中获得较高的利润。

4．企业的销售能力

企业的销售能力对于企业市场营销目标的实现、对于企业的生存和发展有实质意义。可以从两方面衡量企业的销售能力对定价的影响。一方面，企业销售能力弱，对中间商依赖程度大，那么企业最终价格决定权所受的约束就大；另一方面，企业独立开展促销活动的能力强，对中间商依赖程度小，那么企业对最终价格的决定所受的约束就小。

1.2 外部因素

影响企业定价的外部因素包括消费者需求、政府干预、竞争因素和其他因素。

1．消费者需求

消费者需求往往是多方面的、不确定的，需要我们去分析和引导，很少有消费者，

尤其是消费品的购买者能对自己要购买的消费品有非常精确的描述。也就是说，当一位消费者站在我们面前时，他对我们的产品有了极大的兴趣但仍然不知道自己将要买回去什么样的产品。所谓消费者需求，就是人们为了满足物质和文化生活的需要而对物质产品和服务的具有货币支付能力的欲望和购买能力的总和。消费者需求对企业的定价产生影响主要体现在以下三个方面。

1）需求能力

企业产品的定价应充分考虑消费者愿意并且能够支付的价格水平，它决定企业产品在市场中的价格上限。

2）需求强度

需求强度是消费者对某种商品需求的迫切程度。消费者对某一产品的需求强度大，其价格敏感度低；消费者对某一产品的需求强度小，其价格敏感度高。例如，购买彩色电视机，由于人们收入水平和消费心理的不同，对电视机的功能、款式、价格有不同的需求强度。收入高的人，喜欢高档名牌，因此对品质和功能的要求就高，而对价格需求不强烈，企业产品可据此制定高价。而对于低收入的工薪族，他们追求价廉物美，以实惠为原则，因此对价格和服务的要求高，价格高、服务差，是他们产生不满的主要因素。而对功能的要求则不高。在此情况下，企业产品应制定低价。

3）需求层次

不同需求层次的消费者对同一产品的需求强度不一样，因而对其价格的敏感度亦有所不同。一般来说，高需求层次的消费者对价格的敏感度低；低需求层次的消费者对价格的敏感度高。因此，对高需求层次的消费者应采取高价格政策与之相适应，反之亦然。

2. 政府干预

世界各国政府对价格的直接干预和控制是普遍存在的，只是干预和控制的程度不同而已。我国政府同样对产品的价格有着一定的控制。我国有实行国家定价的产品，有实行国家指导价的产品，有实行自由定价的产品。企业的价格政策必须遵循政府的经济法规，如西方国家的《反倾销法》《反托拉斯法》等，在不同方面和不同程度上制约着企业的定价行为。政府对企业价格策略的干预包括规定毛利率，规定最高、最低限价，限制价格的浮动幅度，规定价格变动的审批手续，以及实行价格补贴等。

例如，农产品由于需求相对稳定，其价格是在完全竞争市场中形成的，丰收年份，产量增加，价格却下跌到极低的水平，丰收反而不能增加收入，正如我国的一句成语"谷贱伤农"说明的就是这个意思。为了稳定农场主的收入，美国政府自20世纪30年代开始实行支持价格政策，硬性规定小麦、玉米、棉花、稻米等最低的支持价格，按支持价格出售不掉的剩余产品由政府收购。应该说，这种支持价格稳定了农业生产，保证了农民的收入，促进了农业投资，整体上对这些国家的农业发展起到了积极作用。但是这种

支持价格也引起了一些问题。首先是政府背上了沉重的财政包袱，许多国家用于支持价格的财政支出都有几百亿美元左右。其次是形成农产品长期过剩，这正是欧美之间或欧洲国家之间经常为农产品贸易发生争论的重要原因。

3. 竞争因素

市场竞争也是影响价格制定的重要因素。根据竞争的程度不同，企业定价策略也会有所不同。按照市场竞争程度，可以分为以下几种情况。

1）完全竞争

完全竞争也称自由竞争，它是一种理想化了的极端情况。在完全竞争条件下，买方和卖方都大量存在，产品都是同质的，不存在质量与功能上的差异，企业自由地选择产品生产，买卖双方能充分地获得市场情报。在这种情况下，无论是买方还是卖方都不能对产品价格进行影响，只能在市场既定条件下进行生产和交易。

2）不完全竞争

不完全竞争是指一个市场中有许多厂商生产和销售有差别的同种产品的市场组织。其竞争程度较大，垄断程度较小，比较接近完全竞争。

3）完全垄断

完全垄断是完全竞争的反面，是指一种商品的供应完全由独家控制，形成独占市场。在完全垄断竞争情况下，交易的数量与价格由垄断者单方面决定。完全垄断在现实中也很少见。

4）寡头垄断

寡头垄断介于完全垄断和垄断竞争之间，是指某种产品的绝大部分由少数几家大企业控制，每个大企业在相应的市场中占有相当大的份额，对市场的影响举足轻重。

4. 其他因素

企业的定价策略除受消费者需求、政府干预及竞争因素的影响外，还受到其他多种因素的影响。

1）经济条件

经济条件对企业的定价策略有很大影响，如经济增长和衰退、通货膨胀和利率等因素会影响产品的生产成本，以及消费者对产品和价值的看法。

2）消费者心理和习惯

价格的制定和变动对消费者心理上的影响也是价格策略必须要考虑的因素。在现实生活中，很多消费者存在"一分钱一分货"的观念。面对不太熟悉的商品，消费者常常从价格上判断商品的好坏，从经验上把价格同商品的使用价值挂钩。消费者心理和习惯

上的反应是很复杂的，某些情况下会出现完全相反的反应。例如，在一般情况下，涨价会减少购买，但有时涨价会引起抢购，反而会增加购买。因此，在研究定价对消费者心理的影响时，要持谨慎态度，要仔细了解消费者心理及其变化规律。

　　3）企业或产品的形象因素

有时企业根据企业理念和企业形象设计的要求，需要对产品价格做出限制。例如，企业为了树立热心公益事业的形象，会将某些有关公益事业的产品价格定得较低；为了形成高层次的企业形象，也会将某些产品的价格定得较高。

［营销视野］

影响产品定价的其他因素

　　一般医药产品进入零售药店的途径要经过以下几个环节：生产企业—总经销—大区或省级代理—地市级代理—医药批发公司—配送中心—药店—消费者。

　　目前市场上近90%的药价已经放开，实行市场自由调节价。

　　国家发展与改革委员会多次颁布限价令，根据药品的成本进行限价。政府也在医疗机构大力推行招标采购。

? 开动脑筋

　　产品的定价就是成本、利润、税金的总和，所以，企业处理好这三者的关系，产品定价就无后顾之忧了。这种说法准确吗？

营销拓展

OCHIRLY

模块2　企业定价方法

2.1　成本导向定价法

　　成本导向定价法是一种主要以成本为依据的定价方法，包括盈亏平衡定价法、成本加成定价法和目标利润定价法，其特点是简便、易用。

1. 盈亏平衡定价法

盈亏平衡定价法是企业按照生产某种产品总成本和销售收入维持平衡的原则制定产品价格的一种方法。这种方法在市场不景气的情况下采用比较合适。因为保本经营总比停业的损失要小。基本公式如下：

价格 =(固定成本 + 可变成本)/ 总销量 = 单位固定成本 + 单位可变成本 = 单位成本

例如，某企业的年固定成本为 10 万元，每件商品的单位变动成本为 20 元，订货量为 5 000 件，其价格是：

$$价格 = 单位固定成本 + 单位可变成本$$
$$=100\,000/5\,000+20$$
$$=40（元 / 件）$$

该商品的单价是 40 元。

用盈亏平衡定价法计算出来的价格又称保本价格。

注意

盈亏平衡定价法较多应用于工业企业定价，商贸企业一般不采用这种定价方法。

2. 成本加成定价法

所谓成本加成定价法，是指按照单位成本加上一定百分比的加成来制定产品销售价格的方法。加成的含义就是一定比率的利润。基本公式如下：

$$价格 = 单位成本 \times(1 + 加成率)$$

例如，某企业固定成本为 100 万元，计划销量为 20 万件，单位变动成本为 6 元，加成率定为 10%，该产品的销售价格应该是：

$$价格 =(1\,000\,000/200\,000+6)\times(1+10\%)$$
$$=11\times1.1$$
$$=12.1（元 / 件）$$

该商品的单价是 12.1 元。

成本加成定价法之所以受到业界欢迎，主要是由于成本的不确定性一般比需求少，其价格盯住单位成本，可以大大简化企业定价程序，而不必根据需求情况的瞬息万变而做调整。只要行业中所有企业都采取这种定价方法，则价格在成本与加成相似的情况下也大致相似，价格竞争也会因此减至最低限度。许多人感到成本加成定价法对买方和卖方都比较公平，当买方需求强烈时，卖方不会利用这一有利条件谋取额外利益而仍能获得公平的投资报酬。这种方法的优点是计算简单、易操作。制造商、中间商，以及建筑业、科研部门和农业部门经常使用这种方法。这种方法的缺点是对市场竞争的适应能力较差，定价方法不灵活。

3. 目标利润定价法

目标利润定价法又称目标收益定价法，是根据企业预期的总销售量与总成本，确定一个目标利润率的定价方法。基本公式如下：

$$价格 =(总成本 + 目标利润)/ 总销量$$

例如，某企业固定成本为 100 万元，计划销售量为 20 万件，单位变动成本为 6 元，今年的投资额为 200 万元，该产品的投资收益率若定为 15%，则该产品的销售价格是：

$$总成本 =1\ 000\ 000+6×200\ 000$$
$$=2\ 200\ 000\ （元）$$

$$目标利润 = 投资额 × 投资收益率$$

$$=2\ 000\ 000×15\%$$
$$=300\ 000\ （元）$$

$$价格 =(2\ 200\ 000+300\ 000)/200\ 000$$
$$=12.5\ （元 / 件）$$

该商品的单价是 12.5 元。

目标利润率定价法的要点是使产品的售价能保证企业达到预期的目标利润率。企业根据总成本和估计的总销售量，确定期望达到的目标收益率，然后推算价格。这种方法有利于加强企业管理的计划性，可以较好地实现投资回收计划。但这种方法要求较高，企业必须有较强的计划能力，必须测算好销售价格与期望销售量之间的关系，避免出现确定了价格而销售量达不到预期目标的被动情况。

2.2 需求导向定价法

需求导向定价法是一种以市场需求强度及消费者感受为主要依据的定价方法。在具体的运用中，有以下几种方法。

1. 认知价值定价法

认知价值定价法又称"感受价值定价法""理解价值定价法"。认知价值定价法的关键是要正确估计消费者的认知价值。如果估计过高，会导致定价过高，影响产品的销售；如果估计过低，会导致定价过低，产品虽然卖出去了，却不能达到定价绩效的目标。当产品的价格水平与消费者对产品价值的理解和认知程度大体一致或者低于时，消费者就很容易接受这种产品；反之，消费者就不会接受这种产品，产品就很难销售出去。

这种定价方法较早出现在美国的一些家庭餐馆。具体做法是把菜单上的价格抹去，

让顾客根据服务和饭菜质量自己定价，给多给少，悉听尊便。乍看，这样做可能会给某些喜欢吃白食或喜欢占便宜的人提供机会，使餐馆亏损。但事实上，这样做却吸引了许多好奇的顾客，使餐馆应接不暇。而且大多数顾客都有自尊心、自觉性，不愿做出有失身份的事情，同时又对餐馆的服务和餐馆的菜品很满意，所以往往心甘情愿付出比实际价格更多的费用。这也就是企业按照消费者在主观上对该产品所理解的价值，而不是产品的成本费用水平来定价。企业利用市场营销组合中的非价格变数来影响购买者，在他们的头脑中形成认知价值，然后据此来定价。企业在运用此法时，需要正确估计购买者所承认的价值。这是一种顾客导向的定价方法。

2. 需求差异定价法

需求差异定价法又称差别定价法，是指根据销售的对象、时间、地点的不同而产生的需求差异，从而对相同的产品采用不同价格的定价方法。这种定价方法，对同一商品在同一市场上制定两个或两个以上的价格，或使不同商品价格之间的差额大于其成本之间的差额。其优点是可以使企业定价最大限度地符合市场需求，促进商品销售，有利于企业获取最佳的经济效益。

1）基于顾客差异的差别定价

基于顾客差异的差别定价是根据不同消费者消费性质、消费水平和消费习惯等差异，制定不同的价格。例如，会员制下的会员与非会员的价格差别，学生、教师、军人与其他顾客的价格差别，新老顾客的价格差别，国外消费者与国内消费者的价格差别等。还可以根据不同的消费者群的购买能力、购买目的、购买用途，制定不同的价格。

2）基于不同地理位置的差别定价

由于地区间的差异，同一产品在不同地区销售时，可以制定不同的价格。例如，飞机与轮船上由于舱位对消费者的效用不同而价格不一样，电影院、戏剧院或赛场由于观看的效果不同而价格不一样。

3）基于产品差异的差别定价

质量和规格相同的同种产品，虽然成本不同，但企业在定价时，并不根据成本不同来定价，而是按外观和式样不同来定价。这里定价所考虑的真正因素是不同外观和式样对消费者的吸引程度。比如说，营养保健品中的礼品装、普通装及特惠装三种不同的包装，虽然产品内涵和质量一样，但价格往往相差很大。

4）基于时间差异的差别定价

在实践中我们往往可以看到，同一产品在不同时间段里的效用是完全不同的，顾客的需求强度也是不同的。在需求旺季时，可以提高价格；在需求淡季时，可以采取降低价格的方法吸引更多顾客。

3. 反向定价法

所谓反向定价法，是指企业根据产品的市场需求状况，通过价格预测和试销、评估，

先确定消费者可以接受和理解的零售价格，然后倒推批发价格和出厂价格的定价方法。采用这一定价法时，需要对产品的市场容量和商品的价格弹性有一个大体的估计，并且企业的目标利润是确定的。这样才能确保反向定价法在实践中得以应用。分销渠道中的批发商和零售商多采取这种定价方法。

2.3　竞争导向定价法

竞争导向定价法是根据竞争者的售价作为定价依据的一种定价方法，包括随行就市定价法和密封投标定价法。

1．随行就市定价法

随行就市定价法是企业根据市场竞争格局，一般采用行业领导者价格或行业平均价格。这种定价法特别适合于完全竞争市场和寡头垄断市场。

例如，我们日常生活中的食盐就是这种定价法的典型代表。因为在完全竞争市场上，企业在定价时是没有多大选择余地的，只能按照行业现行价格定价。如果定价太高，产品就卖不出去（完全竞争市场上，有很多企业生产同类产品）；如果定价太低，也会遭到同行的降价倾销。

在竞争激烈的同一商品市场上，采用这种定价方法风险比较小。

2．密封投标定价法

密封投标定价法即政府采购机构在报刊上登广告或发出函件，说明拟采购商品的品种、规格、数量等具体要求，邀请供应商在规定的期限内投标。

具体的操作程序是，在产品或劳务的交易中，由招标人发出招标公告，投标人竞争投标，密封递价，招标人择优选择价格。这种方法通过预期竞争者的价格来定价，通常应用于建筑包工、大型设备制造和政府大宗采购等。

以上各种定价方法只是大体的分类，在实际工作中，一些定价方法的导向是相互渗透的。无论是成本导向定价法还是需求导向定价法，都是在市场竞争中应该遵循的。企业应根据市场情况，综合机动地运用各种定价方法。

模块 3　企业定价策略

3.1　基本定价策略

1．新产品定价策略

一般来讲，新产品定价有三种策略可供选择。

微课　新产品定价策略中的撇脂定价

1）撇脂定价

撇脂定价是指在新产品投入市场时，将其价格尽可能定高，以攫取最大利润，犹如从鲜奶中撇取表面的一层油脂一样。企业之所以能这样做，是因为有些购买者主观认为某些商品具有很高的价值。从市场营销的实践看，在以下条件下企业可以采取撇脂定价。

（1）市场有足够的购买者，他们的需求缺乏弹性，即使把价格定得很高，市场需求也不会大量减少。

（2）产品的质量与高价格相符。

（3）在高价情况下仍然独家经营，竞争者在短期内不易打入该产品市场。

一般而言，对于全新产品、受专利保护的产品、需求的价格弹性小的产品、流行产品、未来市场形势难以测定的产品等，都可以采用撇脂定价。

营销拓展

iPod 的成功

撇脂定价有以下几个优点。

（1）利用高价产生的厚利，使企业能够在新产品上市之初，即可以迅速收回投资，减少投资风险。

（2）在全新产品或换代新产品上市之初，顾客对其尚无理性的认识，此时的购买动机多属于求新求奇。利用这一心理，企业通过制定较高的价格，以提高产品认知度，创造高价、优质、名牌的印象。

（3）先制定较高的价格，在其新产品进入成熟期后可以拥有较大的调价余地，不但可以通过逐步降价保持企业的竞争力，而且可以从现有的目标市场上吸引潜在需求者，甚至可以争取到低收入阶层和对价格比较敏感的顾客。

（4）在新产品开发之初，由于资金、技术、资源、人力等条件的限制，企业很难以现有的规模满足所有的需求，利用高价可以限制需求的过快增长，缓解产品供不应求的状况，并且可以利用高价获取的高额利润进行投资，逐步扩大生产规模，使之与需求状况相适应。

当然，撇脂定价也存在着某些缺点。

（1）高价产品的需求规模毕竟有限，过高的价格不利于市场开拓、增加销售量，也不利于占领和稳定市场，容易导致新产品开发失败。

（2）高价高利会导致竞争者的大量涌入，仿制品、替代品迅速出现，从而迫使价格急剧下降。此时若无其他有效策略相配合，则企业苦心营造的高价优质形象可能会受到损害，失去一部分消费者。

（3）价格远远高于价值，在某种程度上损害了消费者利益，容易招致公众的反对和消费者抵制，甚至会被当作暴利来加以取缔，诱发公共关系问题。

从根本上看，撇脂定价是一种追求短期利润最大化的定价策略，若处置不当，则会影响企业的长远发展。因此，在实践当中，特别是在消费者日益成熟、购买行为日趋理性的今天，采用这一定价策略必须谨慎。

2）渗透定价

渗透定价与撇脂定价相反。它是在新产品上市初期利用消费者求廉的消费心理，有意将价格定得很低，以便迅速和深入地进入市场，从而快速吸引来大量的购买者，赢得较大的市场份额，又称低价策略。

例如，美国的大型航空公司一直以来都热衷于国际长途航线，对短途这种低利润的业务根本不屑一顾。西南航空则不同，它的目标用户是自由行的游客和小企业的差旅人士，吸引这类用户的特色就是超低的机票价格。西南航空绝大部分票价只有其他公司的1/6～1/3，为了维持低价、降低成本和提高周转效率，西南航空在服务和舒适性上做了牺牲。

但是只要保证安全，服务质量不是太差，一定会有这么一批用户，愿意选择价格便宜的机票。

该策略的优点是新产品能迅速占领市场，市场占有率高；微利阻止了竞争者进入，增强了企业的市场竞争能力；低价策略，促进消费需求。缺点是利润微薄；降低企业优质产品的形象。

采用渗透定价的前提条件如下。

（1）有足够大的市场需求。

（2）消费者对价格高度敏感而不是具有强烈的品牌偏好。

（3）大量生产能产生显著的成本经济效益。

（4）低价策略能有效打击现存及潜在的竞争者。

对于企业来说，撇脂定价和渗透定价，不能一概而论，需要综合考虑市场需求、竞争、供给、市场潜力、价格弹性、产品特性和企业发展战略等因素才能确定。在定价实务中，往往要突破许多理论上的限制，通过对选定的目标市场进行大量调研和科学分析来制定价格。

3）满意定价

满意定价是一种介于撇脂定价和渗透定价之间的价格策略。满意定价是尽量降低价格在营销手段中的地位，而重视其他在产品市场上更有力或更有成本效率的手段。当不存在适用于撇脂定价或渗透定价的环境时，公司一般采取满意定价。

此策略的优点是价格较稳定，在正常情况下仍可实现企业的预期赢利目标，且不会导致过于激烈的竞争。缺点是在日益激烈的市场竞争中，有些保守和被动。由于这个定价既能使得消费者以一个较合理的价格获取商品，也能确保企业的成本以一个相对平稳

的速度回收，所以其实是一个双赢的策略，相对风险也较小，很容易获得市场上的接受和认可。

虽然与撇脂定价或渗透定价法相比，满意定价缺乏主动进攻性，但并不是说正确执行它就非常容易或一点也不重要。满意定价没有必要将价格定得与竞争者一样或者接近平均水平。从原则上讲，它甚至可以是市场上最高的或最低的价格。东芝笔记本电脑具有高清晰度的显示器和可靠的性能，认知价值很高，所以虽然比同类产品昂贵，但市场占有率仍然很高。与撇脂定价和渗透定价类似，满意定价的价格也是参考产品的经济价值决定的。当大多数潜在的购买者认为产品的价值与价格相当时，纵然价格定得很高，他们也能接受。

2．心理定价策略

心理定价策略是针对消费者的不同消费心理，制定相应的商品价格，以满足不同类型消费者需求的策略。

每一件产品都能满足消费者某一方面的需求，其价值与消费者的心理感受有着很大的关系。这就为心理定价策略的运用提供了基础，运用这种策略，企业在定价时可以利用消费者的心理因素，有意识地将产品价格定得高些或低些，以满足消费者生理、心理、物质和精神等多方面的需求，通过消费者对企业产品的偏爱或忠诚，扩大市场销售，获得最大效益。常用的心理定价策略有尾数定价、整数定价、声望定价、招徕定价、习惯定价和最小单位定价。

1）尾数定价

定价时保留小数点后的尾数，使消费者产生价格低廉的感觉，还能使消费者留下定价认真的印象。从而使消费者对定价产生信任感。这种方法多用于需求弹性较大的中低档商品。这是一种具有强烈刺激作用的心理定价策略。

心理学家研究表明，价格尾数的微小差别，能够明显影响消费者的购买行为。一般认为，5 元以下的商品，尾数为 9 最受欢迎；5 元以上的商品尾数为 95 效果最佳；百元以上的商品，尾数为 98、99 最为畅销。

使用尾数定价，可以使价格在消费者心中产生 4 种特殊的效应。

（1）便宜。标价 99.97 元的商品和 100.07 元的商品，虽仅相差 0.1 元，但前者给购买者的感觉是还不到"100 元"，而后者却使人认为"一百多元"，因此前者可以给消费者一种价格偏低、商品便宜的感觉，使之易于接受。

（2）精确。带有尾数的定价可以使消费者认为商品定价是非常认真、精确的，连几角几分都算得清清楚楚，进而会产生一种信任感。

（3）中意。由于民族习惯、社会风俗、文化传统和价值观念的影响，某些数字常常会被赋予一些独特的含义，企业在定价时如能加以巧用，则其产品将因之而得到消费者的偏爱。

英国人对个性化车牌尤为偏爱，甚至有人为了买下一个特别的车牌号，不惜付出重

金。2017年，英国交通管理局个性化车牌销售额达到1.11亿英镑（约合人民币9.7亿元），一位梅赛德斯－奔驰的车主斥资5.6万英镑（约合人民币49万元），购下最贵车牌"JSK 1"。

（4）促进销售。顾客在等候找零期间，也可能会发现和选购其他商品。

2）整数定价

整数定价与尾数定价正好相反。企业有意将产品价格定为整数，以显示产品质量较好。整数定价多用于价格较贵的耐用品或礼品，以及消费者不太了解的产品，对于价格较贵的高档产品，顾客对质量较为敏感，往往把价格高低作为衡量产品质量的标准之一，容易产生"一分价钱一分货"的感觉，从而有利于销售。同时，在众多尾数定价的商品中，整数能给人一种方便、简洁的印象。

但是，在整数定价方法下，价格高并不是绝对的高，只是凭借整数价格来给消费者造成高价的印象。整数定价常常以偶数，特别是"0"作为尾数。

例如，精品店的服装可以定价为2 000元，而不必定为1 998元。这样定价的好处有以下几点。

（1）可以满足购买者炫耀富有、显示地位、崇尚名牌、购买精品的虚荣心。

（2）省却了找零钱的麻烦，方便企业和顾客的价格结算。

（3）花色品种繁多、价格总体水平较高的商品，可利用产品的高价效应，在消费者心目中树立高档、高价、优质的产品形象。

在实践中，无论是整数定价还是尾数定价，都必须根据不同的地域而加以仔细斟酌。比如，美国、加拿大等国的消费者普遍认为单数比双数少，奇数比偶数显得便宜，所以，在北美地区，零售价为49美分的商品，其销量远远大于价格为50美分的商品，甚至比48美分的商品还要多一些。但是，日本企业却多以偶数，特别是"0"作为结尾，这是因为偶数在日本体现着对称、和谐、吉祥、平衡和圆满。

当然，企业要想真正打开销路，占有市场，还是得以优质的产品作为后盾，过分看重数字的心理功能，或流于一种纯粹的数字游戏，只能哗众取宠于一时，从长远来看却于事无补。

3）声望定价

声望定价是指企业利用消费者仰慕名牌商品或名店的声望所产生的某种心理来制定商品的价格，故意把价格定成整数或高价。不少高级名牌产品和稀缺产品，如豪华轿车、高档手表、名牌时装、名人字画、珠宝古董等，在消费者心目中享有极高的声望。购买这些产品的人，往往不在意产品价格，而最关心的是产品能否显示其身份和地位，价格越高，心理满足的程度也就越大。

例如，Bulgari把Gerald Genta合并到自己名下后生产的一款自鸣陀飞轮腕表，设计非常生动、功能超级复杂，它配有一个陀飞轮样式的调制系统，并有一系列打钟报时功能。这款腕表内部有九百多个手工打造的零件，外壳采用独特的一流声效"magonic"合金特制而成，以优化音乐声效。售价为62万美元。

4）招徕定价

招徕定价是适应消费者求廉的心理，将产品价格定得低于一般市价，个别的甚至低于成本，以吸引顾客、扩大销售的一种定价策略。采用这种策略，虽然几种低价产品不赚钱，甚至亏本，但从总的经济效益看，由于低价产品带动了其他产品的销售，企业还是有利可图的。

案例 Williams-Sonoma 公司的定价策略

招徕定价运用得较多的是将少数产品价格定得较低，吸引顾客在购买"便宜货"的同时，购买其他价格比较正常的商品。美国有家"99 美分商店"，不仅一般商品以 99 美分标价，甚至每天还以 99 美分出售 10 台彩电，极大地刺激了消费者的购买欲望，商店每天门庭若市。一个月下来，每天按每台 99 美分出售 10 台彩电的损失不但完全补回，而且企业还有不少的利润。

将某种产品的价格定得较低，甚至亏本销售，而将其相关产品的价格定得较高，也属于招徕定价的一种运用。

美国著名的凯马特连锁店，当蓝灯在某一货架上闪烁时，就表明那里有减价商品出售。这种现象每天只发生几次，每次不超过 15 分钟减价商品就售完了。顾客对此很感兴趣。因此，凯马特每天都拥有很多顾客。凯马特出售的降价商品，一般只限于小食品、卫生用品等价格不高的日用品，但洗衣机、录音机等价格较高的商品绝不在降价之列。凭着这一招揽顾客的高招，凯马特各种商品的销售额均普遍提高。

采用招徕定价策略时，必须注意以下几点。

（1）降价的商品应是消费者常用的，最好是适合于每一个家庭使用的物品，否则没有吸引力。

（2）实行招徕定价的商店，经营的品种要多，以便使顾客有较多的选购机会。

（3）降价商品的降价幅度要大，一般应接近成本或低于成本。只有这样，才能引起消费者的注意和兴趣，才能激起消费者的购买欲望。

（4）降价品的数量要适当，降价品数量太多商店亏损太大，降价品数量太少容易引起消费者的反感。

（5）降价品应与因伤残而减价的商品明显区别开。

5）习惯定价

有些产品在长期的市场交换过程中已经形成了为消费者所适应的价格，成为习惯价格。企业对这类产品定价时要充分考虑消费者的习惯倾向，采用"习惯成自然"的定价策略。对消费者已经习惯了的价格，不宜轻易变动。降低价格会使消费者怀疑产品质量是否有问题。提高价格会使消费者产生不满情绪，导致购买的转移。在不得不需要提价时，应采取改换包装或品牌等措施，减少消费者抵触心理，并引导消费者逐步形成新的习惯价格。

例如，许多商品尤其是家庭生活日常用品，在市场上已经形成了一个习惯价格。消费者已经习惯于消费这种商品时，只愿付出这么大的代价，如买一块肥皂、一瓶洗涤剂等。

对于这些商品的定价，一般应按照习惯确定，不要随意改变价格，以免引起顾客的反感。

6）最小单位定价

最小单位定价是指企业把同种商品按不同的数量包装，以最小包装单位量制定基数价格，销售时，参考最小包装单位的基数价格与所购数量来收取款项。一般来说，包装越小，实际的单位数量商品的价格越高。

例如，湖北白云边股份有限公司生产的冰酒，根据消费者饮酒量分别以125mL、250mL、500mL的体积数量包装，以满足不同消费者的心理需求。

此策略的优点比较明显，一是能满足消费者在不同场合下的不同需要，如便于携带的小包装食品、小包装化妆品等；二是利用了消费者的心理错觉，容易使消费者误以为廉，而实际生活中消费者很难也不愿意换算出实际重量单位或数量单位商品的价格。

3. 折扣定价策略

折扣定价策略是指企业对基本价格做出一定的让步，直接或间接降低价格，以争取顾客，扩大销售量。其中，直接折扣的形式有数量折扣、现金折扣、功能折扣、季节折扣，间接折扣的形式有回扣和津贴。

日本东京银座美佳西服店为了销售商品采用了一种折扣销售方法，颇获成功。具体方法是这样的：先发一则公告，介绍某商品品质、性能等一般情况，再宣布打折的销售天数及具体日期，最后说明打折方法。第一天打九折，第二天打八折，第三、四天打七折，第五、六天打六折，以此类推，到第十五、十六天打一折。这个销售方法的实践结果是，第一、二天顾客不多，来者多半是来探听虚实和看热闹的。第三、四天人渐渐多起来，第五、六天打六折时，顾客像洪水般地拥向柜台抢购。以后连日爆满，没到一折售货日期，商品早已售罄。这是一则成功的折扣定价策略。妙在准确地抓住顾客购买心理，有效地运用折扣售货方法销售。人们当然希望买到质量好又便宜的货，最好能买到二折、一折价格出售的货，但是有谁能保证到你想买时还有货呢？于是出现了头几天顾客犹豫，中间几天抢购，最后几天买不着者惋惜的情景。

在这一案例中，综合运用了折扣定价策略，取得了良好的效果。下面我们先了解一下折扣策略的具体种类。

1）数量折扣

数量折扣是企业给那些大量购买某种产品的顾客的一种减价，以鼓励顾客购买更多的产品。因为大量购买能使企业降低生产、销售、储运、记账等环节的成本费用。例如，顾客购买某种商品100单位以下，每单位10元；购买100单位以上，每单位9元。这就是数量折扣。数量折扣可以分为累计数量折扣和一次性数量折扣两种形式。

（1）累计数量折扣。累计数量折扣是对一定时期内累计购买超过规定数量或金额给予的价格优惠，目的在于鼓励顾客与企业建立长期固定的关系；企业可据此掌握产品的销售规律，预测市场需求，合理安排生产，经销商也可保证货源。

例如，企业规定购买量累计达到10 000套，价格折扣为3%；达到20 000套，折扣

为 4%；超过 30 000 套，折扣为 5%。

累计数量折扣有利于稳定顾客，鼓励顾客经常购买、长期购买。这种折扣特别适用于长期交易的商品、大批量销售的商品，以及需求相对比较稳定的商品。

（2）一次性数量折扣。一次性数量折扣规定一次购买某种产品达到一定数量或购买多种产品达到一定金额，则给予折扣优惠，其目的是鼓励顾客大批量购买，节约销售中的劳动耗费。

累计数量折扣和一次性数量折扣两种方式可单独使用，也可结合使用。

数量折扣的促销作用效果非常明显，企业因单位产品利润减少而产生的损失完全可以从销售量的增加中得到补偿。此外，销售速度的加快，使企业资金周转次数增加，流通费用下降，产品成本降低，从而导致企业总赢利水平上升。

运用数量折扣策略的难点是如何确定合适的折扣标准和折扣比例。如果享受折扣的数量标准定得太高，比例太低，则只有很少的顾客才能享受到优惠，绝大多数顾客将感到失望；购买数量标准过低，比例不合理，又起不到鼓励顾客购买和促进企业销售的作用。因此，企业应结合产品特点、销售目标、成本水平、资金利润率、需求规模、购买频率、竞争者手段，以及传统的商业惯例等因素来制定科学的折扣标准和比例。

2）现金折扣

现金折扣又称付款期限折扣，是在"信用购货"的特定条件下发展起来的一种优惠策略，即对按约定日期付款的顾客给予不同的折扣优待。现金折扣实质上是一种变相降价赊销，鼓励提早付款的办法。如付款期限为 1 个月，立即付款折扣为 5%，10 天内付款折扣为 3%，20 天内付款折扣为 2%，最后 10 天内付款无折扣。有些零售企业往往利用这种折扣节约开支，扩大经营，卖方可据此及时回收资金，扩大商品经营。

采用现金折扣一般要考虑 3 个因素：折扣比例、给予折扣的时间限制和付清全部货款的期限。在西方国家，典型的付款期限折扣表示为"3/20，$n/60$"。其含义是在成交后 20 天内付款，买者可以得到 3% 的折扣；超过 20 天，在 60 天内付款不予折扣；超过 60 天付款要加付利息。

由于现金折扣的前提是商品的销售方式为赊销或分期付款，因此，有些企业采用附加风险费用、管理费用的方式，以避免可能发生的经营风险。同时，为了扩大销售，分期付款条件下买者支付的货款总额不宜高于现款交易价太多，否则就达不到折扣促销的效果了。

提供现金折扣等于降低价格，所以，企业在运用这种手段时要考虑商品是否有足够的需求弹性，保证通过需求量的增加可使企业获得足够利润。此外，由于我国的许多企业和消费者对现金折扣还不熟悉，运用这种手段的企业必须结合宣传手段，使购买者更清楚自己将得到的好处。

3）功能折扣

中间商在产品分销过程中所处的环节不同，其所承担的功能、责任和风险也不同，

企业据此给予不同的折扣称为功能折扣。对生产性用户的价格折扣也属于一种功能折扣。功能折扣的比例，主要考虑中间商在分销渠道中的地位、对生产企业产品销售的重要性、购买批量、完成的促销功能、承担的风险、服务水平、履行的商业责任，以及产品在分销中所经历的层次和在市场上的最终售价等。功能折扣的结果是形成购销差价和批零差价。

鼓励中间商大批量订货，扩大销售量，争取顾客，并与生产企业建立长期、稳定、良好的合作关系是实行功能折扣的一个主要目标。功能折扣的另一个目的是对中间商经营的有关产品的成本和费用进行补偿，并让中间商有一定的赢利。

总之，企业采取功能折扣的目的是为了扩大生产，争取更多的利润，或为了占领更广泛的市场，利用中间商努力推销产品。

4）季节折扣

有些商品的生产是连续的，而其消费却具有明显的季节性。为了调节供需矛盾，这些商品的生产企业便采用季节折扣的方式，对在淡季购买商品的顾客给予一定的优惠，使企业的生产和销售在一年四季中都能保持相对稳定。

例如，啤酒生产厂家对在冬季进货的商业单位给予大幅度让利，羽绒服生产企业则为夏季购买其产品的客户提供折扣，旅馆、航空公司等在营业下降时给旅客以季节折扣。

季节折扣比例的确定，应考虑成本、储存费用、基价和资金利息等因素。季节折扣有利于减少库存，加速商品流通，迅速收回资金，促进企业均衡生产，充分发挥生产和销售潜力，避免因季节需求变化所带来的市场风险。

5）回扣和津贴

回扣是间接折扣的一种形式，它是指购买者在按价格目录将货款全部付给销售者以后，销售者再按一定比例将货款的一部分返还给购买者。津贴是企业为特殊目的，对特殊顾客以特定形式给予的价格补贴或其他补贴。比如，当中间商为企业产品提供了包括刊登地方性广告、设置样品陈列窗等在内的各种促销活动时，生产企业给予中间商一定数额的资助或补贴。又如，对于进入成熟期的产品，开展以旧换新业务，将旧货折算成一定的价格，在新产品的价格中扣除，顾客只支付余额，以刺激消费需求，促进产品的更新换代，扩大新一代产品的销售。这也是一种津贴的形式。

企业实行折扣策略时，应考虑竞争对手的实力、企业流动资金的成本、金融市场汇率变化、消费者对折扣的疑虑等因素。目前，在我国商界，总代理、总经销方式越来越普遍。折扣在经销方式中的运用也非常普遍。厂家和大的经销商应注意在地区影响范围内消除折扣的差异性，否则会造成市场内同一厂商的同种商品折扣标准混乱，消费者或用户难以确定应该选择哪一种价格，结果折扣差异性在自己市场内形成了冲抵，影响了经销总目标的实现。

3.2 调整价格策略

企业为某种产品制定出价格以后，并不意味着大功告成。随着市场营销环境的变化，企业必须对现行价格予以适当的调整。

调整价格，可采用削价或提价策略。企业产品价格调整的动力既可能来自于内部，也可能来自于外部。倘若企业利用自身的产品或成本优势，主动地对价格予以调整，将价格作为竞争的利器，则称为主动调整价格。有时，价格的调整出于应付竞争的需要，即竞争对手主动调整价格，而企业也相应地被动调整价格。无论是主动调整价格，还是被动调整价格，其形式不外乎是削价和提价两种。

1．削价策略

削价策略是定价者面临的最严峻且具有持续威胁力量的时候所采用的定价策略。企业削价的原因有很多，有企业外部需求的变化

案例 自动降价商店

及竞争等因素，也有企业内部的战略转变、成本变化等因素，还有国家政策、法令的制约和干预等因素。这些原因具体表现在以下几个方面。

（1）企业急需回笼大量现金。对现金产生迫切需求的原因既可能是其他产品销售不畅，也可能是企业为了筹集资金进行某些新活动，而资金借贷来源中断。此时，企业可以通过对某些需求价格弹性大的产品予以大幅度削价，来增加销售额，获取现金。

（2）企业通过削价来开拓新市场。一种产品的潜在顾客往往由于其消费水平的限制而阻碍了其转向现实顾客的可行性。在削价不会对原顾客产生影响的前提下，企业可以通过削价方式来扩大市场份额。不过，为了保证这一策略的成功，有时需要与产品改进策略相结合。

（3）企业成本费用比竞争者低，削价可以扩大生产和销售量。

（4）企业生产能力过剩，因而需要扩大销售，但是又不能通过产品改进和加强销售工作等来扩大销售。在这种情况下，企业就需考虑削价。

（5）在强大的竞争者压力下，企业的市场占有率下降。例如，在国际市场上，美国的汽车、照相机、钟表等行业，由于日本竞争者的产品质量较高，价格较低，已经丧失了一些市场阵地。在这种情况下，美国一些公司不得不削价竞销。

（6）政治、法律环境及经济形势的变化，迫使企业削价。政府为了实现物价总水平的下调，保护需求，鼓励消费，遏制垄断利润，往往通过政策和法令，采用规定毛利率和最高价格、限制价格变化方式、参与市场竞争等形式，使企业的价格水平下调。在紧缩通货的经济形势下，或者在市场疲软、经济萧条时期，由于币值上升，价格总水平下降，企业产品价格也应随之降低，以适应消费者的购买力水平。

此外，消费者运动的兴起也往往迫使产品价格下调。

削价最直截了当的方式是将企业产品的目录价格或标价绝对下降，但企业更多的是采用各种折扣形式来降低价格，如前面提到的数量折扣、现金折扣、回扣和津贴等形式。

此外，变相的削价形式有赠送样品和优惠券，实行有奖销售，给中间商提取推销奖金，允许顾客分期付款、赊账，免费或优惠送货上门，提供技术培训、维修咨询，提高产品质量，改进产品性能，增加产品用途等。由于这些方式具有较强的灵活性，在市场环境变化的时候，即使取消也不会引起消费者太大的反感，同时又是一种促销策略，因此在现代经营活动中运用越来越广泛。

确定何时削价是调价策略的一个难点，通常要综合考虑企业实力、产品在市场生命周期所处的阶段、销售季节、消费者对产品的态度等因素。比如，进入衰退期的产品，由于消费者失去了消费兴趣，需求弹性变大、产品逐渐被市场淘汰，为了吸引对价格比较敏感的购买者和低收入需求者，维持一定的销售量，削价就可能是唯一的选择。由于影响削价的因素较多，企业决策者必须审慎分析和判断，并根据削价的原因选择适当的方式和时机，制定最优的削价策略。

2. 提价策略

虽然提价会引起消费者、经销商和企业推销人员的不满，但是成功的提价可以使企业的利润大大增加。在实际经营中，采用适当的提价技巧，也会收到意想不到的效果。引起企业提价的原因如下。

（1）应对产品成本增加，减少成本压力。这是所有产品价格上涨的主要原因。成本的增加或是由于原材料价格的上涨，或是由于生产或管理费用的提高而引起的。企业为了保证利润率不致因此而降低，便采取提价策略。

（2）由于通货膨胀，物价上涨，企业的成本费用提高。在通货膨胀条件下，即使企业仍能维持原价，但随着时间的推移，其利润的实际价值也呈下降趋势。为了减少损失，企业只好提价，将通货膨胀的压力转嫁给中间商和消费者。

（3）产品供不应求，不能满足所有顾客的需要。在这种情况下，企业就必须提价。提价方式包括取消价格折扣，在产品大类中增加价格较高的项目，或者开始提价。为了减少顾客不满，企业提价时应当向顾客说明提价的原因，并帮助顾客寻找节约的途径。

（4）利用顾客心理，创造优质效应。作为一种策略，企业可以利用涨价营造名牌形象，使消费者产生价高质优的心理定式，以提高企业的知名度和产品声望。对于那些革新产品、贵重商品、生产规模受到限制而难以扩大的产品，这种效应表现得尤为明显。

但是，在实行提价策略时，要注意以下问题。

（1）切忌所有商品同时提价。

（2）提价时，一定要说明提价原因的合理性。

（3）注意提价幅度。

此外，在方式的选择上，企业应尽可能多地采用间接提价，把提价的不利因素降到最低程度，使提价不影响销售量和利润，而且能被潜在消费者普遍接受。同时，企业提价时应采取各种渠道向顾客说明提价的原因，配之以产品策略和促销策略，并帮助顾客寻找节约途径，以减少顾客不满，维护企业形象，提高消费者信心，刺激消费者的需求

和购买行为。

至于价格调整的幅度，最重要的考虑因素是消费者的反应。因为调整产品价格是为了促进销售，实质上是要促使消费者购买产品。忽视了消费者的反应，销售就会受挫，只有根据消费者的反应调价，才能收到好的效果。

❓ 开动脑筋

如果新产品的需求具有较强的季节性，你认为不同时期该采取何种定价策略？

营销拓展

沃尔玛的"天天平价"

项目小结

影响企业产品定价的因素有内部因素和外部因素。

影响企业定价的内部因素包括定价目标、产品成本、产品差异性和企业的销售能力。

影响企业定价的外部因素包括消费者需求、政府干预、竞争因素和其他因素。

企业定价方法有 3 种：成本导向定价法、需求导向定价法和竞争导向定价法。成本导向定价法包括盈亏平衡定价法、成本加成定价法和目标利润定价法；需求导向定价法包括认知价值定价法、需求差异定价法和反向定价法；竞争导向定价法包括随行就市定价法和密封投标定价法。

企业的定价策略包括新产品定价策略、心理定价策略和折扣定价策略；企业价格调整策略包括削价策略和提价策略。

新产品定价策略有撇脂定价、渗透定价和满意定价；心理定价策略包括尾数定价、整数定价、声望定价、招徕定价、习惯定价和最小单位定价；折扣定价策略有数量折扣、现金折扣、功能折扣、季节折扣、回扣和津贴。

练习与实训

一、简答题

1. 新产品定价有几种方法？
2. 影响产品定价的内部因素和外部因素分别有哪些？
3. 产品定价的 3 种导向是什么？

4. 简述企业定价的主要目标。

5. 心理定价策略有哪些？

二、课堂实训

见教材配套用书《市场营销基础（第5版）学习导航与习题》。

三、案例分析题

宝洁公司和联合利华这两大巨头，在产品品质、品牌力等方面在中国市场是不相上下的。在持续的竞争博弈中，到了最后，唯一可一招制敌的战术就落在了"价格"这个对中国消费者最有吸引力的筹码上。联合利华的首先降价使宝洁公司的销售量急转直下。为了夺回失去的市场份额，宝洁公司选择了降价反击，打响了洗衣粉价格大战。此后，宝洁公司又打响了洗发水市场的价格战。飘柔洗发水价格降幅最高达20%，价格最低的时候，400mL的洗发水甚至出现过15元的超低价。同时，潘婷、舒肤佳等品牌也开始跃跃欲试，频频试"降价"水温。价格战的打响，使得宝洁公司、联合利华这些世界巨型日化企业在中国市场彻底走下了品牌神坛。但无论宝洁公司还是联合利华都不承认自己在打价格战。这种互相矛盾的说辞与行动恰恰表明跨国公司所处的两难境地：在日化品这个进入门槛不高、利润空间有限的行业中，不降价，市场份额不保；降价，有损企业形象。但最终，最先选择降价的企业总是先赢一步。

思考题

1. 企业降价的原因有哪些？

2. 本案例中，宝洁公司把400mL飘柔洗发水定价为15元，采取的是哪种定价策略？如此定价有何优势？

延伸阅读

卖的更昂贵　买的更快乐

市场营销的职责就是确保高价格，那么，如何定价才能既提高价格，又不让顾客感觉到价格上涨，高高兴兴地购买呢？

首先，百分比和绝对数字是两码事。如果你希望人们把一个数字想得大一点，你就讲绝对数字；反之，你就讲百分比。比如，汽车公司搞促销，优惠条件是如果你在月底前买车，那么可以享受"2 000美元的现金折扣"，2 000美元听起来比8%的折扣（假设汽车售价为25 000美元）要大得多。

在定价中，"三"的作用也非常重要。如果咖啡店出售两种规格的卡布奇诺，小的2.69美元，大的3.29美元，也许会有一半人买小的，另一半人买大的。如果再加一个超大的规格，价格为4.29美元，也许没有人会买超大号的，但是现在只有20%的人买小号的了，80%的人会买大号的。所以，推出第三种选择的目的是让更多

的客户去选择第二种，同时店家还可以在店外挂出"幌子"：卡布奇诺，最低只需 2.69 美元。

销售人员在给客户介绍产品时，还要遵循价格从高到低的原则。心理学家做过一个实验：对于来买台球桌的客户，有的先给他们看 3 000 美元的台球桌，有的先给他们看价格低一点的台球桌。结果，前者最后买的台球桌平均价格为一千多美元，而后者买的台球桌平均价格为 550 美元。这是心理学上的"锚定"效应。3 000 美元的台球桌也许大大超过客户的预算，但是它会使得客户购物时愿意增加开支。

在定价策略中，还可以巧妙地运用价格信号。因为，通常的情况是，客户只是大约知道一件东西应该是什么价格，而低价格的卖家会用低价格的信号，如削价的标牌、廉价的地板等；高价格的卖家会用高价格的信号，如宽大的皮沙发、厚地毯等，所以理性的消费者会根据价格信号来判断价格的高低。

"特价优惠"也是一种很有效的方法。商店的货品标上"特价优惠"的字样，销售量就会上升 50%，哪怕价格根本没变。一个原因是客户认为更物有所值了，另一个原因就是任何挂着标牌的货品都会吸引更多的注意。所以，在这些货品上挂上气球也同样奏效。笔者曾为台克利鸡尾酒连锁店做过一个实验，不同的台克利鸡尾酒，如白俄罗斯、庆功酒等，消费者付的价格是一样的，但其实对于商家来说，其成本和利润率很不一样。因此笔者建议，在利润率最高的那几种酒罐上挂上气球，果不其然，那些酒的销售量就上升了。不过，特价优惠不可滥用。因为当"特价优惠"的标牌太多时，消费者得到的信息就是优惠价格不可信，所以正常的价格也不可信。

平均来讲，一个公司的产品价格哪怕只上涨 1%，利润就会上升 11.3%，所以，在定价策略上花再多的精力也不算过分。

（资料来源：北大商业评论）

项目 6

遴选分销渠道

知识目标

❖ 理解分销渠道的含义

❖ 了解分销渠道的作用、结构及类型

❖ 掌握渠道决策设计

❖ 掌握渠道冲突

❖ 理解渠道管理

能力目标

❖ 在完成学懂会用、学以致用教学目的的基础上，帮助学生能根据环境、企业、市场和产品特点，正确设计和遴选分销渠道类型

❖ 有效管理和规避渠道中出现的窜货现象，不断提高学生分析、解决渠道问题的能力

素质目标

❖ 引导学生的沟通、合作意识，培养学生用发展的眼光面对和解决问题

案例引领6——海尔集团营销渠道的发展

海尔集团营销渠道网络的建设，经历了一个由区域性网络到全国性网络，由全国性网络再到全球性网络的发展历程。发展初期，海尔集团依靠商场销售到店中店、再到建设自己的品牌专卖店，树立起海尔品牌的闻名度和信誉度。海尔集团的多元化产品策略以及在营销上投入雄厚资金，使它在全国范围内的家电专卖店得以高效运营。目前，海尔集团已在全国主要县城建立了自己的品牌专卖店。在城市家电市场，海尔集团也建立了完善的自控销售网络。海尔集团针对自身产品类别多、年销售量大、品牌闻名度高等特性，适时进行了整合。在全国每一个一级城市设有海尔工贸公司；在一级城市设有海尔营销中心，负责当地所有海尔产品的销售工作，包括对一级市场零售商和二级市场零售商的管理；在二、四级市场按"一县一点"设专卖店。这样，取缔了中间环节，降低了销售渠道成本，有利于对零售终端销售的控制和管理。

海尔集团通过自己的销售分公司——海尔工贸公司直接向零售商供货并提供相应支持，还将很多零售商改造成了海尔专卖店。在海尔的营销渠道中，百货店和零售店是分销主力，海尔工贸公司就相当于总代理商，所以批发商的作用很小。海尔的销售政策也倾向于零售商，不但向他们提供更多的服务和支持，还保证零售商可以获得更高的毛利率。

在对国外市场的拓展方面，海尔集团没有简单地把自己的人派到国外去开拓市场，而是采用了直接利用国外经销商现有网络的方法。这种方法最大的好处是可以拥有整套的销售网络，特别是国外代理商完善的服务网络。

在2019年2月18日召开的德国科隆国际博览会上，海尔集团的冰箱、冰柜、空调器、洗衣机、微波炉、热水器等十几个品种的家电，吸引了世界各地三千多位客商，其中三百二十多位当场签订了经销"海尔牌"各种家电产品的合同和意向书，其中多数经销商是第一次与海尔集团合作。在科隆博览会开幕的当天下午，海尔集团总裁张瑞敏向来自欧洲的12位"海尔"产品专营商颁发了"海尔产品专营证书"。这些经销商获得了海尔空调、冰箱等系列家电产品在德国、荷兰、意大利等欧洲国家的代理权。我国企业向外国经销商颁发产品专营证书，这在家电企业中还是第一家。这是"海尔"产品走向世界的扎扎实实的第一步，"海尔"产品将成为西方人追求的"洋货"。

到2019年年初，"海尔"产品在四十多个国家和地区都有专营商，专营商的总数已达5 879个。海尔在海外建立了三万八千多个营销网点，产品销往世界一百六十多个国家和地区。

海尔在渠道开发和建设方面的成功做法值得很多企业学习，那么分销渠道的具体作用有哪些？企业可以利用的渠道类型又有哪些呢？本章将介绍如何利用渠道达到分销的

目的，实现企业的经营目标，并重点介绍企业在渠道建设中遇到的问题以及解决渠道冲突的具体措施。

模块1　分销渠道

商品和劳务只有到达消费者或用户手中才是现实产品，才能实现其价值和使用价值。在现代商品经济条件下，产品在流通领域内的运动是由位于生产者和最终用户之间的众多执行不同职能的流通中介机构承担的。通过中介机构的营销活动，生产企业才得以实现在适当的时间、按适当的价格和数量，将产品送达适当地点的目标顾客。而这一系列营销组合中的中介机构就形成了一条条分销渠道。

商品在流通领域的转移，可看作是两个过程的统一，即商品所有权转移与商品实体转移的统一。因此本章首先侧重从所有权转移的角度分析分销渠道的结构及选择、分销渠道成员的类型和作用，然后再分析产品实体分配的相关决策。

1.1　分销渠道的含义

[营销视野]

分销渠道

市场营销渠道是指配合生产、分销和消费某一生产者的产品和服务的所有企业和个人。这就说明市场营销渠道包括参与某产品供、产、销过程的所有相关企业和个人，如供应商、生产者、商人中间商、代理中间商、辅助商（如支持分销活动的仓储、广告代理），以及最终消费者或用户等。

分销渠道是指当产品从生产者向最后消费者或产业用户移动时，直接或间接转移所有权所经过的途径。其成员包括产品从生产者向消费者转移过程中，取得这种产品和服务的所有权或帮助所有权转移的所有企业和个人，包括商人中间商、代理中间商，还包括处于渠道起点生产者和终点的消费者及用户。分销渠道不包括供应商和辅助商。

分销渠道是指商品和劳务从生产者向消费者移动时取得这种商品和劳务所有权或帮助转移其所有权的所有企业和个人。其中包含以下3层含义：

（1）分销渠道是产品及其所有权转移的通道。

（2）分销渠道的起点是生产者，终点是消费者或者用户。

（3）分销渠道是一些相关经营组织或个人的组合，是由生产商根据产品的特性进行组织和设计的，在大多数情况下，他们因共同的经济和社会利益结成共生伙伴关系，但这种关系也会发生矛盾和冲突。

在现代商品经济条件下，大部分生产企业并不直接把产品销售给最终用户或消费者，而是借助于一系列中间商进行转卖。不过，商品在流通领域内的转移，实际包括由商品

交易活动完成的商品所有权的转移过程和由储存、运输等完成的商品实体转移过程两个方面。

现今，商品实体转移与商品所有权转移的动向和经过的环节不一定完全一致。例如，商品从生产者到零售商可能经过了两道批发商参与商品交易活动，但这两道批发商也许并没有运送或保管过该商品；又如，即使有若干专业的运输公司或仓储公司参与了商品实体的转移活动，但他们却从未介入过任何商品的买卖和交易活动，他们只是提供了服务。因此，在定义分销渠道时，一般指的仅是参与了商品所有权转移或商品买卖交易活动的商流通道。

分销渠道的起点是生产者，终点是消费者或用户，中间环节包括各个参与商品交易活动的批发商、零售商、代理商和经纪人。严格地说，后两类中间商在参与过程中并不对商品拥有所有权，但他们帮助达成了商品的买卖交易活动，因此也可作为分销渠道的一员或一个环节。

显然，由于批发商、零售商、代理商和经纪人的存在，各种商品或同一种商品的分销渠道区别很大。不过，只要是从生产者到最终用户或消费者之间，任何一组与商品交易活动有关并相互依存、相互关联的营销中介机构均可称作一条分销渠道。

1.2 分销渠道的功能

分销渠道是连接企业与市场、沟通产品与顾客的桥梁。企业生产出来的产品，通过这个桥梁，才能走进市场，进入消费领域，实现商品的价值转移。对分销渠道的正确选择和成功管理在某种程度上决定着企业营销目标的顺利实现。

分销渠道是企业完成其产品（服务）交换过程，实现价值，产生效益的重要载体。分销渠道的基本功能是实现产品从生产者向消费者、用户的转移。

1. 实现所有权的转移

分销渠道是商品实体和商品所有权从生产领域向消费领域转移的必经之路。产品通过分销渠道最终到达消费者手中，对生产企业而言，商品价值得到了实现，完成了销售目的；对消费者而言，用手中的货币换取了所需的使用价值，实现了购买目的。

2. 调剂余缺，平衡供需

通常情况下，商品的生产和消费在时间上会有矛盾。中间商往往起着一个蓄水池的作用，以此来解决生产与消费之间的矛盾。几乎所有的代理商和批发商都建有自己的仓库，并且常年维持一定数目的库存量，通过产品调拨来解决货物紧缺和滞销的问题。另外，不同地域的居民在消费习惯、兴趣偏好和价值观念等方面会不尽相同，企业可通过分销渠道来调节各地市场上不同品种规格的产品，以满足社会需求。

3．简化交易，提高效益

中间商的介入，使交易次数减少，从而流通费用和售价相应降低，给整个社会带来了巨大的成本节约。

4．实现信息的传递和流动资金的调节

分销渠道作为信息传递的途径，对生产企业广泛、及时、准确地收集市场情报和有关商品销售、消费等方面的反馈信息起着重要的作用。同时，中间商的批量购买，可使生产企业的资金尽快回笼，这在客观上对企业的流动资金起到了积极的调节作用。

5．有利于企业开拓市场，促进销售

现代产品社会，生产规模日益集中，企业市场辐射面在不断扩大，企业营销活动很难面面俱到，分销渠道起到市场扩散作用，从根本上解决了这一矛盾，促进了产品销售。

总之，分销渠道在实现商品所有权的转移，商品储存运输、编配分类、包装，以及搜集与传播顾客信息和资金融通等方面起到了重要的作用。当然在不同的分销渠道中，这些功能由不同的渠道成员承担。当渠道结构改变时，这些功能的结合方式也会发生变化，但所需承担的工作总量不变。

1.3 分销渠道的类型

1．直接分销渠道和间接分销渠道

按照商品在销售过程中是否经过中间商这一环节，可将分销渠道划分为直接分销渠道和间接分销渠道。

1）直接分销渠道

| 生产者 | → | 消费者或用户 |

图 6-1 直接分销渠道

直接分销渠道指产品从生产者流向最终消费者或用户的过程中不经过任何中间商转手的分销渠道，如图 6-1 所示。

直接分销渠道是生产者市场上商品销售的主要渠道，绝大多数机器设备、原材料和零件（元件）、部件都采用直接销售方式。当然在消费品市场中，也有不少商品或企业采用直接分销渠道。例如，雅芳公司的推销代表上门推销、戴尔电脑的网上订购，饮食店、糕点店也都采用直接销售的方式销售自己的产品。

2）间接分销渠道

间接分销渠道指生产者通过若干个中间环节（如代理商、批发商、零售商等），把商品销售给消费者或用户，如图 6-2 所示。间接分销渠道是消费品分销的主要途径。

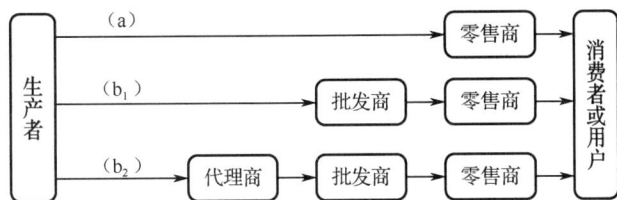
图 6-2　间接分销渠道

2. 长渠道和短渠道

按商品流通过程中介入的中间商数量，间接分销渠道可分为长渠道和短渠道。

（1）图 6-2 中的（a）属于一阶分销渠道。它和直接分销渠道都属于短渠道。对于价格较高的家用电器、个人电脑、名牌服装、汽车和其他贵重商品，大多数采用短渠道。

（2）图 6-2 中的（b₁）（b₂）属于二阶分销渠道。二阶和二阶以上的分销渠道属于长渠道。一般来说，绝大多数日用品、食品饮料、普通服装、标准零件，都通过长渠道来分销。

3. 宽渠道和窄渠道

按商品流通过程中同一层次中间商的数量，分销渠道可分为宽渠道和窄渠道。

渠道宽窄取决于分销渠道中每个环节使用同类型中间商数目的多少。企业使用的同类中间商多，产品在市场上分销面广，称为宽渠道。例如，一般的日用消费品（毛巾、牙刷、开水瓶等），由多家批发商经销，又转卖给更多的零售商，与消费者接触面广，可大批量地销售产品。企业使用的同类中间商少，分销渠道窄，称为窄渠道，它一般适用于专业性强的产品，或贵重耐用消费品，由一家中间商统包，再由几家经销。企业容易控制分销，但市场分销面较窄。

模块 2　分销渠道选择

2.1　影响分销渠道选择的因素

分销渠道选择恰当，可以使商品更快地转移到消费者手上，实现商品价值和使用价值。选择分销渠道类型，主要考虑以下几个因素。

1. 产品因素

产品本身的属性对分销渠道的构成影响很大。影响选择分销渠道类型的产品因素如表 6-1 所示。

表 6-1　影响选择分销渠道类型的产品因素

产 品 因 素	选 择 思 路	选 择 操 作 指 导
价格	渠道长短与价格成反比	价格高的产品采用短渠道
		价格低的产品采用长、宽渠道
体积和重量	渠道长短与体积重量成反比	体积大、笨重的产品采用短渠道
		体积小、轻巧的产品采用长渠道
类型及规格	品种规格越专业，渠道越短	日用消费品品种多、需求量大、挑选性强，选长渠道
		品种规格少但产量大，如粮食，选长渠道
		品种规格复杂的专用性产品，选短渠道
时尚特性	时尚性越强，渠道越短	式样多变、时尚性强的产品，选短、宽渠道
理化特性	商品耐损性与渠道长短成正比	易破、易坏、易腐烂产品，采用短渠道
		耐损性好的产品，采用长渠道
技术特征及服务要求	技术、服务性越高，渠道越短、越窄	技术含量高、需特殊服务的产品，采用短、窄渠道
		技术含量低、标准化的产品，采用长、宽渠道
用途	标准化程度越高，渠道越长	通用、标准件，选择长、宽渠道
		定制品、特殊设备，选择短渠道
生命周期	按生命周期的不同阶段进行选择	处于投入期，采用短、窄渠道
		处于成长期、成熟期，采用长、宽渠道

2．市场因素

市场大小、地理位置、目标市场的特征等因素影响着分销渠道类型的选择。影响选择分销渠道类型的市场因素如表 6-2 所示。

表 6-2　影响选择分销渠道类型的市场因素

市 场 因 素	选 择 思 路	选 择 操 作 指 导
市场大小	市场范围越大，要求渠道覆盖面越广，宜采用长、宽渠道	市场范围较大，宜采用长、宽渠道
		市场范围较小，宜采用短、窄渠道
市场的地理位置	市场地理位置越分散，要求渠道覆盖面越广，宜采用长渠道	地理位置集中，宜采用短渠道或直接渠道
		地理位置分散，宜采用长渠道
市场的季节性	季节性越强，渠道越短、越宽	季节性强的产品，宜采用短、宽渠道，抓住时机，扩大销售
消费者购买习惯	消费者对不同消费品的购买习惯，影响分销渠道的选择	日用品要求购买方便，宜采用长、宽渠道
		耐用消费品要求买得放心，宜采用短渠道
交易量大小	交易量越大，渠道越短	顾客一次购买量大，宜采用短渠道
		若是零星交易，则可通过中间商来供货

3. 生产企业本身的因素

1）资金能力

企业自身资金雄厚，可自由选择分销渠道，既可建立自己的销售网点，采用产销合一的经营方式，也可选择间接分销渠道。资金薄弱的企业最好依赖中间商进行产品销售和提供服务，可选择间接分销渠道。

2）销售能力

生产企业在销售力量、储存能力和销售经验等方面具备较好的条件，则应选择直接分销渠道。反之，则须借助中间商，选择间接分销渠道。另外，企业如能和中间商进行良好的合作，或能对中间商进行有效的控制，则可选择间接分销渠道。若中间商不合作或不可靠，将影响产品的市场开拓和经济效益，企业可选择直接分销渠道。

3）可能提供的服务水平

中间商通常希望生产企业尽可能多地提供广告、展览、修理、培训等服务项目，为销售产品创造条件。若生产企业无意或无力满足这些方面的要求，就难以达成协议，迫使生产企业自行销售。反之，提供的服务水平越高，中间商则越乐于销售该产品，此时企业可选择间接分销渠道。

4）发货限额

生产企业为了合理安排生产，会对某些产品规定发货限额，如四川"老干妈"辣酱发货，要求中间商以火车皮为单位订货，量少不发货。发货限额高，有利于直接销售；发货限额低，则有利于间接销售。企业的发货限额由中间商的资信限额决定。

[营销视野]

资信限额的确定

（1）根据客户类别和企业具体情况，确定每一个客户的资信限额，以此作为最高发货限额。

（2）资信限额按以下原则严格控制：调拨类、零售纯销类客户资信限额不得超过年销售回款计划或上年回款总额的15%；医院分销类客户资信限额不得超过年销售回款计划或上年回款总额的25%，如有特殊情况须报批。

（3）由于客户经营、回款发生变化，如果需要临时调整资信限额，须填报"客户超资信发货申请表"，由主管总经理批准后执行。

4. 环境特性

从宏观环境看，经济形势有较大的制约作用，如在经济萧条时，生产企业为控制和降低产品的最终价格，会尽量减少流通环节，取消非必要的加价。此外，政府有关

商品流通的种种政策、法规也会限制渠道选择的范围。例如，某些按国家政策严格管理或计划分配的商品，企业无权自销和自行委托销售；某些商品在完成国家指令性计划任务后，企业可以按规定比例销售，如专卖制度（烟）、专控商品（控制社会集团购买力的少数商品）。另外，税收政策、价格政策、出口法、商品检验规定等，也都影响着分销渠道的选择。

5. 竞争者因素

一般来说，生产者要尽量避免和竞争者使用一样的分销渠道。如果竞争者使用和控制着传统的渠道，生产者可选择使用其他不同的渠道或途径推销其产品。

例如，美国雅芳（Avon）公司在最初销售化妆品时，就没有采用传统的分销渠道形式，而是通过培训漂亮的年轻妇女，挨家挨户上门推销化妆品，结果赢利甚多。

另一方面，由于受消费者购买模式的影响，生产者有时不得不使用与竞争者相同的渠道。例如，消费者购买食品往往要比较品牌、价格等，因此，食品生产者会把产品摆在那些经营其竞争者产品的零售商店里出售。

2.2 分销渠道选择策略

无论是生产企业、中间商还是连锁经营的零售服务公司，他们都需要形成自己的分销体系，或借助外部的分销能力和物流载体，帮助产品从生产领域进入消费领域，有效地展开营销活动。

做糕点、饼干起家的达利，在渠道管理上却特别粗放，起初大概十几个销售人员，却有十几亿元的销售额。用经销商的话来说，达利的业务就知道"压指标、催款、压货"。而饮料行业，都是可乐、娃哈哈、康师傅等大咖，渠道管理工作精细而又落地。很多人预测达利会在这上面栽跟头。

现在网上还能查到当时业内人士对达利的预测："光会打广告是不行的""饮料不是这么玩的"等，一个看好的分析都没有。结果都懂的，达利抽了很多人的脸。达利的饮料还是一如既往的"粗放"，几百人做上百亿元的销售额，经销商还是说达利的业务只会"压指标、催款、压货"，而且达利当时找的经销商也多不是做饮料的所谓"专业"经销商。

他们是从渠道的顶层设计入手，让经销商承担了主要的区域推广职能，同时给了经销商更大的激励，给经销商设定更高的门槛和更高的指标，引入大量的非饮料经销商。纲举目张，经销商的潜力被释放出来，一些原本不会做饮料的经销商也开始会做饮料了。

说起来也简单，不跟其他大型饮料企业邯郸学步，企业干企业该干的事，出好的产品，打造品牌，跟消费者沟通，不越俎代庖，让经销商干经销商该干的事，区域的经营就交给经销商做，但给经销商设定很高的标准。厂商之间责、权、利特别清晰，经销商能动性调动起来了，企业自己也省心。

分销渠道选择策略，要根据渠道类型的特点和影响渠道类型选择的因素来确定。企业可选择的分销渠道策略如下。

1. 选择直接分销渠道策略

如果生产厂家根据自己的商品、市场的特点及企业经营目标与实力决定开展直接销售，那么就应该根据经营发展目标和市场、产品属性，合理选择直接销售的渠道形式，主要形式有自营店铺销售、无店铺销售、电子商务等。

1）自营店铺销售

自营店铺是企业直接经营的零售店，由生产厂家投资建立和管理，主要经营销售本企业的产品。一些实力雄厚的大品牌直接投资在大商场经营专柜或黄金地段开设专卖店进行零售。企业拥有自营店铺直接控制权，便于操作管理，可及时、准确地执行公司的营销理念、方针政策；同时自营店铺直接面对消费者，为公司决策提供了第一手的市场信息；自营连锁店面能有效显示公司的实力，提高企业品牌知名度、美誉度及公司的整体实力。

如图 6-3 所示，班尼路在广州的北京路上就开有大型旗舰店。旗舰店一般装修气派，货品齐全，服务规范。

对于体积不大、重量较轻的产品，顾客要求看货选购的产品，需要通过商品展示来宣传的产品，自营店铺销售是一种比较好的销售形式。自营店铺一般有 4 种形式。

图 6-3 班尼路

（1）企业投资建立。企业门市部是生产厂家直接投资建立的，资金要求不高。一般来说，只要有一块能吸引顾客光临的商业地盘，生产厂家就可以考虑自己投资建立自营店铺。当然，在投资建设之前，要分析顾客的购买行为、店铺的商业机会、商品属性等，以最终决定店铺位置、规模和规格。

（2）全资购买现存商店。在某些商业环境较好的市区内设立自营商店，可以最大限度地接近目标顾客。但由于场地限制，难以设立新店铺，因此，可购买现有的店铺，将其变为企业自营店铺。

（3）购买现存商店的部分股权。企业也可通过购买现存商店的部分股权，获得商店的经营权。

（4）租赁店铺。生产厂家通过租赁店铺开展对顾客的直接销售，可以减少对房地产的投入，从而减少投资成本。

2）无店铺销售

无店铺销售又称"无固定地点的批发和零售行为"。无店铺销售是现代市场营销的重要形式之一，但其与各种类型的店铺销售有着运作流程和管理方式上的巨大差异。无

店铺销售的基本类型包括直销、直复营销和自动售货机销售。

（1）直销、直复营销。直销也称访问销售或直接推销，是指直销企业招募直销员，由直销员在固定营业场所之外的地方直接向最终消费者推销产品的经销方式。其主要特点是直销者绕过传统批发商或零售通路，不通过固定零售店铺，直接从顾客处接收订单。直销在方法上有上门零售、家庭聚会零售、展示零售等；在形式上，按计酬方法不同分为单层次直销和多层次直销两种。

例如，2014年10月22日，东阿阿胶向商务部提交相关材料，申请直销经营许可并已缴纳2 000万元保证金，最终于2015年3月获得直销牌照。东阿阿胶相关负责人表示，东阿阿胶将直销业务定位为新渠道，作为现有分销渠道的补充，独立运作。

[营销视野]

直　销

2015年11月6日，北京大学中国直销行业发展研究中心发布研究报告《中国直销行业的经济、社会影响（2015）》。报告指出，截至2014年年底，中国合法直销市场规模接近1 350亿元人民币，与2011年800亿元的规模相比，增幅达68.7%。同时，世界直销协会联盟执行董事Tamuna Gabilala女士也在发布会上强调，虽然现在中国位居美国之后，但是相信在不久的将来，中国将成为世界上最大的直销市场。

据商务部统计数据显示，截止到2017年1月15日，商务部已批准直销企业81家，其中纯民族内资企业51家，外资企业28家。在全国设有407家省级分支机构和1.3万个服务网点，注册直销员人数超过280万人。直销产品包括化妆品、保健食品、保洁用品、保健器材、小型厨具和家电6大类，近4 000个品种，其中化妆品占80%。

直销和直复营销都是无店铺销售，两者的区别是，直销是推销员以个人方式面向消费者；直复营销则是以非个人方式（如通过电话、目录等）向消费者推销商品。

（2）自动售货机。全世界的自动售货机在1970年后发展迅猛，由最初出售口香糖、香烟或罐装清凉饮料和酒精饮料扩展到各种食品和日用杂货，而且延伸到服务领域，如自动提款机。

自动售货机的运营和管理由商品制造商或零售商负责，售货机生产厂家将机器以转让、出租或转卖的形式交付运营商，运营商再与机器设置地所有者签订协议，按照一定比例交纳场地占用费；运营商工作人员以便携式计算机与销售机和总部终端连接，及时接收信息指令，并兼做配送员，负责补充商品、取走货币、清洁卫生和信息管理等日常工作。其优势在于24小时连续营业，给消费者以极大的便利，而且由于实现了无人销售，可以大量节约劳动力，降低流通成本。其局限在于仅适合销售规格统一、质量保证、价格一定、及时性消费的商品和服务。

3）电子商务

电子商务通常是指在全球各地广泛的商业贸易活动中，在互联网开放的网络环境下，

基于浏览器 / 服务器应用方式，买卖双方不谋面地进行各种商贸活动，实现消费者的网上购物、商户之间的网上交易和在线电子支付，以及各种商务活动、交易活动、金融活动和相关的综合服务活动的一种新型的商业运营模式。

例如，华为手机目前采取了线上线下相结合的销售模式：荣耀系列主打性价比，利用互联网在线上销售；其他系列的手机则为实体销售。

[营销视野]

网 上 购 物

随着互联网的普及和移动终端的发展，消费不再是面对面的、看着实在的货物、靠纸介质单据（包括现金）进行买卖交易，而是通过网上琳琅满目的商品信息、完善的物流配送系统和方便安全的资金结算系统进行交易（买卖）。电子商务分为 B2B、B2C、C2C、O2O 等形式。

今天，网上购物已成为现实的一种需求，而智能手机的使用又给我们带来更多的用户体验和便利，随时随地上网浏览商品、查看订单等，不但提高了我们的购物体验，而且还为我们节省了时间。

在市场营销领域，互联网被用来发布厂家和商品信息，用于客户对适合自己需要的商品进行设计或选择，用于谈判和形成买卖契约，也可以用于交货（如软件产品、音乐和咨询报告等）和支付货款（使用电子货币）。人们把利用互联网进行的商务活动，统称为电子商务（E-Business）。它是无店铺销售的一种最新形式，正在迅速发展。

2．选择间接分销渠道策略

当企业决定采用间接分销渠道时，首先要决定渠道的长度和宽度。这包括两方面的问题：一是通过选择和采用长渠道或者短渠道确定商品流通的路线。这是纵向的渠道决策；二是确定构成渠道的同种类型的中间商的数量。这是横向的渠道决策。

因此，间接分销渠道的长短与宽窄的决策就是合理选择中间商及其组合的策略。一般来说，选择中间商主要考虑以下几个方面。

1）中间商的市场范围

市场是选择中间商最关键的因素。一是考虑预先选定的中间商经营范围所包括的地区与产品的预计销售地区是否一致；二是考虑中间商的销售对象是否是生产商所希望的潜在顾客，中间商能否打入企业已确定的目标市场，并最终说服消费者购买本企业产品。

2）中间商的产品政策

中间商承销的产品种类及其组合情况是中间商产品政策的具体体现。选择时一要看中间商有多少"产品线"（供应来源），二要看各种经销产品的组合关系，是竞争产品还

是促销产品。一般认为应该避免选用经销竞争产品的中间商，即中间商经销的产品与本企业的产品是同类产品。但是若产品的竞争优势明显，也可以选择出售竞争者产品的中间商。

3）中间商的地理位置

选择零售中间商最理想的位置应该是顾客流量较大的地点。批发中间商的选择应考虑它所处的位置是否利于产品的批量储存与运输，通常以交通枢纽为宜。

4）中间商的产品知识

许多中间商被规模庞大、品牌声誉高的生产商选中，是因为他们对销售某种产品有专门的经验。选择对产品销售有专门经验的中间商会很快地打开销路，因此，生产企业应根据产品的特征选择有经验的中间商。

5）中间商的预期合作程度

中间商与生产企业合作意愿强烈或合作愉快，中间商就会积极主动地推销企业的产品。生产企业应根据产品销售的需要确定与中间商合作的具体方式，然后再选择最有合作意向的中间商合作。

6）中间商的财务状况及管理水平

中间商能否按时结算货款或预付货款，取决于其财力的大小。中间商销售管理是否规范、高效，关系着企业营销的成败，而这两个方面都与企业的发展息息相关。

7）中间商的政策和技术

采用何种方式推销商品及运用选定的促销手段的能力直接影响销售规模。有的产品比较适合广告促销，而有的产品则适合人员推销；有的产品需要有效储存，而有的产品则应快速运输；要考虑到中间商是否愿意承担一定的促销费用，以及有没有必要的物质、技术基础和相应的人才。选择中间商前必须对其所能完成某种产品销售的市场促销政策和技术的现实可能程度做出全面评估。

8）中间商服务能力

现代商业经营服务项目越来越多，选择中间商时要看其综合服务能力如何，有的产品需要中间商向顾客提供售后服务，有的产品在销售时要提供技术指导或财务帮助（如赊购或分期付款），有的产品还需要有专门的运输存储设备。合适的中间商所能提供的综合服务项目与服务能力应与企业产品销售所需要的服务要求相一致。

因此，企业选择中间商时，要全面考察中间商的实力、行销意识、市场能力、管理能力、口碑、合作意愿，以及是否对市场有信心等因素。

3. 选择渠道终端策略

为最大限度地提高产品分销的效率，无论企业之前选择的是直接分销渠道，还是间接分销渠道，或是两种渠道的整合，都必须考虑渠道终端网点的数量。

终端销售点是指商品离开流通领域，进入的消费领域发生地。对于消费品而言，它是零售地点；对于生产资料而言，它是送货站。终端销售点是企业实现自己经营目的的前沿阵地。企业产品能否最终销售出去，以及能否最终实现理想的经济效益，都直接与终端销售点的选择和经营有关。因此，作为分销管理的第一步就是选择最符合企业产品或服务特点的终端销售点，然后通过有效管理实现销售目标，否则，从企业到终端销售点的整个分销工作都将会成为低效甚至无效劳动。对于一个企业来说，进入市场组织商品销售的第一步，就是选择终端销售点。

企业选择终端销售点，就是要打破过去那种"姜太公钓鱼，愿者上钩"式漫无目标的销售方式，把商品送到消费者最愿意光顾、最容易购买的地方去销售，便于顾客及时购买。

1）影响选择渠道终端策略的因素

（1）根据消费者收入和购买力水平选择。收入水平的高低是企业了解商品购买者和选择终端销售点的重要依据。购买力水平高的消费者，购买量大、购买档次高。不同收入水平的消费者对商品购买地点的选择和要求也不同。因此，企业在选择终端销售点时，必须考虑不同地区个人可支配收入及个人可任意支配收入的水平。一般来说，收入水平高、购买力强的消费者选购商品相对较多，且愿意到规模较大、装潢漂亮、声誉较高的商店购买。

考虑到收入水平对终端销售点选择的影响，企业要注意自身经营商品的特点。如果是一般大众消费品，市场进入难度小，企业可考虑在不同的收入水平地区（包括城乡）广泛设点。

（2）根据目标顾客出现的位置来选择。企业必须不断跟踪调查消费者需求，即不论消费者出现在哪里，适合满足消费者产生需要或购物欲望的商品就要同时出现在哪里。企业要认真研究消费者可能的活动范围，以及可能产生的需要和购买欲望有哪些。一般而言，目标顾客经常出现的地点有居民区、商业街、学校、医院门口、游乐场、车站、码头、公园、休闲处、工作场所边缘、交通干线等。

（3）根据顾客购买心理来选择。不同顾客的购买兴趣、关注因素、购物期望等心理特征是不同的。顾客的购买心理直接影响其购买行为，因此，如果不考虑顾客在一定条件、时间和地点下的购买心理，盲目选点，往往会产生不理想的效果。

（4）根据竞争需要来选择。一个企业在选择终端销售点时，无论从生存的角度还是从发展的眼光来看，都必须考虑竞争对手的情况。为此，要考虑的因素主要有竞争对手数量、竞争对手策略、竞争优势策略等。一般而言，竞争对手的数量越多，选择终端销售点的难度就越大。企业在选择终端销售点时，不应采取与竞争对手同样的策略。

（5）根据销售方式来选择。销售方式主要是指企业销售产品时所采取的形式，它主要包括店铺销售和无店铺销售两种。在现代市场条件下，销售方式正出现多元化趋势。因此，企业在选择终端销售点时，既可采取某一类销售方式，也可同时采用多种销售方式，并使它们相得益彰。

2）可选择的渠道终端策略

企业根据终端销售点的密度，以及自身和市场环境的现状和变化趋势，可采取不同的渠道终端决策。企业在确定渠道终端网点的数量时，有3种策略可供选择，它们之间的关系与区别如表6-3所示。

表6-3　独家分销策略、普遍分销策略和选择性分销策略

分销类型	含　义	优　势	不　足	适　用
独家分销策略	生产企业在某一地区仅通过一家中间商销售产品	提高商品形象，拉开商品档次差距；排除了竞争，利润较高；生产企业有利于控制中间商，提高中间商的经营水平，加强产品的形象，增加利润	因缺乏竞争，顾客的满意程度可能会受到影响	适用于顾客非常重视品牌，尤其是重视私人品牌的商品，如钢琴、轿车、钻石饰品；还有生产资料产品，如钢材、化工板料等
普遍分销策略	生产企业尽可能通过更多的中间商为其销售产品	市场覆盖率高；进入新市场的速度快；消费者和用户能随时随地买到新产品	生产厂家要承担起商品的广告宣传，也要进行赠品包装、购买奖励等促销活动，渠道管理成本相对较高	适用于顾客重复购买频率高的商品；顾客购买前较少选择的商品；顾客购买欲望容易消退的商品；不宜长期存放的商品；对于竞争对手或替代品较多，而自身品牌竞争力相对较弱的商品
选择性分销策略	有选择地利用中间商来销售企业产品	能提高商品形象、强化推介力度、增加商品选择率	销售范围小	适用于耐用品；挑选性较强的商品；具有较强实用性的新产品；档次较高、价格偏高的产品；需要提供一定销售服务的商品

（1）独家分销策略。厂家与经销商之间的关系密切，通常双方协商签订独家经销合同，规定不得同时经营第三方，特别是竞争对手的产品。这一策略的重心是控制市场、控制中间商，或者是彼此充分利用对方的商誉和经营能力。

独家分销策略有一定的风险，如果一家中间商经营不善或发生意外情况，生产者就要蒙受损失。

（2）普遍分销策略。普遍分销策略适用于以下商品的销售：

① 顾客重复购买频率高的商品，如食品、饮料、卫生纸、牙刷、牙膏、洗衣粉等日用品。采用该策略销售以上商品，可以节约顾客购买时间和精力，减少顾客购买成本。

② 顾客购买前较少选择的商品，如礼品、小五金、小工具、计算机软件、通俗图书、小型体育用品、办公文具等。顾客对这类商品需求量一般不大，购买频率也低，但由于顾客较少选择，随时随地供应就是争取顾客购买的重要途径。

③ 顾客购买欲望容易消退的商品，如装饰品、节日用品（月饼、贺卡等）、儿童玩具、一般艺术品等。这类商品虽然是偶尔发生需求，但一旦时过境迁，这种需求就会消失。因此，采用普遍分销策略就是为了在顾客想购买时能及时买到，避免因供求双方时空上的差异造成顾客流失。

④ 不宜长期存放的商品，如鲜花、水果、肉制品、鲜奶、鸡蛋等。这类商品应当争取让每一个顾客都能够最方便地购买，以便快速地销售和消费。

⑤ 对于竞争对手或替代品较多，而自身品牌竞争力相对较弱的商品，可以通过采用普遍分销策略，增加网点密集度，方便顾客购买，用网点优势来弥补品牌不足。

例如，OPPO 与 VIVO 两家门店（以下简称 OV）将中国式普遍分销做到了极致，实现了终端网络体系全覆盖。在小米等企业大谈互联网模式、去渠道中间环节的时候，OV 正利用其庞大的代理商模式，通过门店、服务中心、体验中心渗透到一线至四线城市，甚至是五六线城镇。

两家公司的线下店如孪生兄弟般成双成对地出现在中国的大街小巷、乡村小镇，只要看到 OPPO 门店（见图 6-4），不出 50 步必有 VIVO 门店（见图 6-5），可以说 OPPO 门店、VIVO 门店的市场已经覆盖到了 4～6 级市场。

图 6-4　OPPO 门店

图 6-5　VIVO 门店

一般 3 级市场是主流手机品牌市场人员覆盖的一个边际点，到 4 级就无法覆盖了，但 4 级市场主要是城镇，拥有 3.5 亿人口，恰恰是消费品的决定性市场，同时城镇向下对农村消费具有极强的吸附、引领和引爆作用。4 级市场相当于整个消费市场巨人的"腰"，对上支撑，对下引爆，OV 以占领 4 级市场为核心，实现了从 1～6 级的终端渠道全覆盖。

在整个江苏，我们对市县级及县以下级别的手机市场做过调研，OV 阵营组合几乎占据了 80％ 的户外广告资源和店面展示资源，对于一般消费者，目之所及皆是蓝色（VIVO）和绿色（OPPO）的海洋。置身其中，让你感觉 OV 就是智能手机的唯一代表，买智能手机就是要买 OV，同时 OV 通过利益共享机制，将线下曾经被边缘化的大小商户，以及线上被边缘化的传统纸媒等渠道打通，建立了"统一战线"，发动终端"人民战争"。这种全覆盖漫灌洗脑的人民战争模式，使有点盲目从众的这一目标消费群体没有别的选择。OV 就是把普遍分销做到了极致。

（3）选择性分销策略。有些商品顾客需要认真选择才会购买，这是因为顾客不但要求商品质量可靠、档次高，而且希望买得放心。因此生产厂家在一定的市场区域内，通常会对经营企业产品的中间商进行选择，不但要求他们具有该类产品的销售能力和意愿，而且要求他们具有较高的商誉和信誉，愿意接受顾客并提供产品展示、推介和销售服务。如果光顾的顾客相对较多，就容易产生购买欲。这种有选择地利用中间商来销售企业产

品的分销策略，称为选择性分销策略。采用选择性分销策略能提高商品形象、强化推介力度、增加商品选择率。选择性分销策略主要适用于下列商品的分销：

① 耐用品，尤其是名牌或者有一定知名度的耐用品，如家电、家具；

② 挑选性较强的商品，如服装、鞋帽等；

③ 具有较强实用性的新产品，如新型化妆品、健身器材；

④ 档次较高、价格偏高的产品，如金银首饰、玉器；

⑤ 需要提供一定销售服务的商品，如需验光配制的眼镜。

选择性分销渠道的中间商在顾客心目中具有一定的地位、具有较强市场开拓和渗透能力，他们大多愿意举办热烈、有吸引力的店堂促销活动，如 POP 广告、有奖销售等。生产厂家也愿意通过这些中间商的帮助，开展比较热烈的店堂内外促销宣传活动。

模块3 分销渠道冲突

2018 年"双十一"前夕，一种现象在家电业快速发酵：大量来自家电连锁大卖场、电商平台、家电企业库存的低价产品，向三四级市场、村镇市场快速流窜，引发一轮前所未有的窜货大潮。如图 6-6 所示。

"原本窜货大多发生在淡季，各地家电窜货商们在区域市场低价放货，冲击市场渠道商和实体店的生意。而在重要的销售节点前，这场窜货潮来势汹涌，主要是由于今年整个市场持续低迷，电商、连锁大卖场、经销商的日子都不好过，厂商的库存量也较大，他们都想借着"双十一"清理库存。同时，行业内部分商家通过恶意低价及内外勾结等方式频繁窜货，牟取利益，导致家电产品价格体系紊乱"。一位知名品牌的经销商透露。

图 6-6　窜货

窜货现象主要是由供需矛盾和价格差引发的。最早代理商只能从当地经销渠道拿货，但当空调等季节性产品迎来旺季时，各地区往往会出现供需不平衡，窜货现象就随之发生了。

《证券日报》记者调查了解到，一般市场上的窜货主要有 3 种情况：区域性经济圈互窜。通常国内的县、镇市场紧邻，会形成产品跨区域流转；部分终端批发商在进货时带货，故意将一些大品牌产品低价销售；在节假日或者促销的关键节点，厂家与经销商主导促销，产生跨区域窜货。

而在"双十一"预售期，热水器等制暖产品或者洗衣机的窜货最为严重。在销售旺季前夕，面对当地市场短期内可能出现的供不应求的情况，部分经销商和终端平台为了备足货，会想尽办法从周边渠道窜货。电商低价产品也被厂商从线上向线下开仓放货，

这让大量游走于灰色地带的窜货商们快速活跃起来。

近年来，家电品牌丛生，产业洗牌现象严重，在利益的驱动下，窜货更加肆无忌惮，这一现象的活跃也受多种因素影响。部分厂商产品的出厂价或政策力度在全国市场不统一、经销商之间恶意竞争，都容易造成窜货。随着市场竞争加剧，很多厂商将渠道下沉的战线拉到了县城及乡镇以下的外围市场，发展由在行业内摸爬滚打多年的业务员组成的二级批发商，但部分二级批发商在当地与经销商矛盾突出，恶意倒货，出现擦码、低价销售等行为，扰乱市场秩序。

"窜货有利可图，致使这一现象长期存在于家电产业中，经久不衰。产品价差超过2%，（窜货商）窜起货来利润就非常可观。"一位家电品牌的一级代理商经理表示。

? 思维训练

请分析上述案例中渠道冲突产生的原因。企业应如何预防和处理窜货？

3.1 分销渠道冲突的含义

1. 分销渠道冲突的概念

分销渠道冲突是指渠道成员之间因利益关系产生的种种矛盾和不协调。渠道冲突是一种直接的、受个人情感因素影响的、以对手为中心的渠道成员之间的争执、敌对和报复行为。渠道竞争是一种间接的、不以目标为中心的渠道成员之间的竞争行为。渠道竞争如果表现为对抗性，即为渠道冲突。

分销渠道的选择策略是渠道成员在不同角度、不同利益等多因素影响下完成的，因此，渠道冲突是不可避免的。

2. 分销渠道冲突的根本原因

分销渠道冲突是以渠道成员间相互依赖合作为前提，如果没有渠道成员间的这种相互依赖合作关系，也不可能产生分销渠道冲突。导致分销渠道冲突产生根本原因有以下几点。

1）目标不一致

渠道成员之间是一种竞合关系。渠道成员有着某些共同的目标，作为个体又有其自身的目标，这些目标在某些情况下会产生矛盾，从而引发冲突。例如，渠道成员对长期目标的追求与短期目标的追求常常出现不一致的情况，从而会出现采取不同的销售措施，而这些措施会干扰其他成员目标的实现，进而引发分销渠道冲突。

例如，某百货店的男士衬衫部同时销售3种品牌的衬衫。该部门的销售目标已超额完成，再卖出哪个品牌的衬衫都无所谓。而对于制造商来讲，其特定品牌产品的销售量和市场占有率决定其"生死存亡"，其品牌销售观与零售商有着天壤之别。若其中某个

厂商感到零售商无视其品牌，零售商的行为就会被厂商视为对其所定目标的阻碍，由此也就埋下了目标冲突的种子。

2）利益不一致

渠道成员之间不仅有着某些共同的利益，还有各自的利益。渠道成员为获取个体利益，可能会干扰其他成员的利益，从而引发分销渠道冲突。渠道成员之间不仅会出现长期利益与短期利益的矛盾，还会出现一些包括提成、返点、折扣、奖励等方面的矛盾。渠道成员在追求自身利益最大化的过程中往往容易出现争抢客户资源的情况，甚至进行窜货销售，从而引发分销渠道冲突。

3）分工不明确

渠道成员之间的分工直接关系到各自的权、责、利和风险。渠道管理过程中难免会出现权利和责任划分不明确的情况，由于渠道成员都是趋利避害的，因此，各渠道成员在出现问题时容易出现推卸责任、逃避风险的情况，如谁负责售后服务问题、促销时各渠道成员承担的责任问题等。

4）沟通障碍

渠道成员的目标和利益不一致、分工不明确等问题在很大程度上是由于沟通障碍造成的，这些沟通障碍主要包括沟通不及时、沟通信息传递出现失真、成员对信息的理解出现偏差和失误等。由于沟通障碍导致不同的渠道成员在营销过程中采用不同的措施，从而引发分销渠道冲突。

5）渠道成员市场知觉差异

例如，生产企业预测近期经济前景良好，要求经销商的存货水平高一些，而经销商却可能认为经济前景不容乐观，不愿保留较多的存货。

还有，渠道成员因销售政策决策权分歧、销售目标差异、信息沟通困难、角色定位不一致、责任划分不明确等原因，使渠道成员之间的关系因相互缺乏沟通而趋于紧张。

3. 分销渠道冲突的基本类型

微课 分销渠道
冲突的类型

1）水平渠道冲突

水平渠道冲突是指同一渠道模式中，同一层次中间商之间的冲突。产生水平渠道冲突的原因大多是生产企业没有对目标市场的中间商数量、分管区域做出合理的规划，使中间商为各自的利益互相倾轧。这是因为在生产企业开拓了一定的目标市场后，中间商为了获取更多的利益必然要争取更大的市场份额，在目标市场上展开"圈地运动"。

在企业拓展市场的竞争中，要从水平方向拓展渠道，针对分销商的竞争是异常激烈的，同时，渠道分销商之间也会频繁发生冲突和竞争。企业应凭借其强大的渠道权力和影响力，运用渠道冲突管理中利益协调的核心机制，在各渠道成员之间进行合理的利益

分配，最大限度地避免和化解分销商之间的渠道冲突。

宝洁公司历来重视对经销商的权责管理，因为这样既可以维持宝洁公司在经销商选择上所一贯坚持的高标准、严要求，同时对经销商的区域权力也做出了详细的规划安排，以避免水平渠道冲突的发生。比如，在对大的零售商的管理中，就明确规定了宝洁公司对各分销商的区域权力进行明确划分，其他分销商不得干涉。在权责明确划分的同时，宝洁公司也十分重视对分销商的激励机制，良好的激励机制本身也是对水平渠道冲突进行管理的有效方法。

同时，宝洁公司还善于利用信息共享来协调各种可能的矛盾，不但在宝洁公司和各级分销商之间，而且在同级的分销商之间也充分实现信息共享，从而有效地避免了水平渠道中因成员在信息方面的阻隔所导致的冲突。

宝洁公司处理水平渠道冲突的另一利器是帮助经销商进行宝洁式的管理改造，来增加对渠道管理的可控度。其改造的步骤是：首先，宝洁公司内部组成一个跨部门的工作小组，对经销商进行诊断，找出其管理上的问题和不足，并且同经销商一起制订符合宝洁公司管理标准的改造计划；接着，经销商自行按照计划进行改造，工作小组提供各种支持，特别是为经销商提供导向性的咨询服务；最后，使改造后的经销商与其营销有关的职能部门拥有同宝洁公司相似的组织机构及运作管理方式。

2）垂直渠道冲突

垂直渠道冲突指在同一渠道中不同层次企业之间的冲突，这种冲突较之水平渠道冲突要更常见。某些批发商可能会抱怨生产企业在价格方面控制太紧，留给自己的利润空间太小，或提供的服务（如广告、推销等）太少；零售商对批发商或生产企业可能也存在类似的不满。

垂直渠道冲突也称渠道上下游冲突。一方面，越来越多的分销商从自身利益出发，采取直销与分销相结合的方式销售商品，这就不可避免地要同下游经销商争夺客户，大大挫伤了下游渠道成员的积极性；另一方面，当下游经销商的实力增强以后，不满意目前所处的地位，希望在渠道系统中有更大的权力，向上游渠道成员发起了挑战。在某些情况下，生产企业为了推广自己的产品，越过一级经销商直接向二级经销商供货，使上下游渠道间产生矛盾。因此，生产企业必须从全局着手，妥善解决垂直渠道冲突问题，促进渠道成员间更好地合作。

号称不懂营销不识字的老干妈创始人陶华碧，在渠道运作上做得游刃有余。

在大家倡导"渠道精耕"的时候，她还在一五一十地坚持着大区域代理制度。与很多企业做大了就"削藩"相反，老干妈做大了之后，对于做得好的经销商，还会扩大他的市场区域，让经销商管理经销商。老干妈只有非常少的销售人员，在这方面投入的精力和资源极少，市场管理基本上都是经销商在做。

用老干妈经销商的话说："经销商去管理市场，比厂家经理更要尽心，而且绝不会投机倒把。最关键的是，他懂得如何协调分销商内部的矛盾。"

令许多企业汗颜的是，看似粗放的老干妈渠道模式，市场工作却做得极为细致，终

端表现也非常强势，老干妈辣酱做个特价，终端都忙不迭地送堆头、送 DM。良性的渠道运营，支持着老干妈几十亿的销售业绩和快速增长。企业也有更多精力去做产品创新、品牌建设、规划发展战略等本来该企业去做的事。

3）不同渠道间的冲突

随着顾客细分市场和可利用的渠道不断增加，越来越多的企业采用了多渠道营销系统，即进行渠道组合、整合。不同渠道间的冲突指的是生产企业建立多渠道营销系统后，不同渠道服务于同一目标市场时所产生的冲突。

中国医药物资协会主办的 2017 大健康产业西湖论坛暨第八届中国医药物资协会连锁药店分会年会在杭州萧山隆重开幕。

论坛围绕"健康中国"和"互联网＋"，结合医改的深化、药品新零售、智慧药店展开了广泛而深入的探讨，众多与会专家、企业家也在一些行业的发展方向上达成了一定的共识：药店从"卖产品"向"卖服务"转型；医药商业也将从"药品配送商"向"供应链服务商"转型；药品销售将向线上线下整合的"新零售"方式升级转型。

"新零售"是线上线下整合的药品销售方式，但是我国药品行业长期处于"渠道为王"的状态当中，制药企业非常依赖传统线下渠道，各制药企业在开展"新零售"的时候，对线上销售渠道的认知其实并不充分，对线上线下渠道的理解也不够深入，产生了一系列的渠道冲突。

线上与线下渠道并存的模式下，如果医药企业不对渠道冲突进行有效地控制，会带来灾难性的后果，特别是线上渠道不可避免的要从线下抢夺客户，导致线下经销商的对立，如果线上与线下的利益难以均衡，线上渠道的引入导致线下渠道利润的大幅下降，就会导致价格混乱，企业的各种策略难以在渠道内执行，最终影响企业品牌的形成。

因此，生产企业要重视引导渠道成员之间进行有效的竞争，防止过度竞争，并加以协调。不同渠道间的冲突在某一渠道降低价格（一般发生在大量购买的情况下）或降低毛利时，表现得尤为强烈。

从本质上说，渠道冲突是经济利益的冲突。厂家与厂家、厂家与中间商、中间商与中间商之间的冲突是不可避免的，这既源于强烈的逐利动机，又迫于残酷的市场竞争。凡事都有利有弊，从某种程度上讲，渠道冲突表现出一种强大的推动力量，迫使企业管理者不断地提高渠道管理水平。所以，企业只有及时协调渠道冲突，才能达到与渠道成员双赢的目的。

3.2 分销渠道冲突的表现（窜货）

在营销实践中，跨区销售通常被称为"冲货"或"窜货"，是企业销售网络中的分销机构受短期利益驱使，违反销售协议，有意识跨区域低价销售产品，并造成市场混乱和严重影响厂家声誉及渠道关系的恶性销售行为。

事实上，窜货既可能是以高于厂商规定的某区域的市场价格向辖区之外的市场"倒货"的行为，也可能是以低于厂商规定的某区域的市场价格向辖区之外的市场"倾销"产品的行为。

1. 造成窜货的原因

分销渠道成员都是独立的经济实体，追求利益是渠道的天性，同时，受渠道的复杂性、厂家制度的偏颇及管理不力等因素的影响，很多时候跨区域窜货是无法完全规避的。窜货的本质是渠道成员对利益的无节制追求及厂商之间单纯的买卖经销关系，其主要原因如下。

1）价格体系混乱

在生产企业价格体系中，存在着价差太大的问题。目前，不少企业在产品定价上依然沿用传统的价格体系，即总经销价（出厂价），一批、二批、三批价，最后加个建议零售价。这种价格体系中的每一个阶梯都有一定的折扣，导致批零价差大。如果总经销商直接做终端，其中两个阶梯的价格折扣就成为相当丰厚的利润，从而成为窜货的基础，如图 6-7 所示。

图 6-7　窜货

由于存在以下价差，为窜货提供了可乘之机：大小客户存在价差，大客户销量大，因此可以拿到更低价格；季节价差大，导致一些代理商乘淡季屯货；地区价差太大。

例如，A 市某啤酒厂生产的瓶装啤酒，在本地市场售价为 2.6 元 / 瓶，经销商从啤酒厂的批发价为 2.3 元 / 瓶，该啤酒厂为了扩大销售量，决定开拓距 A 市 100km 的 B 市市场。但 B 市也有啤酒生产厂，且 B 市啤酒市场竞争比较激烈，所以 A 市啤酒厂决定在 B 市销售的啤酒批发价格为 2.0 元 / 瓶，市场零售价为 2.4 元 / 瓶。该计划实施不久，A 市啤酒厂发现了一重大问题，即市场出现了窜货行为。这种窜货行为严重干扰了啤酒厂的日常运营。

原来，该计划实施不久，A 市场经销商就发现，假如和 B 市经销商达成私下交易，双方均能获利。也就是说，A 市经销商不再从啤酒厂批发啤酒，转而从 B 市经销商处批发 A 市啤酒厂的啤酒，批发价为 2.1 元 / 瓶，然后回到 A 市销售，这样 B 市经销商不损失一兵一卒，每瓶就能获利 0.1 元，而 A 市经销商能以更低的价格获得商品，由于 A 市距 B 市仅有 100km，把运费加到每瓶啤酒的价格中，仍远低于从啤酒厂的批发价，因此有更大的利润空间。利益因素导致了 A 市啤酒厂的啤酒由 A 市运到 B 市，瞬间又被运回到 A 市进行销售，不但 B 市消费市场没有打开，总体销售量没有提高，而且市场还被扰乱了。

调价前后的价差大，价格变动前信息控制不严，造成一些经销商或者个人囤积货物，

137

等涨价后，再低价出货牟利，造成窜货；有些企业看似公平，但实际上对不同市场促销返利不同，促销政策导致的价差大，使得经销商和代理商有价格操作空间，埋下窜货的隐患。

2）销售结算便利

现如今使用银行承兑汇票或其他结算形式（如易货贸易）进行结算非常普遍。在这些便利的结算方式下，渠道成员大多提前实现利润或当期成本压力很小。出于加速资金周转或侵占市场份额的考虑，以利润贴补价格，从而形成向周边市场低价窜货的情况。

3）销售目标过高

在当前市场上，不少国内厂商依然缺乏或没有市场调研意识，盲目向渠道成员增加销售指标。而渠道成员为了完成厂商下达的指标，不惜采取非正当手段，很容易诱导或逼迫渠道成员走上窜货的道路。

例如，吴某为某知名高档白酒 A 地总经销商。2017 年，厂商在当地下达的合同任务额为 2 500 万元，完成 80%，年度返利 2%，低于 80% 没有返利。结果当年实际销售回款为 1 760 万元，未完成合同任务额的 80%，造成 30 多万元的返利没能拿到。由于厂商许诺 2018 年在吴某所在市场投放不低于 300 万元的媒体宣传及市场推广活动费用，所以合同任务额定为 3 000 万元。如果完成任务，年度返利 3%，返利额为 90 万元。鉴于 2017 年间接损失返利几十万元的教训，2018 年吴某联络临近区域的十几家 B 地分销商在距离年终 3 个多月的时候开始暗地里窜货，共同套取厂商利益，最终吴某年底拿到超额返利奖金，然而却给厂商造成了损失。

4）渠道成员激励不当

为激励渠道成员提高销售量，许多厂商都对渠道成员实行"年终奖励"等返利措施。并且通常情况下，超额完成越多，年终奖励就越高。这样，就导致那些以做量为根本，只顾赚取年终奖励的渠道成员为了获取更高级数的差额，不择手段地向外"侵略"，从而形成窜货。

例如，有一家食品企业，为了实现 2.5 亿元的年度销售目标，采取了类似强心针的通路促销措施，刺激经销商多进货。该企业对所有的经销商，包括一级经销商和二级经销商，进一件产品就赠送一袋产品，一段时间后此促销措施不起作用了，就又发展到进一件产品送两袋产品，最后发展到进一件产品送三袋产品，拼命地向通路环节"压货"。

经销商肯定不愿错过这难得的赚钱机会，都争先大量进货。但终端市场的容量毕竟是有限的，终端市场在短时间内根本无法消化这么多产品，于是造成各级经销商库存积压严重。经销商为了减少积压的库存，回笼资金，加快资金周转，就低价抛售。同时，经销商也早就算好了，因获得了厂家的进货折扣，折算后即使低价抛售也不会亏。

如此一来导致窜货，经销商低价甩卖，产品价格越来越低。由于频繁使用通路促销来刺激经销商，没用半年时间，价格就彻底卖穿了，经销商的正常利润变得十分微薄，有些经销商就掉头去经销其他利润高的产品了。

5）市场推广费用使用不当

市场推广费用本是厂商运作市场的一种基本投入。一些厂家因为缺乏相关的策划人才，同时迫于渠道成员的压力，按一定销售额的比例作为市场推广费用拨给渠道成员使用。市场推广费用由渠道成员自己掌握，等于是变相降价，造成新的价格空间，从而形成窜货基础。

6）其他原因

厂商与渠道成员之间不愉快的合作经历，或者厂商没有兑现自己的承诺，造成渠道成员打击报复，形成恶意的低价或高价窜货。当渠道成员资金困难急需套现时，也会不惜低价倾销。还有来自厂商内部的销售人员，出于自身利益的考虑，擅自改变资源配置方向，从而造成窜货。

2. 窜货的危害分析

1）扰乱市场价格

渠道管理的一个关键是维护合理的价格体系，确保每个层面价格的稳定，杜绝和限制任何有可能引起价格混乱的行为。对于拥有数量众多渠道成员的大型企业来讲，维护价格的统一和稳定是一个巨大的挑战。而窜货会从根本上扰乱企业整个经销网络的价格体系，引发价格战。

"我几乎每天都能接到经销商投诉的电话，而总部却总说要从长远考虑。"创维一位大区总经理无奈地对记者说。

创维是国产彩电企业中对新兴渠道发力最早的企业，2009年创维的销售收入突破200亿元，其中电子商务、团购等直销渠道的规模达到5亿元。创维不仅在淘宝、拍拍上开设品牌店，由总部直接供货外，2008年还与京东建立了长期合作，目前京东是创维销售规模最大的电子商务渠道。

"在广州番禺卖一台42寸（1寸=0.033 3米）液晶电视，价格是6 000元，但现在番禺的顾客在网上用4 000元就能买到同样的电视而且还可以快递到家。"一位创维的经销商向记者抱怨，"如果京东的规模继续扩大，我们还怎么做？"现在京东在网上销售一些低价产品，广州的消费者订购了，北京、上海直接将货发给广州，这其实就等同于将北京的货窜到了广州。

2）导致生产厂家利润下滑，影响企业决策分析

经销商向辖区以外倾销产品最常用的方法是降价销售，低于厂家规定的价格。厂家为了调动经销商的积极性，有时不得不给经销商经销补差或暗返，以弥补经销商的损失，这势必影响到厂家的利润水平。如发往甲地的货物被悄悄销往乙地，其"业绩"体现在了甲地，在企业未确定窜货时，总部会得到这样的虚假数据，因而造成企业决策分析的失误。

案例 跟娃哈哈学终端管理

3）打击经销商积极性，引发渠道冲突，殃及整个渠道关系

经销商销售某品牌产品的最直接动力是利润，当窜货引起价格混乱时，经销商的正常销售就会受到严重干扰。利润的减少会使经销商对品牌失去信心，丧失积极性并最终放弃销售该产品。个别地区的经销商如果长期进行窜货，必然会引起其他区域经销商的抱怨，其他经销商有可能通过以假乱真或价格战等形式进行反击。如此一来，市场秩序变得愈发混乱。

例如，假露露层出不穷，真假难辨，严重影响了真露露生产厂家的利益。真露露的市场份额正在被假露露侵占，其损失令人痛心。假露露无论从包装还是文字上，均与真露露极为相似，消费者不注意根本分辨不出来。假露露偷工减料，质量低劣，严重损害了真露露的声誉。一些经销商、个体老板明知是假冒产品，却因假品牌"假得真"而纷纷进货。一时间，假露露泛滥成灾。

假露露的价格比真露露要便宜很多，导致真露露反而因"价高"滞销。某小店老板反映他卖的真露露因价格比假露露高，招来消费者的误会，以为该店总是卖高价产品。假露露低价倾销，迫使真露露价格一降再降，厂家利益严重受损。

4）以低价为特征的窜货为假冒伪劣商品提供了空间，影响消费者的消费信心

消费者对品牌的信心来自良好的品牌形象和规范的价格体系。名牌的一个特质，即比别人卖得贵，这是从价格角度提出对名牌的市场要求。

5）影响渠道控制力和企业形象，降低品牌忠诚度

在品牌消费时代，消费者购买商品的前提是对品牌的信任。由于窜货导致的价格混乱会损害企业形象，一旦品牌形象不足以支撑消费信任，企业通过品牌经营的战略将会受到灾难性的打击。市场面临着虚假繁荣中的萎缩或退化，给竞争品牌以乘虚而入的机会。

3. 窜货的预防和处理对策

事实上，没有窜货的市场，是不红火的市场。窜货现象本身从一个侧面反映出市场对产品需求的信号。但大量的窜货，一定是非常危险的。窜货的发生需要具备三个条件：窜货主体、环境、诱因。所以，要想从根源上解决窜货问题，就必须从这三点入手。

案例 京东商城窜货 犯家电业大忌 遭遇 连锁巨头封杀

1）选择好经销商

在制定、调整和执行招商策略时要明确的原则是避免窜货主体出现或增加。要合理制定并详细考察经销商的资信和职业操守，除了从经销的规模、销售体系、发展历史等方面进行考察外，还要考察经销商的品德和财务状况，防止有窜货记录的经销商混入分销渠道。对于新经销商，企业不太了解他们的情况，一定要做到款到发货。宁可牺牲部分市场，也不能赊销产品，防止某些职业道德差的经销商挟持货款进行窜货。此外，企业一定不能让经销商给市场拓展人员发工资，企业要独立承担渠道拓展人员

的工资。

2）创造良好的销售环境

（1）制订科学的销售计划。企业应建立一套市场调查预测系统，通过准确的市场调研，收集尽可能多的市场信息，建立起市场信息数据库，然后通过合理的推算，估算出各个区域市场的未来进货量区间，制定出合理的任务量。

2019 年，格力空调通过大量的一手调研和覆盖主要行业的数据监测（包括目标产品或行业在指定时间内的产量、产值等，具体根据人口数量、人们的需求、年龄分布、地区的贫富度调查）的基础数据信息，并通过自主研发的多个市场规模和发展前景估算模型，为经销商提供市场分析和细分市场规模数据及趋势判断，协助经销商判断目标市场规模及发展前景，为市场开发和市场份额估算提供可靠、持续的数据支持。

一旦个别区域市场进货情况发生暴涨或暴跌，超出了企业的估算范围，就可初步判定该市场存在问题，企业就可马上对此做出反应。

（2）合理划分销售区域。跨区窜货其实就是代理商打破了品牌的代理界限，企业实行划分区域经销或代理商，甚至给予独家代理权，是因为各地区的收入水平、物价水平和市场需求不同，这要求不同的地区有不同的定价机制和产品特性。如果商家无视这一规律，私自窜货，必将造成市场倾轧、价格混乱，甚至影响厂商声誉。

合理划分销售区域，保持每一个经销区域经销商密度合理，防止整体竞争激烈，产品供过于求，引起窜货；保持经销区域布局合理，避免经销区域重合，部分区域竞争激烈而向其他区域窜货；保持经销区域均衡，按不同实力规模划分经销区域、下派销售任务。对于新经销商，要不断考察和调整，防止对其判断上的片面性。

3）制定完善的销售政策

（1）完善价格政策。许多厂家在制定价格政策时由于考虑不周，隐藏了许多可导致窜货的隐患。企业的价格政策不但要考虑出厂价（总经销价），而且要考虑一批价、二批价、超市报价、终端零售价。每一级别的利润设置不可过高，也不可过低。过高容易引发降价竞争，造成倒货；过低调动不了经销商的积极性。价格政策还要考虑今后的价格调整，如果一次就将价格定死了，没有调整的空间，对于今后的市场运作极其不利。在制定了价格以后，企业还要监控价格体系的执行情况，并制定对违反价格政策现象的处理办法。企业有一个完善的价格政策体系，经销商就无空可钻。

（2）完善促销政策。企业面对产品销不动的局面，常常是促销一次，价格下降一次。这就表明企业制定的促销政策存在着不完善的地方。完善的促销政策应当考虑合理的促销目标、适度的奖励措施、严格的兑奖措施和市场监控措施。

（3）完善专营权政策。在区域专营权政策的制定上，关键是法律手续完备与否。企业在制定专营权政策时，要对跨区域销售问题做出明确的规定：什么样的行为应受什么样的政策约束，使其产生约束力；此外，还应完善返利政策。完善的营销政策可以从根本上杜绝窜货现象。

4）采取有效的预防窜货策略

（1）制定合理的奖惩措施。在招商声明和合同中应明确对窜货行为的惩罚规定，为了配合合同有效执行，必须采取一些措施：一是交纳保证金。保证金是合同有效执行的条件，也是企业提高对窜货经销商威慑力的保障。如果经销商窜货，按照协议，企业可以扣留其保证金作为惩罚。这样经销商的窜货成本就高了，如果窜货成本高于窜货收益，经销商就不轻易窜货了；二是对窜货行为的惩罚进行量化。企业可选择警告、扣除保证金、取消相应优惠政策、罚款、货源减量、停止供货、取消当年返利和取消经销权等模式进行惩罚。同时奖励举报窜货的经销商，调动经销商打击窜货行为的积极性。

（2）建立监督管理体系。①把监督窜货作为企业制度固定下来，并成立专门机构或部门，由专人明查暗访经销商是否窜货。例如，娃哈哈集团公司设有督察部，专门核查冲窜货及相关不利于市场销售工作的行为；各省内也设有内部督察人员，能快速核实、查处跨区域销售行为。例如，豫北市场督察组就成立比较早，一度成为娃哈哈公司工作典范，其在各个区域市场进行产品监察，对各经销商的进货来源、进货价格、库存量、销售量、销售价格等了解清楚以后，随时向企业报告。这样一旦发生窜货现象，市场稽查部就可以马上发现异常，企业能在最短时间对窜货做出反应。如图 6-8 所示为湖南昂达电子有限公司对渠道中窜货扰乱市场秩序的经销商的处罚通知。②利用社会资源防窜货。一是利用政府"地方保护行为"。与当地工商部门联系，合作印制防伪不干胶贴。二是建立经销商俱乐部，不定期举办沙龙，借此增进经销商之间的感情。例如，立白在防止区域窜货方面可谓颇有计谋。立白创始人陈凯旋在日本调研时学到了"商会"这个概念，便加以创新运用到了立白的经销商建设上。所谓"商会"，是指一个以经销商为主体的平台，通过平时的经验交流、活动联谊，甚至是互相帮忙销货，从而促使经销商形成一个互帮互助的团体，而不是通过低价窜货来抢夺终端客户，同时，这个方法也提升了经销商的忠诚度。三是采取抽奖、举报奖励等措施。四是把防伪防窜货结合起来，利用消费者和专业防窜货公司协助企业防窜货。

通　　知

各经销商伙伴：

　　长沙拓达星因多次低价出货，严重扰乱市场价格，打乱了×××渠道，现我们已停止与其合作，他们现有的货全部为外地窜货，不带发票，不带保修，请各位不要从长沙拓达星上货。同时，我们将把我们的序列号统一承报到×××维修站，除我们的序列号以外，其余的均不做保修。我们也在抓市场的窜货行为，尽快铲除这些害群之马，也请大家能够配合我们的工作，共同维护我们自己的市场。

湖南昂达电子有限公司

开动脑筋：湖南昂达电子有限公司为什么对经销商出此通知？

图 6-8　对窜货行为的处罚通知

（3）减少渠道拓展人员参与窜货。一是建立良好的培训制度和企业文化氛围。企业应尊重人才、理解人才、关心人才，讲究人性化的方式方法，制定人才成长的各项政策，

制定合理的绩效评估和酬赏制度，真正做到奖勤罚懒，奖优罚劣。公正的绩效评估能提高渠道拓展人员的公平感，让员工保持良好的工作心态，防止渠道拓展人员和经销商结成损害企业的利益共同体。二是内部监督渠道拓展人员，同时不断培训和加强对市场监督人员的管理。

（4）培养和提高经销商忠诚度。随着各行业内技术的发展与成熟，产品的差异化越来越小，服务成为营销竞争一个新的亮点。完善周到的售后服务可以增进企业、经销商与顾客之间的感情，培养经销商对企业的责任感与忠诚度。厂商之间的感情对防止经销商窜货也非常重要。经销商为了自身的利益，会维系这种已建立好的关系，不会轻易窜货来破坏这份感情。

例如，娃哈哈和经销商的关系是非常融洽的，感情是深厚的，有许多经销商都是与娃哈哈一起成长起来的。娃哈哈的一些制度和做法无疑能维持和加深与经销商的感情。2002 年的春节联欢晚会，中央电视台给了娃哈哈 20 张入场券，公司把这难得的机会给了经销商，17 位与娃哈哈长期友好合作的经销商成了中央电视台春节联欢晚会的嘉宾；在中央电视台元宵晚会上，有 80 位娃哈哈的经销商亲眼目睹了节目颁奖晚会的盛况。

企业与渠道成员之间的这种良好关系的建立，在一定程度上可以控制窜货的发生，同时，企业应有条件或无条件地允许经销商退换货，尽量防止经销商产品因积压而窜货。

营销拓展

线上抓窜货具体步骤

窜货是一种极易被忽视，但对品牌和企业经营杀伤力很强的营销病症，特别是对有深厚品牌积累的企业，忽视窜货，有可能导致千里之堤毁于蚁穴。但是，也不至于谈"窜货"色变，并非所有的窜货都有危害性，也并非所有的窜货都必须加以控制。在企业处于发展的初期阶段，自身的市场占有率还不高，且尚有主导品牌控制市场时，适度的、可控状态下的窜货，有助于企业市场占有率的提高，对于一些不太严重的窜货行为，企业只需关注即可，不必马上采取措施，有时问题自然而然就解决了，否则，反而会适得其反。两个原本销售不景气的市场相互窜货，也未必是坏事，因为经销商在市场销售不景气时，一般投入程度会很高，会使用各种手段来竞争，结果会使坏事变好事，提高市场占有率。但在这个过程中一定要把握好一个"度"，将事态置于完全可控的状态下方可，否则，后果将不如所愿。

因此，发生窜货时应认真研究，及时处理，凭借稳健的市场操作和实行有效的市场区域管理机制和监察机制，才能有效控制恶性窜货，建立起健康有效的分销渠道网络。

项目小结

分销渠道是指商品和劳务从生产者向消费者移动时取得这种商品和劳务所有权或帮助转移其所有权的所有企业和个人。分销渠道的类型有长、短，宽、窄，直接和间接之分，分销渠道选择策略即对渠道类型的选择。

影响分销渠道选择的主要因素有产品因素、市场因素、生产企业本身的因素、环境特性、竞争者因素。分销渠道类型选择策略包括选择直接分销渠道策略、选择间接分销渠道策略和选择渠道终端策略。

分销渠道冲突是指渠道成员之间因利益关系产生的种种矛盾和不协调。学习时，要在正确认识渠道冲突原因的基础上，认清渠道冲突的类型；理解渠道中窜货产生的原因及危害，并掌握预防和处理窜货的措施。

练习与实训

一、简答题

1. 简述分销渠道的功能。

2. 选择中间商应考虑的因素有哪些？

3. 导致渠道冲突的原因有哪些？

4. 窜货的原因有哪些？

5. 窜货的危害有哪些？

6. 预防和处理窜货的措施有哪些？

二、课堂实训

见教材配套用书《市场营销基础（第5版）学习导航与习题》。

三、案例分析题

大多数传统品牌在涉足电子商务的过程中，总会遇到内外两大矛盾：外部的电子商务渠道和经销商渠道的冲突，内部的电子商务部门与其他部门的冲突。这是因为电子商务作为新业务，并没有厘清与传统渠道和业务部门的利益关系。

据了解，去年，七匹狼在淘宝系平台上的销售额达到了6.2亿元，这样的成绩正缘于七匹狼电商有效的策略：先放水养鱼，再对大经销商进行招安扶持。

七匹狼的网络渠道授权分为三个层次：第一层是基础授权，回款达到500万元就可获得基础授权，中级授权是回款达到1 000万元，高级授权是回款达到3 000万元。实际上，无论是"五虎上将"还是其他层次的授权，这些网店起家时都会有窜货、低价竞争等问题。在拿到授权后，经销商若再有窜货、卖假等行为，就会"杀无赦"。

七四狼还有类似于线下加盟店的"大店扶持计划"，即单独返点。在线下，某些大区的经销商会在当地做一些品牌推广活动，这样的运营费用总部会承担30%。线上的"五虎上将"也被视为大店，七四狼对它们的优势进行挖掘后，会有针对性地进行扶持，这样它们就愿意一致对外了。

七四狼的线下线上冲突不明显，这与七四狼的线下模式有关。据了解，七四狼依托加盟店的扩张，按照其政策，加盟店如果3年不赚钱，总部就要收归直营，第二年不赚钱就要被监管。因此，七四狼的线下店全国只有1 000多家。在这种情况下，线下经销商往往不愿意囤货，如果能卖掉150件，往往只进100件，这样可避免因库存压力带来的损失。而线下库存压力小，对于线上的折扣销售就没有那么敏感。

七四狼的电商部门也并不会专门针对网络设计生产网络专供款。在传统线下渠道，经销商会根据不同的区域消费特点进行选货。在互联网平台，每个渠道的用户也有差异性，不同的经销商也有各自所擅长的品类。而七四狼整个集团的SKU（库存进出计量的单位，可以是以件、盒、托盘等为单位）足够多，每个线上经销商也会根据平台特点和所长来选货。网络空间虽然是无限的，但经过测算，淘宝平台上一个店面最优的款数是200～270款。因此，不同经销商选出来的款式还是有很大差别的。

线上有些款，线下店面是没有的，这并非专门生产的网络专供款。这种款型产生的途径有两个：一是某些款可能因为太另类，线下销售并不好，而线上的聚合效应却能把喜欢这款产品的顾客聚合起来，将这一款式变成线上专卖；另一途径是大经销商发现竞争对手或者网络品牌某款产品销售较好，便可提出将这个款式吸收成七四狼线上专有的款式。

思考题

1. 七四狼公司分销渠道选择的策略是什么？分析该公司选择分销渠道的依据。

2. 七四狼公司预防和处理窜货的措施有哪些？

延伸阅读

渠道寒风吹落"迪比特"

这是一个过去时的失败案例，但意义依然处于进行时的状态。

21世纪的头几年，中国手机市场几乎每年都有一个亮点企业，2001年是科健，2002年是TCL、厦新，2003年的亮点企业无疑是迪比特公司。2003年是国产手机发展到高峰的一年，国产手机份额一度达到了55%。这一年，迪比特公司依靠制造成本上的优势，在彩屏技术上领先竞争者一步，率先量产，靠一款性价比极高的彩屏手机5688作为先锋，在竞争激烈的手机行业中杀出一条血路，市场份额扶摇直上。在2003年9月、10月的销售量高峰期，其销售量竟然达到七十多万台。迪比特公司的手机在国内销售量第一，其豪言壮语不时见诸报端。但是，没过几个月的好日子，到2004年年初迪

比特公司手机的销售量开始直线下滑……

轻装上阵，后来者居上

在2003年5月份之前，彩屏手机的价格还处在较高位置，一般在3000元左右，没有到大部分消费者可以接受的心理价位。同时，大部分手机厂商还有大量的黑白屏手机库存，大家都忙着清理黑白屏手机的库存，重点不在彩屏手机的销售上。有的国产手机品牌没有库存的负担，但由于当时彩色显示屏比较紧张，一些想在彩屏手机市场有所作为的厂家也无力施展。

之前，迪比特公司的手机在全国的销售量比较低，黑白屏手机的库存负担基本没有，而且其有1000万台产能的规模和全球采购的优势，因此彩屏手机实现了量产。由于有代加工企业的规模优势，迪比特公司的产品成本比较低。迪比特公司利用自己的优势在市场上出了一个奇招，以非常低的价格由区包（以一个省或几个省为单位的买断包销商）买断产品，也以远远低于竞争对手的价格进行零售。当时市场上折叠彩屏手机的零售价格普遍在2500～3000元，而迪比特公司一款折叠彩屏手机5688的零售价格是1980元。这个零售价格不仅远远低于竞争对手，而且触及了消费者可接受的心理临界点。迪比特公司是以1500元/台的价格由区包买断，留给渠道的利润将近500元。高性价比的产品触及了消费者可购买的心理临界点，对消费者产生了强大的吸引力，迪比特公司留给渠道的高额利润又给了渠道强大的推力，两者合力，将产品的销售量迅速提升。单彩屏手机5688一个产品全国销售量最高的时候就可达到20～30万台。在此策略下，带动迪比特公司全线产品销售量上升。在2003年9月、10月，销售量一度达到七十多万台，位列国产手机销售量三甲。

行业巨变，渠道顿时失控

迪比特公司手机销售量一路飙升的时候，市场正在急剧发生变化。大部分国产品牌经过2003年的"十一"黄金周及之前几个月的清库，黑白手机的库存基本清理完毕，彩屏手机实现量产。康佳发动了彩屏风暴，TCL、波导等国产品牌也开始全力发动彩屏手机的促销。TCL于10月份推出两款折叠彩屏手机919、929，上市价直接定在1390元/台，波导两款比较有代表性的产品SC01、SC10在10月份的价格也只有1100元/台和1500元/台。

国产手机品牌的迅猛崛起给国外手机品牌一剂清醒剂。国外手机品牌不得不正视国产手机品牌在渠道上的运作方式，积极学习国产品牌在渠道上的经验，做出相应的调整，不断压缩分销渠道，进行渠道扁平化管理，发展直供、省级代理、FD直供平台（类似于一个物流、资金流的平台，换句话说，是代理制与直供模式相折中的产物）。同时，一些革命性的手机技术出现了趋向普及的势头，发展最快、普及最广的就是彩屏手机。摩托罗拉等国外品牌的彩屏手机价格也开始下调。

由于波导、TCL、康佳及国外品牌彩屏手机的量产，市面彩屏手机增多。同时竞争对手的价格也定得恰到好处，有的甚至比迪比特公司还低，营销管理能力也比迪比特公司强。从2003年10月份开始，迪比特公司彩屏手机的销售量在终端受到了非常大的冲击。从这时起，迪比特公司的渠道危机开始爆发。

一方面，由于受前期市场良好前景的影响，迪比特公司向区包压了大量库存，而且是买断经营，也就是区包对迪比特公司的产品是买断制，从理论上讲是不保价、不退货的。另一方面，终端的销售又差强人意，彩屏手机价格一路走低，迪比特公司区包担心亏损，开始恐慌性低价抛货。区包恐慌性抛货造成迪比公司特价格体系的混乱，地区经销商没有了利润，零售商也没有了利润。渠道开始排斥迪比特公司的产品，迪比特公司有大量产品滞留渠道。由于迪比特公司与区包之间是买断经营，又对渠道库存数量缺乏互信，渠道库存一直得不到保价，经销商、零售商的利益受到损害，渠道力量开始流失。又因渠道对迪比特公司缺乏信心，迪比特公司后面的产品得不到主流渠道的支持，造成迪比特公司的销售量全面下滑。

从迪比特公司这一时期的大起大落来看，迪比特公司的成功在于彩屏手机上市先于一般的国产品牌手机一步，产品又有极高的性价比。但是失败的地方却在于终端的掌控能力、渠道的管理能力、价格的管理能力太弱。迪比特公司也有窜货处罚制度，但是由于全国窜货太严重，广东的一个区包就收过18 000台外地窜来的货，每台800元的罚金很难处罚下去，最后的处罚也是不了了之，渠道混乱得不可收拾。

三大原理，厘清迪比特公司之痛

笔者做了多年的手机营销管理，排除经营的方面不谈，我认为销售管理主要是三个关键性的工作。下面就这三个方面分析迪比特公司在渠道管理方面的失误。

1. 销售计划

一般来讲，销售计划分年度、季度、月度计划。由于手机市场变化太快，没有哪个公司能做准季度计划，最多月度计划做得比较准。做计划一定要切实可行，有人做过一个形象的比喻，做的计划要像跳起来摘桃子，各计划执行部门必须经过较大努力才能达到。如果计划订得太高，执行部门无论如何也达不到，那么计划也就没有什么意义了。做完计划后，必须将计划分解到每一个区域、每一个分公司、每一个经销商。一些管理比较精细的国产品牌能将A类零售店的销售量计划也分解出来。公司销售管理部门要对计划落实情况进行跟踪，如果实际完成量达不到计划量，各销售管理部门就要分析原因，通过促销、价格调整等手段使实际销售量达到计划量。如果实际销售量还是达不到，就必须调整销售计划。

迪比特公司在这一时期犯下的错误是，面对市场存在的情况既不能拿出有效的应对措施，又不去降低区包的销售量计划，还继续给区包压货，客观上造成了经销商低价窜货、打乱价格体系的状况。

2. 渠道的设置

一个厂家选用什么样的渠道模式，没有统一的标准，必须根据厂家的系统能力做出选择。虽然现在渠道扁平化是大势所趋，但是，由于三星的产品引领了手机设计的新潮，造成产品很高的溢价，有能力保证各个分销层次有较高的利润空间，因此它就选择了全国代理的渠道模式。其他的国外手机品牌也根据产品的特性选用了国代、省代、直供的混合渠道模式。不管一个厂家选用什么样的渠道模式，它都必须掌握产品的流向、流速和流量。

迪比特公司最大的问题是靠快人一步、高性价比的产品，以及高额的渠道利润打开渠道后，后面的销售跟进做得不到位，也就是营销人员不足，不了解产品的流向、流速和流量。对手机销售来说，

将产品卖给区包以后，并没有完成真正的销售，各分公司必须跟踪区包将产品分给哪些地包商、零售商了，卖给哪些消费者了。只有产品到了消费者的手里，才算是完成了真正的销售。

出于现金回笼、提高资金周转率和物流配送的考虑，很多公司选用全国代理或是区包的模式。但是一般的国代、区包，只能帮助手机厂家将货物分送到地包，帮助手机厂家在终端实现销售。对一个手机厂家来说，选择一个什么样的国代、区包不是最关键的，而是必须有一批核心的地包商、零售商，这才是渠道的根本。迪比特公司最大的问题是它看不到渠道的根本问题在哪里，对渠道进行极端盲目的调整，造成渠道动荡不安。2001年迪比特公司找中邮普泰做国代，发现不行，又在2001年年底开始发展地包，2003年又开始发展大区包，甚至找天音、蜂星做国包，2004年开始又发展手机销售的FD模式（Fullfillment Distribute）。

对于新进入市场的厂家来说，一般是走先粗化后细化的渠道发展模式。在公司成立之初，由于组织架构不健全、各方面管理准备不足，往往先发展国代，然后再发展省代、地代、直供。迪比特公司在2001年发展地包的方向没有错，关键是内部的营销管理队伍能不能跟上如此细化的渠道管理，如果暂时跟不上，这时想到的不应是回头去做国包、区包，而是应强化对渠道、对终端的推广能力，加快产品的流量、流速，尽管这需要更细致的管理和时间。而迪比特公司恰恰是朝三暮四，没有精力和时间建立自己的渠道体系。

在产品竞争越来越同质化的今天，手机厂家已经将竞争的战场越来越转向分销渠道。每一个手机厂商必须明白，渠道的扁平化是大势所趋。在大家都进行渠道扁平、加强终端管理的前提下，企业间在渠道上的竞争优势就体现在谁的管理更系统、更精细，谁的管理团队执行能力更强。

3. 价格管理和市场区隔

由于手机的时尚因素和高科技因素，决定了手机产品的更新换代速度非常快，产品贬值非常快，降价速度也非常快。在手机产品销售管理过程中，价格管理是非常困难。在手机行业，创造了独特的全程保价模式，也就是手机厂家对渠道的所有库存，包括存留在渠道各个环节（全国代理、省代、地代、零售商）的库存，只要是没有销售到消费者手里的产品，都要提供保价。但是，由于手机销售终端非常密集，据不完全统计，仅广东省就有各类手机销售终端一万多个，在保价的过程中，要了解清楚各级经销商和零售商的库存是非常难的。像波导、TCL这样的国产手机品牌，它们有庞大的营销管理队伍，零售终端的销售量每天都能及时上报，即使与实际销售量有一定的误差，相差也不会太多。对它们来说，对渠道库存的了解相对清楚些，对渠道库存的保价不会存在太大的问题。

手机行业与其他行业不同，厂家在做手机价格的设置时，不仅要设置区包提货价，还要对区包给地包的价格进行设置，对地包给零售商的价格进行设置，对零售商的最终零售价也要进行设置，以保证各个分销层级都有一定的利益保障，保证产品在渠道有足够的推力，促进产品销售量的增长。同时要对各区包、地包所分销的区域进行严格的划分和区隔，并规定对窜货的经销商要进行严格的经济处罚，以防止窜货后打乱其他区域的价格体系，从而使各级经销商的利益得不到保障，影响销售量的增长。

迪比特公司的产品买断的优点是给了经销商足够的利润空间，使经销商的积极性比较高。但是买断制的最大弊端是迪比特公司不给经销商保价，经销商必须承担降价带来的风险，客观上造成了经销商只有迅速将产品销售出去才有可能赢利，所以造成经销商到处窜货。由于经销商窜货太多，迪比特

公司无法对经销商进行处罚,最后造成窜货愈演愈烈,整个渠道到了失控状态,经销商对迪比特公司失去了信心。

成功必有成功的理由,失败也必有失败的原因。对迪比特公司在 2003 年所表现的大起大落,犹如天空中划过一道美丽的弧线一样,归于沉寂。2004 年,对很多国产手机品牌来说都是一个冬天,但是对迪比特公司来说,这个冬天的寒流来得似乎更猛烈了一些。

项目 7
确定促销组合

知识目标

❖ 了解促销和促销组合的含义
❖ 理解影响促销组合的因素
❖ 掌握人员推销的含义、特点、任务、方式、程序、基本策略
❖ 掌握广告的含义、常用广告媒体的特点、选择广告媒体应考虑的因素、广告创意的基本要求
❖ 掌握营业推广的含义、特点、方式及营业推广的方式策划
❖ 理解公共关系的含义、公共关系的内容和公共关系的方式

能力目标

❖ 灵活运用促销组合策略，能正确选择适当的广告媒体
❖ 掌握人员推销和公关技巧
❖ 能初步策划营业推广活动

素质目标

❖ 增强学生对将来从事市场营销工作的信心
❖ 增强学生的创新意识

案例引领 7——法国队夺冠 华帝退全款

四年一度的世界杯足球赛,不仅是球迷的狂欢节日,更是全球各大企业的营销战场。在 2018 年俄罗斯世界杯的营销大战中,华帝无疑是最大的一匹黑马。华帝是一家厨卫电器公司,其"法国队夺冠华帝退全款"的营销活动(见图 7-1),成为 2018 年的营销经典案例之一。

2018 年 3 月 5 日,华帝正式与法国队签约,成为法国队官方合作伙伴。

5 月 30 日,华帝推出一则广告称,若法国队夺冠,则对于在 2018 年 6 月 1 日—30 日购买"夺冠套餐"的消费者,华帝将按发票金额全部退款,其中最便宜的套餐价格为 2 699 元,最贵的高达 5 299 元。

5 月 31 日,华帝董事长潘叶江在《南方都市报》发布亲笔签发的"法国队夺冠,华帝退全款"声明,正式宣告华帝世界杯营销正式开启。

图 7-1 "法国队夺冠,华帝退全款"的营销活动

本来活动计划于 2018 年 6 月 30 日 22 时结束,由于法国队晋身八强,华帝随即决定将活动再延长 3 天,至 7 月 3 日晚上 22 点结束。

活动期间"法国队夺冠,华帝退全款"指定产品的线下渠道销售额为 5 000 万元,由经销商负责免单退款;线上销售额为 2 900 万元,由华帝总部承担。华帝活动期间销售额约为 10 亿元,营业利润约为 4.3 亿元,通过营销获得的利润增长为 0.99 亿元,足以覆盖"法国队夺冠,华帝退全款"营销活动的支出,并小有结余。

毫无疑问,华帝这支厨电界新晋网红在这次世界杯营销之战大获全胜,实现了品牌、销售双丰收。

思维训练

华帝的这次活动对企业的经营有哪些作用?

在经济全球化的今天,企业必须充分认识促销对企业经营的重要性。正确运用促销策略,是扩大产品销售、增强企业竞争能力的重要途径。本章我们将一起学习促销的相关知识,一起探讨构成促销组合策略的人员推销、广告、营业推广和公共关系的基本知识和应用。

模块 1 促销和促销组合

现代市场营销不但要求企业开发适销对路的产品，制定有吸引力的价格，而且要求企业通过有效信息的传递和沟通，让顾客了解产品，激发起顾客的欲望和兴趣，促使其形成购买行为，即进行促销活动。

1.1 促销的含义

促销是指企业通过各种方式将产品信息传达给消费者和用户，引起其兴趣和关注，激发其购买欲望，促使其购买。

微课 促销的含义

促销活动的实质是一种沟通、说服活动。在市场经济条件下，社会化的商品生产和商品流通决定了生产者、经营者和消费者之间客观上存在着信息的分离，这就要求企业必须将有关信息传播给顾客，增进顾客对其商品及服务的了解，引起顾客的注意和兴趣，激发他们的购买欲望，为顾客最终做出购买决定提供依据。

一般来说，这种信息传递方式可分为两类：一类是单向传递，指单方面将商品或劳务信息传递给消费者的方式，即一方发出信息，另一方接收信息；另一类是双向传递，就是双方互通信息的方式。双方既是信息的发出者，也是接收者。这种信息传递，不仅能向消费者宣传介绍商品和劳务，激发购买欲望，同时还能直接获得消费者的反馈信息，从而达到不断完善商品和劳务的目的。

图 7-2 信息酒家

某店主在广州开了一家别开生面的"信息酒家"，他订了上千种报刊，并专门雇人从中整理出各类专题信息，同时还将食客各自发布的市场供求信息抄录下来贴在墙上。该店从周一到周日还推出不同的"信息专题日"，如周一为"装饰、建材日"，周二为"房地产日"等。到该店就餐的食客，除了可免费获得一份资料剪报复印件，若看中其他食客发布的某条信息，服务人员还可立即"穿针引线"，使供求双方同桌而坐，变"消闲餐"为"工作餐"。"信息酒家"自开张以来生意十分红火。

[营销视野]

沟通说服的途径

一是雄辩式说服，讲话人首先以其人格博得听众的信赖感，再激起听众的情感以取得信任，最后列举鲜明的证据诱发需求。

二是宣传式说服，最早是以组织（如教会、政府、政党、企业）为主体来获得别人的支持的。用语言、文字、气氛和事件等来争取支持者。现代企业主要是通过公共关系人员，借助新事件，制造一种新的气氛，进行宣传沟通。

三是交涉式说服，指一方的交涉代表与另一方的代表相互进行拉锯式谈判，以取胜对方。企业在市场营销活动中常用的是劝诱策略，非极端条件下不用威胁策略。

在当今瞬息万变的国际国内市场环境中，在竞争日益激烈的条件下，促销活动成为企业营销活动的重要组成部分，促销决策成为营销决策的重要内容。促销的作用有以下几方面。

1）提供信息，沟通关系

在产品正式进入市场前，企业必须把自己产品的信息传达到消费者、用户等目标市场。这样，一方面可以引起消费者注意，刺激其购买；另一方面可以及时了解消费者对商品的看法和意见，迅速调整经营策略，增进与消费者、用户的关系，加速商品流通。

2）激发欲望，扩大需求

企业促销的根本目的在于激发潜在顾客欲望，引发购买行为。有效的促销活动不仅可以诱导和激发需求，在一定条件下还可以创造需求，从而使市场需求朝有利于企业销售的方向发展。当企业产品处于低需求时，可扩大需求；当需求处于潜伏状态时，可开拓需求；当处于衰退期时，可吸引更多新客户，保持一定的销售势头。

3）突出特点，树立形象

在当前大市场营销环境下，消费者或用户往往难以判断许多同类产品的细微差别。企业通过有效的促销，宣传本企业产品与其他竞争对手产品的不同特点及它给用户带来的特殊利益，可在市场上树立本企业良好的形象，保持产品竞争能力。

4）形成趋势，稳定销售

在许多情况下，企业的销售活动会出现上下波动，甚至出现波动较大的现象。因此，企业可有针对性地开展各种促销活动，使更多的消费者或用户了解、熟悉企业的产品，从而实现稳定老客户、发展新客户、扩大市场份额、巩固市场地位的目的，使企业维持在一个强有力的竞争环境中。

1.2 促销组合

案例"双十一"三大
APP 促销推广

1. 促销组合的含义

促销组合是指企业在促销活动中，把人员推销、广告、营业推广和公共关系有机地结合起来，综合运用，最大限度地发挥整体促销效果，激励和诱导目标市场消费者购买行为的一种策略。

促销组合体现了现代市场营销理论的核心思想——整体营销。促销组合是一种系统化的整体策略，4 种基本促销方式则构成了这一整体策略的 4 个子系统。每个子系统都包括了一些可变因素，即具体的促销手段或工具，某一因素的改变意味着组合关系的变

化，也就意味着一个新的促销策略。

2．促销组合的构成

1）人员推销

人员推销是企业通过派出推销人员或委托推销人员亲自向顾客介绍、推广、宣传企业的产品，以促进产品的销售。其特点是利用人与人的正面接触形成融洽的气氛，激发购物兴趣，及时成交，且推销方式灵活，服务周到。但人员推销的费用较大，且不易招聘到优秀人才。

2）广告

广告是企业以付费的形式，通过一定的媒介，向广大目标顾客传递信息的有效方法。其特点是可以运用各种传播媒介，深入大众，触及面广，色彩艳丽、生动形象的画面和造型易引起广泛的注意，加深大众印象。但广告的作用不易测定，说服力较小，不易使人们做出立刻购买的决定。

3）公共关系

公共关系是企业通过有计划的长期努力，影响团体与公众对企业及产品的态度，从而使企业与其他团体及公众取得良好的协调，使企业能更好地适应环境。良好的公共关系可以达到维护和提高企业的声望、获得社会信任的目的，从而间接促进产品的销售。其特点是利用人际关系和宣传媒介进行信息的双向交流，达到内求团结、外求发展的目的。其影响面比较广，作用持久，但促销效果不如其他形式来得快而直接。

4）营业推广

营业推广是由一系列短期诱导性、强刺激的战术促销方式所组成的。它一般只作为人员推销和广告的补充方式，其特点是在短期内造成极强的促销氛围，吸引个人消费者和集团购买者采取购买行动和重复购买，但营业推广的短期行为可能引起顾客的疑虑。

要正确地进行促销组合，必须首先了解促销组合各构成要素的优缺点，如表7-1所示。只有这样，方能扬长避短，适当地加以选择、编配和运用。

表 7-1　促销组合各构成要素的优缺点对比

促销方式	优　点	缺　点
人员促销	直接沟通信息，反馈及时，可当面促成交易	占用人员多，费用高，接触面窄
广　告	传播面广，形象生动，节省人力	只能对一般消费者，难以立即促成交易
公共关系	影响面广，信任程度高，可提高企业知名度和声誉	花费较大，效果难以控制
营业推广	吸引力大，激发消费者购买欲望，可促成其当即采取购买行动	接触面窄，有局限性，有时会降低商品"身份"

1.3 影响促销组合的因素

对企业来说，有许多因素会影响促销形式和手段的选择，于是，依据不同的因素就形成不同的促销组合策略。

1）促销目标

企业在不同时期及不同的市场环境下都有其特定的促销目标，致使促销组合也有差异。在一定时期内，企业的营销目标是在某一市场迅速增加销售量，扩大企业的市场份额，这时应更多地使用广告和营业推广；而企业的总体营销目标是在该市场上树立企业形象，为其产品今后占领市场赢得有利的地位，这时应宣传报道、建立广泛的公众关系显得更为重要。

2）产品类型

消费品种类繁多，购买者众多时，常以广告促销为主，辅以公共关系和营业推广，人员推销相对较少。生产资料商品对技术、质量要求高，计划性强，讲究服务，购买时一般要经过研究、审批等手续，因此，应以人员推销为主，配合公共关系和营业推广，而广告相对使用较少。

3）企业的促销策略

企业促销活动有"推动"与"拉引"之分。所谓推动策略，就是以中间商为主要促销对象，把产品推进分销渠道，推向顾客和市场；拉引策略是以最终消费者为主要的促销对象，首先设法引起潜在购买者对产品的需求和兴趣，然后消费者会向中间商询购这种商品，中间商看到有利可图，再向制造商进货。

案例 "小米"的发展之路

显然，如果企业采取推动策略，则人员推销作用更大；如果企业采取拉引策略，则广告作用更大。

图 7-3 推动策略

内蒙古伊利集团在开发东北市场时，派了许多业务员到东北市场。业务员到了市场以后，就挨家挨户向经销商介绍他们的产品，调动经销商的积极性。当经销商的积极性被调动起来后，他们的产品就铺入了市场，也就是占领了市场。

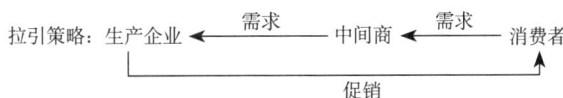

图 7-4 拉引策略

2019 年 9 月，芬达推出了一款全新口味的黑色芬达（见图 7-5）产品，可以说是当之无愧的黑暗料理。为尽快推广该产品，芬达特地拍摄了一条"芬达黑暗之谜"的广告片，吸引消费者去了解其新产品的更多特点。广告以鬼畜的形式呈现，以黑色为线索，在诡异的气氛下，一瓶黄色的芬达在掉在地上后瞬间变成了黑色，解锁了"黑色芬达＋舞蹈"的魔力舞台。

图 7-5　黑色芬达

那么，黑色芬达究竟是什么味道的呢？有一位网友表示，网上没介绍，自己并没有喝出是什么味道。这成功勾起了消费者的好奇心，引得消费者纷纷想要试试这款黑色芬达。

4）购买准备过程阶段

顾客的待购阶段一般可分为 6 个阶段，即知晓、了解、喜欢、偏好、确信和购买。对于处于不同阶段的产品，企业应采取不同的促销组合策略。在建立顾客知晓阶段，广告、营业推广和公共关系的作用较大；在了解和喜欢阶段，广告的效益最好，人员推销其次；在偏好和确信阶段，人员推销作用较大，广告作用略小于人员推销；在购买阶段，主要是人员推销发挥作用，营业推广也起一定作用。

5）产品生命周期

总的来讲，促销的作用在产品生命周期的投入期和成熟期最大。对处于不同生命周期阶段的产品而言，促销的重点各不相同，所采用的促销方式也有所区别。当产品处于投入期时，需要扩大知名度，让顾客认识和了解产品，吸引顾客的注意力，故广告和公共关系的效果最佳，营业推广、人员推销在鼓励顾客试用和鼓励经销商经营方面也能起到一定的作用。在成长期，由于产品已打开销路，但同时又出现了竞争对手，这时广告和公共关系仍需加强，营业推广可相对减少。在成熟期，为了与竞争对手相抗衡，保持已有的市场占有率，应增加各种营业推广活动，减少广告宣传，这时的广告只是提示性广告。在衰退期，企业应把促销规模降到最低程度，某些营业推广措施仍可保持，用少量广告保持顾客记忆即可。

6）经济前景

企业应随着经济前景的变化，及时调整促销组合。例如，通货膨胀时期，人们对价格十分敏感，企业可采取如下对策：第一，加强营业推广，减少广告；第二，在促销中特别强调产品价值；第三，提供咨询服务等。

模块 2　人员推销

人员推销是一种传统的促销方式，它通过销售人员与顾客直接沟通来达成销售。国内外许多企业在人员推销方面的费用支出远远大于其他促销方式。

2.1 人员推销的含义

1) 含义

人员推销是指企业通过派出销售人员，说服和诱导潜在顾客购买某种产品和服务，从而满足顾客需求并实现企业营销目标的活动过程。

2) 特点

人员推销与其他促销方式相比，有着无法比拟的优势。

（1）人员推销有较强的针对性。销售人员带有倾向性地访问顾客，目标明确，并可以根据各类潜在用户的需求、动机及购买行为，有针对性地进行推销，介绍产品的性能、使用、安装和保管方法。

（2）人员推销具有较大的灵活性。销售人员在推销过程中亲自观察顾客对推销陈述的反应，并揣摩其购买心理的变化过程，可以根据顾客情绪及其心理变化及时调整自己的推销策略，以适应顾客的需要，促成交易。

（3）人员推销可以培养感情，建立销售人员与顾客的友谊。销售人员在销售过程中，需要确认和满足顾客的需求和利益，在企业与顾客之间寻找共同点，从而使双方从单纯的买卖关系发展到建立深厚友谊，彼此信任，互相谅解，从而有利于长期合作。

（4）人员推销直接接触顾客，可以有效收集市场信息，双向沟通。销售人员承担着"信息员"和"顾问"的双重角色。在为顾客提供服务和信息的同时，也为企业收集相关信息。

（5）人员推销在相信和购买阶段，起着极其重要的作用。如果顾客确实存在对所推销商品的需求，那么销售人员注意强调顾客的利益点，运用适当销售技巧和方法，就能够带来一定的销售业绩。

（6）人员推销常用于竞争激烈的情况，企业需要耐心说服、解释、解答疑难问题，根据顾客需要，进行定制式营销，才能取得较好的销售成效。

❓ 开动脑筋

有人认为，人员推销就是多磨嘴皮、多跑腿，把手里的商品卖出去而已，无须什么学问和技术，你认为对吗？

2.2 人员推销的任务

1) 挖掘和培养新顾客

销售人员首要的任务是不间断地寻找企业的新顾客，包括寻找潜在顾客和吸引竞争者的顾客。通过挖掘和培养新顾客，积聚更多的顾客资源，不断扩大市场领域，促进企业的发展。

2）沟通信息

顾客可通过推销员了解公司的经营状况，经营目标，产品性能、用途、特点、使用、维修和价格等诸方面的信息，刺激消费者从需求到购买行动的完成。同时，推销员还肩负着收集和反馈市场信息的任务，应及时了解顾客需求、需求特点和变化趋势，了解竞争对手的经营情况，了解顾客的购后感觉、意见和看法等，为公司制定有关政策、策略提供依据。

3）推销商品、满足顾客需要

推销商品是推销人员的根本任务。推销员在向顾客推销产品时，还应告诉顾客，该产品能满足顾客的哪些需要。同时，推销员要掌握顾客心理，针对不同顾客使用不同的推销策略和技巧，促进顾客购买行为的实现。

4）提供服务

良好的服务是推销成功的保证。推销员在推销过程中，应积极向顾客提供多种服务，如业务咨询、技术咨询和信息咨询等。推销中的良好服务能够增强顾客对企业及其产品的好感和信赖。

2.3 人员推销的方式

（1）推销员对单个顾客，即推销员当面或通过电话与某一顾客进行交谈，向其推销产品。

（2）推销员向采购小组介绍推销产品。

（3）推销小组向采购小组推销产品。

（4）会议推销。由企业的主管人员和推销人员向买方举行洽谈会，共同探讨有关交易问题。

（5）研讨会推销。召开由企业技术人员向买方技术人员介绍某项最新技术或最新产品的研讨会，让客户了解本企业的最新成果、最新产品，以促成购买。

企业可以根据自己的不同情况，确定选择哪一种推销方式为最恰当的方式。

［营销视野］

人员推销的基本形式

（1）上门推销。上门推销是最常见的人员推销形式。它是由推销人员携带产品样品、说明书和订单等走访顾客，推销产品。这种推销形式可以针对顾客的需要提供有效的服务，方便顾客，故为顾客广泛认可和接受。

（2）柜台推销。柜台推销又称门市推销，是指企业在适当地点设置固定门市，由营业员接待进入门市的顾客，推销产品。门市的营业员是广义的推销员。柜台推销与上门推销正好相反，它是等客上门式的推销方式。由于门市里的产品种类齐全，能满足顾客多方面的购买要求，为顾客提供较多的购买方便，并且可以保证产品完好无损，故顾客比较乐于接受这种方式。

（3）会议推销。会议推销是指利用各种会议向与会人员宣传和介绍产品，开展推销活动。例如，在订货会、交易会、展览会和物资交流会等会议上推销产品。这种推销形式接触面广、推销集中，可以同时向多个推销对象推销产品，成交额较大，推销效果较好。

2.4 人员推销的程序

1）寻找顾客

寻找顾客即寻找可能购买的顾客，包括有支付能力的现实购买者和未来可能成为企业产品购买者的消费者或用户。这类顾客必须具备 5 个条件：有需要，有购买能力，有购买决策权，有接近的可能性，有使用能力。寻找顾客的方法很多，大体可分为两类：其一，推销人员通过个人观察、访问、查阅资料等方法直接寻找；其二，通过广告开拓，或利用朋友的介绍，或通过社会团体与推销员间的协作等间接寻找。因推销环境与商品不同，推销人员寻找顾客的方式不尽一致。成功的推销员都有其独特的推销方法。

2）事前准备

这一步骤的目的是要做到知己知彼。首先，推销人员要尽可能多地了解和收集被访用户的情况，包括生产状况、资金状况、需要什么，谁参与决策购买、购买者的性格特征及购买风格，还要彻底了解本企业产品的各方面情况和企业的方针。其次，推销人员要决定采用哪种访问方法，可以是私人拜访、电话访问或信函访问。最后，推销员还要考虑对客户的全面销售战略，准备好样品、说明材料，以及应变语言。

3）接近顾客

接近顾客指推销人员直接与顾客发生接触，以便成功地转入推销面谈。推销人员在接近顾客时既要自信，注重礼仪，又要不卑不亢，及时消除顾客的疑虑。同时，还要善于控制接近时间，不失时机地转入正式面谈。此时推销人员的头脑里要有 3 个主要目标：一是给对方一个好印象；二是验证在预备阶段所得到的全部情况；三是为后面的谈话做好准备。同时要选择最佳的接近方式和访问时间。

4）介绍阶段

介绍阶段是推销过程的中心。推销人员应运用各种推销技巧说服顾客购买。这里的关键是针对产品本身的特点及对用户的特殊有效性或疑虑进行耐心的说服与解释，以引

起顾客的需求，促成交易。说服的主要方法是针对顾客的心理，灵活地运用提示或演示等方法，促使顾客做出购买决定。

5）处理异议

化解顾客异议是推销洽谈的重要组成部分。推销人员必须首先认真分析顾客异议的类型及主要原因，然后有针对性地使用处理策略。常采用的方法有询问处理法、补偿处理法、预防处理法和延期处理法等。但不管采取什么方法，都应记住"顾客永远是对的"这一信条。即使要表达不同见解，也应首先说"是的"，然后提出某些和顾客相同的看法，使顾客放松心理然后抓住时机，巧妙地加入自己的观点，从而达到说服顾客的目的。

6）达成交易

达成交易是访谈的直接目的。推销人员应抓住时机，促成顾客的购买行为。成交即推销人员接受对方订货购买的阶段。常用的达成交易的方法为提出选择性决策、提出建设性决策、提供价格优惠、提供便利服务、提供某种保证或汇集优点及利益等。

7）事后跟踪

产品售出后，并不意味着整个推销过程的终止。做好售后服务能加深顾客对企业和商品的依赖，促使重复购买。同时也可获得各种反馈信息，为企业决策提供论据，为推销人员积累经验，从而为开展新的推销提供广泛、有效的途径。推销人员应认真执行订单中所保证的条件，诸如交货期、安装和维修等。跟踪访问的直接目的在于了解买主是否对自己的选择感到满意，发掘可能产生的各种问题，表示推销员的诚意和关心，以促使顾客做出对企业有利的购后行为。

> 营销名言：真正的销售始于售后。

2.5 人员推销的基本策略

人员推销具有很强的灵活性。在推销过程中，有经验的推销人员善于审时度势，并巧妙地运用推销策略，促成交易。人员推销的策略主要有以下3种。

1. 试探性策略

试探性策略即"刺激-反应"策略，是指推销人员利用刺激性的方法引发顾客购买行为的策略。推销人员通过事先设计好的能够引起顾客兴趣、刺激顾客购买欲望的推销语言，投石问路地对顾客进行试探，观察其反应，然后采取相应的措施。因此，运用试探性策略的关键是要引起顾客的积极反应，激发顾客的购买欲望。

2. 针对性策略

针对性策略即"配方 - 成交"策略，是指通过推销人员利用针对性较强的说服方法，促成顾客购买行为的发生的策略。针对性的前提必须是推销人员事先已基本掌握了顾客的需求状况和消费心理，这样才能够有效地设计好推销策略和语言，有目的地宣传、展示和介绍商品，说服顾客购买。因此，运用针对性策略的关键是促使顾客产生强烈的信任感。

3. 诱导性策略

诱导性策略即"诱发 - 满足"策略，是指推销人员通过运用能激起顾客某种欲望的说服方法，唤起顾客的潜在需求，诱导顾客采取购买行为的策略。运用诱导性策略的关键是推销人员要有较高的推销技巧和艺术，能够诱发顾客产生某方面的需求，然后抓住时机，向顾客介绍产品的功效，说明所推销的产品正好能满足顾客的需要，从而诱导顾客购买。

模块 3 广告

3.1 广告的含义

广告是一种开放式的大众传播活动，通常将其理解为付款式宣传。随着商品经济的高度发展，广告已成为传播经济信息和促进商品销售的重要手段。

一般来讲，广告的含义有狭义和广义两种理解。狭义的广告又称为商业广告，是指由商品经营者或服务提供者承担费用，通过一定媒介和形式，以劝说的方式向目标市场推销产品、服务或观念的活动。

> 营销名言：广告是企业的化妆品。

从广义上讲，凡是以说服的方式所进行的公开宣传，都可以称为广告。也就是说，只要是能达到促销目的的宣传，就是广告。付费的宣传是广告，不付费的宣传也是广告。有时不付费的广告所起的促销作用更为明显。

2019 年 9 月，华为上线了关于其智慧屏的广告三部曲，广告围绕"华为智慧屏，让智慧变大"的主题。

种植篇（见图 7-6）：不小心掉到花盆里的 HUAWEI Mate 30 在被铺上一层泥土之后，变成了智慧屏，小朋友也为之惊叹。

看书篇（见图 7-7）：当手机声音调大之后，仿佛画面感更强了，让人有了身临其境之感。

放大镜篇（见图 7-8）：智慧屏，想你所想。刚放下放大镜，手机智能也就变大了。

图 7-6　种植篇

图 7-7　看书篇

图 7-8　放大镜篇

　　在广告内容中，华为并没有直接去赘述产品的卖点，而是直击广告诉求，即为新品类产品华为智慧屏造势，将 AI 摄像头、智慧音响系统和一碰投屏三大功能特点融入三则广告中，广告放大了消费者的感知，用极其简单又充满魔性的内容聚焦华为手机的变化，将智慧屏的概念扩大化，用极具画面感的内容向大众传递了"让智慧变大"的营销理念。

　　纵观这一波 HUAWEI Mate 30 的广告，广告用有趣的形式和内容亲近消费者，在向消费者展现产品功能的同时，也带给消费者惊喜，在潜移默化中扩大了品牌的影响力，提升了消费者对品牌的认知度与好感度。

世界上最早的广告

广告是商品经济的产物，自从有了商品生产和交换，广告也就随之出现了。世界上最早的广告是通过声音进行的，称口头广告，也称叫卖广告，这是最原始、最简单的广告形式。早在奴隶社会初期的古希腊，人们就已通过叫卖这种方式贩卖奴隶、牲畜，公开宣传并吆喝出有节奏的广告。古罗马大街上充斥着商贩的叫卖声。古代商业高度发达的迦太基是广大地中海地区的贸易区，就曾以全城无数的叫卖声而闻名。

商标字号也是古老的广告形式之一。商店的字号起源于古城庞贝。在古罗马帝国，人们用字号标记来做角斗和马戏团表演的广告。商标字号都是象征性的，如古罗马的一家奶品厂就以山羊做标记；一条骡子拉磨盘表示面包房；而一个孩子被鞭子抽打则是一所学校采用的标记。在中世纪的英国，一只手臂挥锤表示金匠作坊；三只鸽子和一只节杖表示纺线厂。伦敦的第一家印第安雪茄烟厂的标记，是由造船木工用船上的桅杆雕刻出来的。

我国是世界上最早拥有广告的国家之一。早在西周时期，便出现了音响广告。《诗经》的《周颂·有瞽》一章里已有"箫管备举"的诗句，据汉代郑玄注说："箫，编小竹管，如今卖饧者吹也。"唐代孔颖达也疏解说："其时卖饧之人，吹箫以自表也。"可见西周时，卖糖食的小贩就已经懂得以吹箫管之声招徕生意了。

饮用水是一个高度同质的简单产品，产品本身差异很小，因而市场竞争非常激烈。农夫山泉在诸多著名品牌中脱颖而出。在其广告中（见图 7-9），农夫山泉企业强

图 7-9 农夫山泉广告

调是水源地生产，利用消费者对健康的关心和对大自然的崇尚来提倡人们引用所谓"天然弱碱性"农夫山泉。农夫山泉提出了"有点甜"和"大自然搬运工"的概念，在消费者心理上抢占了制高点。

3.2 常用广告媒体的特点

现实生活中使用较多、较频繁的广告媒体其主要特点如下。

1. 报纸

报纸作为一种广告媒体最早出现在 17 世纪中期。时至今日，报纸虽然受到广播、电视的挑战，但它仍是传播信息的主要工具，是主要的广告传播媒体。

美国知名的皮鞋厂厂主、曾担任马萨诸塞州州长的杜拨斯先生说过："我之所以有

今天，完全是报纸广告所赐予的。我曾经试用过一切广告媒体，报纸广告给了我最好的体验。一张报纸上的广告，在报纸被展开的一刹那，就立即映入读者的眼帘。而在杂志中，广告往往被几十页文字所遮挡，不容易马上被读者看到。人人都看报，但杂志并不是人人都阅读的。没有一个地方的人们不热衷于看报纸，这就是我之所以只在报纸上刊登广告的原因。"还有一位名叫卡夫门的企业家也说过："报纸广告对于商业，就等于指针对于时钟一样。"

报纸的主要优点有覆盖面广，读者广泛而稳定；传播信息迅速及时，且可供人们反复阅读；信息易于长期保存，可反复刊登，加深人们的印象；制作简单，方便灵活，费用低廉。报纸广告的局限性表现为广告受版面限制大，表现形式单调，易被读者忽视；时效短，表现力差。

2. 杂志

杂志作为广告媒体，其优点有专业领域分布广泛；广告的目标明确，宣传针对性强；广告制作精良，有极大的吸引力；能长期保存、阅读率高。杂志广告的局限性表现为读者面较窄，专业杂志只适合专业性的广告；出版周期长、时效性差；制作比较复杂，费用相对比较高。

3. 广播

广播是传播信息较迅速、覆盖面较广的一种媒体。其优点有语言和音响效果的传播不受时空限制；传播速度快，灵活性极强；传播的对象广泛，针对性强；可以多次重复，加深人们的印象。广播作为广告媒体的局限性表现为广播只依据声音传送信息，表现力差；声音转瞬即逝，难以记忆和保存。

4. 电视

电视是可以传播声、形、乐，具有视、听、读综合效果的最佳广告媒体，是现代生活不可缺少的信息交流工具。其优点有覆盖面广，促销作用明显；声形并茂、画面优美、表现手法丰富；信息传送不受时空限制，具有强制力。电视广告同样存在不足之处，如制作、播出费用较高；电视信息不易保留；目标观众不易选择，针对性差；反复播放同一内容的广告，观众会产生逆反心理。

5. 户外

企业在户外的公共场所、空旷地带可以利用路牌、车船、霓虹灯、招贴、旗帜和广告灯箱等传播广告信息，宣传企业形象。其优点是广告形象生动，反复诉求效果好；有利于加深消费者对产品和企业形象的印象；传播主题鲜明，能吸引消费者的注意。其局限性是地点选择有一定的限制；修改难度较大；不易长期保持鲜明整洁的形象。

6. 销售现场

利用销售产品所在地的媒体做广告，包括在商场、百货公司、超级市场的室内和室外媒体上做广告。其优点有设计独特、主题鲜明、富有艺术感染力；增加购物气氛，美化环境，推销作用强。其局限性表现在如果这种广告设计、使用不当，会产生陈旧、单调、拥挤、零乱的感觉，有损商品和企业的形象。

7. 新媒体

新媒体广告的传播速度快、覆盖面广、时效性强，具有一定的交互性，形式多元化，跨越了时空的界限；但部分新媒体广告的权威性薄弱，受众的信任度偏低，广告信息易被过滤。

3.3 选择广告媒体应考虑的因素

各种媒体的特点不一样，所起的作用必然有差别，企业只有进行合理的选择，才能以较少的费用取得较好的效果。选择广告媒体取决于促销目标，同时要考虑媒体的特点。综合起来讲，应考虑以下因素。

1. 注意广告传播的对象

传播是指信息的发送者通过一定的媒体传递给接收者的过程。因此，广告在选择媒体的时候，应特别注意接收者的特征，在那些接收者常接触的媒体上做广告。

例如，日本丰田汽车所做的广告虽多，却集中在男士们每天必看的报纸上（见图 7-10），或在公路旁和街头，而在男士们很少从头到尾光顾的电视中，绝不去做丰田的广告，因为他们很明确，传播的对象是男士。

图 7-10　丰田汽车在报纸上所做的广告

2. 注意产品的销售范围

广告的宣传目的在于促销产品，因此选择媒体时需要与产品所销往的地区和销售的范围相一致。

例如，产品要销往全国各地，就应在中央电视台或《人民日报》上做广告；如果只在某一地区销售，则在地方台和地方报纸上做广告即可，因为在费用上有很大的差别，而效果却是一样的。

3. 注意广告媒体的影响力

企业所选择的广告媒体，其影响力的大小直接影响到广告的效果。例如，在报纸上做广告，就要考虑报纸发行量的大小，还要考虑其威信如何，因为威信高的媒体所传播

的信息可靠性强。有些媒体所传播的信息有一定的刺激性，很容易引起接收者注意，但接收者看过之后给予的评价却是编造的。如果在这种媒体上做广告，接收者会下意识地认为广告的内容也是编造的。

在考虑媒体威信高低的同时，也要注意媒体所传播信息的趣味性和吸引力。只有媒体引起人们的注意，媒体所传播的广告才能引起人们的注意。据有关部门统计，在一些报纸周末版上刊登的广告比正报上刊登的广告宣传效果好，说明人们喜欢看报纸上的消息，同时对其刊登的广告也会有较多的关注。

4. 注意广告的费用

不同媒体广告的费用不同，同一媒体不同时间、不同位置费用也会有所不同。企业要根据自身财力和对广告效果的预期选择适宜的媒体。

5. 注意商品的特性

由于商品的性质、性能、用途不同，宜选择不同的广告媒体。例如，对于生活用品，可用电视、广播等广告媒体；对于专业技术性强的机械设备等，则宜选用专业性报刊杂志或邮寄广告等形式，以便更直接地接触广告对象。

北京金属制品厂制成煤耗低、热效率高、低污染的半煤气锅炉，他们按照全国电话簿上的地址，挨个给有关单位发信介绍产品。结果，3 万封广告信招来了 15 万多个用户。如果在电视上做广告，不一定有这样的效果。

3.4　广告创意的基本要求

广告创意是指在广告中有创造力地表达出品牌的销售信息，以迎合或引导消费者的心理，并促成其产生购买行为的思想。在现代广告中，"创意"被称为广告的生命和灵魂。

广告创意是整个广告活动中的一个组成环节。除了必须遵循广告的真实性、心理性、实效性、艺术性和合法性等基本原则，还应符合以下 5 个基本要求。

1. 表现广告主题

广告主题是在广告目标和广告定位的基础上确立的，它是达到广告目标最基本的要素。广告创意必须以广告主题为核心，紧扣广告主题，始终考虑广告创意将引起什么效果，能达到什么目的，是否与广告目标相吻合。

2. 引人注目

引人注目是实现广告目标的第一步。一个好的广告作品首先应当能在众多同类广告互相竞争的市场环境中引起受众的兴趣和注意，这是广告创意的首要任务。

3. 独特新颖

独特新颖是引人注目的一个重要条件，它符合人们求新求变、标新立异的审美心理，是广告创意所刻意追求的。同样的主题不同的创意将会产生截然不同的效果。

广告创意除了要区别于同类广告作品，还要适应时代的要求，体现时代的特征。现代科学技术和现代艺术的发展，现代商品生产和商品市场的发展，现代生活水平、生活方式、消费观念和审美情趣的发展，都是广告创意构思中不可忽略的要素。

4. 简明易懂

广告创意简单明了，切中主题，突出重点，易于认知，是迅速有效地传达广告信息的重要原则。"多则惑、惑则迷、迷则乱、乱则空"，这句话对于广告创意可谓一语中的。

5. 传达情感

广告是艺术与科学的结合，广告创意要通过艺术构思和艺术形象的诱导来使人们对广告的传播产生愉悦感和乐趣。充满情感的广告创意具有强烈的生命力和感染力。

在广告信息内容的传达中注入浓浓的情感因素，可以打动受众，感动受众，从而使受众在强烈的感情共鸣中，达到非同一般的广告宣传效果。把情感传达作为广告创意中的一个构成要素，已是当今广告创作中的一个主要趋势。

营销拓展

都教授倾情代言三星产品

模块 4　营业推广

4.1　营业推广的含义

营业推广是一种刺激消费者迅速购买和经销商大批经营的短期促销方法。

概括起来，营业推广有以下特点。

1. 营业推广促销效果显著

在开展营业推广活动中，可选用的方式多种多样。一般来说，只要能选择合理的营业推广方式，就会很快地收到明显的促销效果，而不像广告和公共关系那样需要一个较

长的时期才能见效。因此，营业推广适合在一定时期、一定任务的短期性的促销活动中使用。

2. 营业推广是一种辅助性促销方式

人员推销、广告和公关都是常规性的促销方式，而多数营业推广方式则是非正规性和非经常性的，只能是它们的补充方式。也就是说，使用营业推广方式开展促销活动，虽能在短期内取得明显的效果，但它一般不能单独使用，常常配合其他促销方式使用。营业推广方式的运用能使与其配合的促销方式更好地发挥作用。

3. 营业推广有贬低产品之意

采用营业推广方式促销，似乎迫使顾客产生"机会难得、时不再来"之感，进而能打破消费者需求动机的衰变和购买行为的惰性。不过，营业推广的一些做法也常使顾客认为卖者有急于抛售的意图。若频繁使用或使用不当，往往会引起顾客对产品质量、价格产生怀疑。因此，企业在开展营业推广活动时，要注意选择恰当的方式和时机。

4.2 营业推广的方式

1. 对消费者的营业推广方式

对消费者进行营业推广，其目的是促使老顾客重复购买，吸引新顾客试用，争夺其他品牌的消费者。常用的方式有以下几种。

案例 商家的一份
"双十一"营业推广方案

1）赠送样品

赠送样品是企业推出新产品、占领新市场时常用的一种有效方式。赠送样品的形式多种多样，通常采取直接邮寄、街头分送、媒体分送（如报纸夹送）、店内赠送等不同的方式。赠送样品的数量通常较少，但足以让消费者认识到他的利益所在。

图 7-11　宝洁公司免费发放样品

宝洁公司曾做过的市场调查显示，美国一个家庭平均使用 10 件宝洁产品，但大多数消费者只能说出 2 ～ 3 个品牌的名字。因此，为了将宝洁的名字与其品牌更紧密地联系起来，该公司在纽约举办了一次大型样品派送活动。宝洁公司人员向人们免费派送样品，一些名人也应邀到场助兴。此外，该公司还派出了一支支小队伍在街头向行人免费赠送样品。如图 7-11 所示，这次赠送活动免费发放超过 25 个品牌的 4 万多件样品，包括封面女郎、吉列、金霸王、帮宝适、佳洁士、汰渍、Old Spice、Febreze、Scope 与爱慕斯（IAMS）等。

2）折价券

折价券是可以以低于商品标价购买商品的一种凭证，也称优惠券、折扣券。持有者凭券在限定期限内购买商品时可以免付一定数量的钱款。折价券可直接邮寄或附在其他商品中，也可随广告附送。购买频率高或一次购买量较大的商品，采用这种方式效果较好。

3）特价

特价是以低于常规价格出售商品的一种方法。具体操作有两种方法：一是单列减价，即将商品单独包装减价出售；二是组合减价，将两种相关联的商品合并一起减价销售。这两种方法对刺激短期销售效果较好，但要避免给顾客留下商家处理滞销产品或库存的印象。

4）产品陈列或示范表演

利用有利位置进行橱窗陈列、柜台陈列或流动陈列，同时进行操作使用示范，以此展示产品的性能与特长，打消顾客疑虑。

5）交易印花

顾客购买商品后，将所发的印花集到一定张数后，便可换取赠品或享受优惠折扣。一般以积分卡的形式操作，分一次性或几次累计消费到一定金额后领取贵宾卡，长期享受折扣优惠。

在竞争激烈的速食业中，其促销活动不只是希望拥有广大的顾客，而是更希望拥有忠实的顾客，使其永远上门。于是，汉堡王（见图 7-12）在店面广告中广而告之其活动——以金币铺向"休假梦想屋"，其美工表现非常诱人。近 3 000 个汉堡店分发 1 亿张以上密封的游戏卡，每张游戏卡有 3 张印花和游戏规则。在促销期间，顾客每次光顾汉堡店时，将所获得的印花贴在"省钱板"上，即可赢得 23 个"简易街道奖"，最少也有免费可乐或 1 元美金；最大奖需要 4 张幸运券，即可赢得 10 万元或"梦想中的度假屋"。结果在这个促销活动中，销售额比上一年同期增加 7% 以上。

图 7-12　汉堡王

6）随货赠品

随货赠品是指消费者买 A 商品送 B 商品，此种促销手法早期被商品供应厂商所使用，其赠品方式分包装内、包装上、包装外 3 种。

此外，还有以旧换新、竞赛和抽奖等。当然，对消费者的营业推广方式远远不止这些，随着市场竞争的加剧、企业营销经验的积累，各种新的推广方式层出不穷。

2018 年国庆期间，支付宝联合两百多个全球商家在微博上发起了抽奖活动，只需转发支付宝官方的"锦鲤活动"微博即可参与。支付宝抽取一位幸运儿并送上超级大礼包，

获奖概率约300万分之一。礼包里的奖品极其豪华，包括各种鞋包、服饰、化妆品、各地美食、电影票、旅游免单、手机、机票、酒店等，涵盖衣、食、住、行方方面面。

图7-13 支付宝"中国锦鲤"活动，6小时微博转发量突破100万次

支付宝这次"中国锦鲤"活动，6小时微博转发量突破100万次（见图7-13）；周累计转发突破300万次；活动曝光量达2.09亿次；支付宝官方微博涨粉1 000万人。

2. 对中间商的营业推广方式

企业除了以营业推广方式刺激消费者购买，还要调动中间商的经营积极性，鼓励其大批量进货，这对提高产品市场占有率、提升企业形象有重要作用。对中间商的营业推广方式主要有以下几种。

1）销售折扣

销售折扣即对长期合作或销售努力的中间商给予一定的折扣。销售折扣包括批量折扣、现金折扣和季节折扣。

2）资助奖励

生产企业为鼓励中间商经营本企业产品，可采用资金奖励或补贴形式，其中包括经销补贴（当中间商第一批订货或大量订货时，给予购买补贴）、展品补贴（免费赠送橱窗、柜台的陈列样品）、广告津贴、清货津贴和降价津贴等。

3）赠品

赠品包括赠送有关设备和广告赠品。前者是向中间商赠送陈列商品、销售商品、储存商品或计量商品所需要的设备，如货柜、冰柜、容器和电子秤等。后者是向中间商赠送一些日常办公用品和日常生活用品，上面都印有企业的品牌或标志。

4）节日公关

在节日来临之际，集中举办各类招待会、免费旅游等活动，邀请中间商参加，以加强彼此的合作。

5）业务会议

业务会议即每年在销售旺季来临之前，举行多方参加的购销业务会议，在短期内集中订货，促成大量交易。

6）代销

企业的任何商品都可以代销，其中对新产品、进行市场渗透的产品和企业滞销的产品开展代销业务，企业获利最大。代销的形式有两种：一是企业寻找合适的代理商；二是企业委托经销商开展本企业产品销售的代理业务。

3. 针对推销人员的营业推广

1）销售红利

销售红利即事先规定推销人员的销售指标，对超指标的推销人员按比例提取一定的红利，以鼓励推销员多推销商品。

2）推销竞赛

推销竞赛即在推销人员中发起销售竞赛，对推销产品有功的人员或销售额领先的推销员给予奖励，用以鼓励推销员，调动推销员的积极性。

3）特别推销金

企业给予推销人员一定的现金、礼品或本企业的产品，以鼓励其努力推销本企业的产品。

4.3 营业推广的策划

为保证营业推广活动取得预期的结果，企业事先必须进行周密策划，包括以下几点。

1. 确定营业推广目标

企业的营业推广目标是根据目标市场的购买者和企业的营销目标决定的，对消费者、中间商和推销人员的推广目标各有不同。一般来说，对消费者的推广目标是鼓励其试用和反复购买；对中间商的推广目标则是鼓励其大量推销本企业产品，吸引他们经营企业的新商品和维持较高的存货水平；对推销人员的推广目标是鼓励他们大力推销新产品、寻找新客户，激励他们推销过季或积压的产品。

2. 制定营业推广方案

一般来说，企业的营业推广方案应包括以下内容。

1）激励幅度

激励幅度即确定激励的经济有效限度。激励强度不够，不能引起刺激对象较强烈的反应，达不到预期目标；反之，若激励幅度过大，不但会影响企业经济效益，而且会适得其反，引起刺激对象的逆反心理和逆反行为。因此，必须认真分析各方面的条件，确定适当的激励幅度，做到既能扩大销售渠道，又不降低效益。

2）推广对象

许多营业推广活动是针对所有顾客的，但这样做的费用太高，常常造成浪费。因此，要根据企业的营销目标和促销目标，合理确定推广对象的范围和条件，如寒暑假期间许多商品的营业推广是针对学生进行的。

3）推广方式

企业推广方式甚多，各有利弊，各自适合不同的情势。企业应综合考虑市场类型、营销目标、竞争环境，以及各种推广方式的资金和效率等，从中选择适当的方式。

4）推广途径

推广方式确定后，企业还要选择适当的推广途径，因为同一方式可有不同的实现途径，如折价券可通过多种途径来分发，但每一种途径的送达率和费用都不同，这就需要进行综合比较，选择最有利的途径。

5）推广期限

推广期限即营业推广活动持续时间的长短。如果持续时间太短，许多可能的消费者还未来得及购买，活动即已告终；如果持续时间太长，会给消费者造成变相降价的印象，从而失去吸引力，甚至会让消费者对产品的质量产生怀疑。

6）推广时机

推广时机即推广时间的选择。通常要考虑产品所处的生命周期阶段、竞争状况及消费者购买习惯等因素。

7）推广预算

营业推广需要花费一定费用，这就要求在每一次推广之前做好推广预算。常用的预算方法有两种：一是成本累加法，即将各环节预计的成本费用相加得出该次推广的总费用预算；二是比率法，即确定企业促销的总费用，然后按一定百分比进行分配，从而确定企业推广总费用。

3. 营业推广方案的测试

营业推广方案确定后，若条件允许，应先进行小范围的测试，以检验方案的可行性与效果。

4. 营业推广方案的实施

营业推广方案测试通过后，企业还应制订详细的实施计划，以便有效执行营业推广方案并进行控制。在方案实施过程中，还要密切关注市场的变化，以便根据实际情况对方案进行及时调整。

5. 营业推广方案的评估

每次营业推广活动结束后，都要对推广效果进行评估。评估的方式与广告相同，一是要看这次推广的经济效益，二是要看对消费者态度等方面的影响，以便总结经验，为下一次推广提供借鉴。

在广州百货大厦的小家电柜台前，两个营业员正在做榨汁器的示范表演。一个营业

员面前摆满了橘子、苹果、西瓜等水果及玻璃器皿。只见他左一下、右一下扭动着榨汁器，鲜美的水果原汁流入杯中（见图 7-14）。另一个营业员说，这种榨汁器是超级玻璃制成的，防酸、防碱、防裂、打不碎。说着拿起大铁锤猛砸了几下，又把榨汁器狠狠地摔在地上，榨汁器丝毫不损。他向围观的顾客说，谁发现有裂纹，就赠送谁榨汁器一个。一位河南顾客不大放心，营业员请他上来实际操作，也使用了锤子又敲又砸，围观人真正信服了，这位河南顾客一下买了 4 个，一会儿工夫，该柜台卖出榨汁器达上百个。

图 7-14　营业员做榨汁器的示范表演

❓ 开动脑筋

该榨汁器采用了哪种营业推广的方式？该方式有哪些优点？

模块 5　公共关系

5.1　公共关系的含义

公共关系是一个企业或团体为了适应环境的需要，争取社会各界的理解、信任和支持，树立企业或团体的良好信誉和形象而采取的一系列活动。对企业而言，公共关系的目的不是追求短期的、既得的销售量的增加，而是着眼于企业在社会中的良好信誉和长远利益。公共关系是一种有计划、有目标的活动。公共关系的基本目标是在广大消费者和用户面前树立和保持企业的良好形象和信誉。

5.2　公共关系的内容

公共关系的任务是在开放、竞争的市场经济条件下，处理好企业各种各样的市场关系、客户关系及社会关系，为企业的生存和发展创造一个良好的社会环境。这就决定了公共关系促销活动的主要内容。

（1）帮助企业建立起良好的内部和外部形象。一是从企业内部做起，使员工具有很强的凝聚力和向心力。二是加强企业的对外透明度，利用各种手段向外传播信息，让公众认识自己，了解自己，赢得公众的理解、信任、合作与支持。

（2）公共关系是企业收集信息、实现反馈以帮助决策的重要渠道。公共关系促销可以使企业及时收集信息，对环境的变化保持高度的敏感性，为企业决策提供可靠的依据。

（3）在现代社会环境中，企业是在包括顾客、职工、股东、政府、金融界、协作者及新闻传播界在内的各方面因素组成的社会有机体中实现自身运转的。公共关系活动正是维持和协调企业与内外公众关系的最有效的手段。

（4）任何企业在发展过程中都可能出现某些失误。企业要有应急准备，一旦与公众发生纠纷，要尽快掌握事实真相，及时做好调解工作。运用公共关系可起到缓冲作用，使矛盾在激化前及时加以缓解。

（5）及时分析、监测社会环境中政策、法令、社会舆论、公众志趣、自然环境和市场动态的变化，向企业预报有重大影响的近期或远期发展趋势；预测企业重大行动计划可能产生的社会反应等。

（6）产品促销虽然不是公共关系直接的、主要的工作内容，但从企业的最终目标来看，产品促销应成为公关促销的潜在的根本目的。以自然随和的公共关系方式向公众介绍新产品、新服务，既可以增强公众的购买或消费欲望，又树立了企业良好的市场与公众形象。

5.3　公共关系的方式

公共关系促销活动方式策划是一项充满创造性的工作。一般而言，主要表现为以下几种方式。

1）新闻宣传

企业通过新闻报道、人物专访、报告文学、纪事和特写等形式，利用各种新闻媒介对企业进行宣传。新闻无须付费，具有客观性，能取得比广告更好的宣传效果。此外，还可以"制造新闻"。制造新闻事件能起到轰动的效应，常常引起社会公众的强烈反响，如海尔张瑞敏刚入主海尔时的"砸冰箱"事件，至今还令人们记忆犹新。

图 7-15　精工表

20世纪60年代初期，日本精工计时公司生产的精工表（见图7-15），质量和性能均属上乘，虽然该公司花去了大笔广告费，但却很难打入国际市场。在激烈的市场竞争中，这家公司采用了吸引舆论的手段，一举获得成功。他们派飞机在澳大利亚海滩投下许多精工表，阳光下，人们被天空中突如其来的金光闪闪的东西惊呆了，当捡起一块块从高空坠地后依然走时准确的精工表时，无不为之叹服。新闻界对此进行了绘声绘色的报道，精工表从此打开了销路，精工产品也成为人们追求的目标。

2）企业自我宣传

企业自我宣传是企业运用所有自己能够控制的传播媒介进行宣传的形式。企业常通过实物、图片、录像等向公众介绍企业的发展历程，展示企业的经营成果，以此扩大企业的影响，如分发企业刊物、宣传小册子等，以求最迅速地将企业内部的信息宣传出去。

3）开展、赞助某些公益性、文化性活动

企业可以通过庆典或纪念活动等形式，开展公益性、文化性的公共关系活动，树立企业整体形象和维护长远利益，扩大企业影响力。企业还可以通过赞助和支持文化、教育、福利等活动来提高企业的形象和声誉，从而让消费者了解企业产品，提高产品销售量。

4）举办公关专题活动

企业通过举办各种联谊会、茶话会、消费者接待日、文化沙龙等社交活动，可与消费者沟通感情、拉近关系。这类公共关系活动具有直接性、灵活性和人情味浓等特点，能使人际间的沟通进入"情感"的层次，因而在公共关系促销中得到了广泛的应用。

5）提供各种优惠服务

企业开展售后服务、咨询服务、维修技术培训等，以行动证实企业对公众的诚意，容易获得公众的理解和好感。

6）充分利用名人效应

利用名人效应是公共关系人际传播里常用的手段。名人对公众的影响力比一般人的传播效果要好，借助名人效应，能够强化信息的影响力。

巴西某地一家礼品店为了招徕顾客，在电视台大做广告，宣传自己制定的店规：凡是名人前来购物，一律不收分文。但条件是必须以绝招来证明自己的身份。广告登出后，一些名人感到新奇，特来献技，远近顾客也慕名而来，想一睹名人风采。一时间礼品店顾客盈门，生意十分红火。

一天，球王贝利来到礼品店，顺手拿起店里的一个足球放在地上，用脚轻轻一勾，球不偏不倚正好踢在门铃上，店内立刻铃声大作。未待铃声停止，贝利又用头一顶，把刚要落地的球顶到原来放球的位置。老板马上热情地邀请贝利挑选自己喜爱的礼品，自然分文不取。不过球王的这一套干净利落的踢球动作早被聪明的老板摄下，成为商店吸引顾客的"法宝"。

7）利用展销会或展览会

展销会和展览会是企业扩大其对外影响的窗口和机会。在这种场合，企业除了提供优质的产品、努力提高销售量和利润，还应抓住机遇，营造富有特色的舒适环境，提供彬彬有礼的服务、严谨周到的安排及非商品方面的介绍等，为企业塑造良好形象创造条件。

有创意的公共关系促销策划，包含许多哲学理念、价值追求和人文要求，往往会给人们留下美好的记忆。因此，注意公共关系策划的开拓创新，将会不断提高公共关系促销的水平。

[营销视野]

绿 色 公 关

随着人们环保意识的不断增强，政府部门对绿色消费的要求越来越高，消费者绿色消费意识也越来越强。在国际经营中，发达国家不断在加大"绿色壁垒"的力度，从环保方面制止或限制某些产品进口，甚至对已进入的国外商品提出诉讼，使得外国企业在外贸出口中处于被动地位。开拓全球绿色消费市场，迫切需要进行绿色公关。我国海尔公司通过绿色公关，开发无公害、低能耗的绿色冰箱产品，深受消费者的欢迎，成功地避开了欧美等发达国家的绿色壁垒，产品出口市场日益扩大。近年来，美国杜邦公司重新将企业发展定位在可持续发展与创造绿色科学奇迹上，全力向生物科技领域拓展。纵观世界知名企业的发展，绿色公关已是未来营销管理的重要内容。

营销拓展

360 随身 Wi-Fi 的公关化广告思维

项目小结

促销是企业市场营销中不可或缺的组成部分，尤其在供大于求的市场态势中，促销策略和促销组合尤为重要。

促销组合包括人员推销、广告、营业推广、公共关系 4 种方式。具体采用哪种组合，应综合考虑促销目标、产品类型、企业的促销策略、购买准备过程阶段、产品生命周期、经济前景等因素。

人员推销以其特有的优势，在促销组合中起着不可替代的作用。人员推销的任务有挖掘和培养新顾客，沟通信息，推销商品、满足顾客需要和提供服务。人员推销的程序包括寻找顾客、事前准备、接近顾客、介绍阶段、处理异议、达成交易和事后跟踪 7 个环节。人员推销的基本策略有试探性策略、针对性策略和诱导性策略。

营业推广以其形式多样、短期效果明显而受到众多企业的重视。它包括营业推广的

含义、营业推广的方式和营业推广的策划。

公共关系的内容包括公共关系的含义、公共关系的内容和公共关系的方式。

练习与实训

一、简答题

1. 影响促销组合的因素有哪些？

2. 人员推销的任务有哪些？

3. 人员推销的基本策略有哪些？

4. 影响广告媒体选择的因素有哪些？

5. 广告创意的基本要求有哪些？

6. 适合消费者的营业推广方式有哪些？

7. 企业制定的营业推广方案一般包括哪些内容？

二、课堂实训

见教材配套用书《市场营销基础（第 5 版）学习导航与习题》。

三、案例分析题

星巴克在 4 月 22 日世界地球日发起共爱地球活动。当天 9：00 ～ 12：00，在全国星巴克门店，凡自带星巴克随行杯或马克杯的顾客，将免费获得新鲜烹煮的中杯滴滤咖啡一杯。星巴克通过这种方式鼓励顾客的环保行为，号召他们加入环保行列。世界地球日是一个全球性的环境保护运动，此次星巴克在世界地球日邀请自带咖啡杯的顾客们免费品尝咖啡的举动，也是鼓励顾客自带杯子以减少浪费，希望能够引导大家培养环保的生活习惯，号召大家在日常生活中也参与到环保活动中来。让更多的咖啡爱好者加入环保的队伍，用自己的一个小小善举为地球增加一份关爱与保护。除了世界地球日这天的回馈，星巴克还鼓励顾客进行持续性的环保行动，顾客每次使用随行杯到星巴克购买手工调制饮品，都将减免 2 元。

思考题

1. 星巴克的免费喝咖啡活动运用了哪些促销方式？

2. 星巴克免费喝咖啡活动的目的和意义是什么？

延伸阅读

从《向往的生活》到"00 后"黑话，为何小度总踩对步调

如果要聊一聊中国的互联网历史，百度是绕不开的公司。这位中国互联网"上古时代"的拓荒者，

一直到今天还有着旺盛的生命力，位列"BAT"（首字母分别表示百度、阿里巴巴、腾讯）一席，中文互联网风风火火二十年，每个阶段都有百度的脚印。

回首百度业务史，"互联网踩点王"养成记

当年百度搜索一则"我知道你不知道"的广告火遍全网，视频中的文字游戏告示被"唐伯虎"以多种方式解读，直接把"老外"秀得找不着北，最后一句"百度更懂中文"让全世界都看到了中文的博大精深和百度搜索的精准奇妙，如今百度几乎成为上网搜索的代名词。

百度贴吧成为无数初代互联网人网上冲浪的"圣地"，现在，百度贴吧也依旧是最大的中文社区和众多社会事件的承载地。

百度网盘同样是很多人的首选，被冠以业界良心的称号……生活的方方面面，百度都用强大的产品竞争力和营销力，不断塑造与消费者新的对话方式，这些产品，也都具有高度的用户黏性和互动性。随着互联网的发展和人工智能（Artificial Intelligence，AI）技术的逐渐普及，如今，百度把接力棒交到了小度的手里，小度系列智能硬件早已走进了千家万户，成为智能家居时代之匙。

上春晚登综艺，"AI界营销头雁"刷爆朋友圈

2019年春节联欢晚会，一波接一波的福利活动不仅让小伙伴们都跟着节目"摇一摇"，还让小度登上了中国中央电视台的大舞台。对春联、飞花令等难题，统统难不倒机智的它，和小伙伴们一起迎春的你，又多了小度这样一个温暖贴心的新伙伴，这一波营销植入，直接让小度的国民好友度再次提升。

如果说春节联欢晚会提高了小度的知名度，那么在《向往的生活》里，小度的聪明伶俐、机智可爱更是得到了充分体现。帮何炅暖场播放背景音乐、帮黄磊做菜查询菜单、圈粉娱乐圈一众明星，陈伟霆都高呼"我也想要一个！"……网友们纷纷惊呼，"原来人工智能也可以这么迷人！"从初登春节联欢晚会的"互动营销"，到植入《向往的生活》的"综艺营销"，百度将真实的小度展现给了每一个人，掀起了全民AI的热潮。

如今，小度家族又一新品——小度智能音箱Play全面上市，还玩起了一，顿时在网络上炸开了锅，结结实实地再圈一波粉。

小度拥抱"00后"，"黑话""爱豆""二次元"我都玩得溜

和"80后""90后"不同，"00后"更关注自己的兴趣世界，形成了多个垂直类圈层文化。"黑话"成为"00后"独有的话题体系和专属沟通符号，而小度智能音箱Play则可以用"黑话"和"00后"无障碍交流。

啥叫走花路①? 啥叫皆坐勿6②? 啥叫awsl③? 那些"叔叔阿姨"们不懂的"黑话"，小度智能音箱Play都能轻松搞懂，真正成为"00后"的贴心好友。同时，专属"怼人功能"的加入，更是让小度拥有了懂幽默的"有趣灵魂"。

说到"00后"，不得不提的就是饭圈文化，机智的小度通过录入宋祖儿、邓超元、王博文等深受"00后"喜爱明星的原声语音，再一次和"00后"

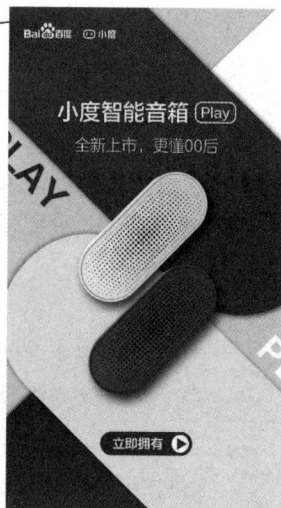

注：① 网络流行词，意思是希望顺顺利利，一直有好事发生。
② 网络流行词，意思是安静坐下，不要回复666。
③ 网络流行词，用来形容看到可爱的事物时的激动心情。

们打成一片。

　　只要你喜欢，每天和你对话的，就可以是你的"爱豆"。小度智能音箱 Play 还发起了"对暗号"活动，粉丝们说出自己小圈层里专属的暗号，小度就可以用明星的语音彩蛋回复。

　　撩完"爱豆"还不够，小度智能音箱 Play 还携手 AcFun（A 站）进军"二次元"市场，由小度担任主考官，发起了"A 站黑话"大考，小伙伴们可以用弹幕答题，如果全部回答正确，就有机会领走小度智能音箱 Play 一台。

项目 8

走进新媒体营销

知识目标

- ❖ 理解新媒体营销的概念
- ❖ 了解新媒体营销的主要方式
- ❖ 理解新媒体营销的特点
- ❖ 了解企业如何开展新媒体营销
- ❖ 了解大数据在新媒体营销中的运用

能力目标

- ❖ 在正确认识新媒体营销的基础上，提高新媒体营销的运用能力

素质目标

- ❖ 培养新媒体营销策划的意识，树立迎接和挑战新媒体营销的信心和热情

案例引领 8——可口可乐公司的"新营销"

2012 年，可口可乐（见图 8-1）公司在澳大利亚推出了名为 Share a Coke 的宣传活动，印在可乐瓶、可乐罐上的名字是澳大利亚最常见的 150 个名字。于是，2013 年夏季，可口可乐公司在中国推出了昵称瓶活动，昵称瓶在每个可口可乐瓶子上都写着"分享这瓶可口可乐，与你的××××"。昵称瓶迎合了中国的网络文化，以新媒体为主平台，开启个性化的昵称瓶定制，实现当季可口可乐公司独享装的销售量较上年同期增长 20%、超出 10% 的预期销售量的增长目标。

图 8-1 可口可乐

可口可乐公司趁热打铁又进一步推出了歌词瓶项目：

（1）针对关键意见领袖进行定制化产品投放，利用明星的粉丝效应和关键意见领袖在新媒体社交网络的活跃度和影响力，制造信息传播高点。

（2）通过社交媒体引发活跃粉丝的跟进，进而利用新媒体的扩散作用影响更多普通消费者的微博端，消费者转发微博加上"挣可口可乐歌词瓶 # 标签"并 @ 小伙伴就有机会获得一个专属定制瓶。同时，粉丝们也正围绕话题"最打动你的歌词"，自发地分享最喜爱的歌词给自己带来的美好回忆。

（3）在微信端，用户扫描可口可乐瓶子上的专属二维码进入微信页面，在听歌的同时还能看到一段根据歌词创作的动画，短短数秒却充满新奇，激起消费者购买第二瓶一探究竟的欲望。

从昵称瓶到歌词瓶的营销启示：

营销理念和品牌定位一脉相承。从昵称瓶到歌词瓶再到台词瓶，是可口可乐公司"流动性传播和策略性连接"营销理念的传承，把瓶身社交化做得越来越细、越来越深，同时始终秉持其"快乐和分享"的品牌定位，塑造了个性化的统一品牌形象。

以新媒体为主要传播阵地，让用户主动参与，实现从消费者印象到消费者表达，充分挖掘目标消费者的想法、感受，将品牌理念与之建立连接，制造了更多的空间供消费者讨论，维持话题热度，引导讨论但不生硬地主导舆论，而是让用户创造内容，自主参与帮助品牌扩大影响力，加强深度关系。

利用名人效应和粉丝效应，发动自媒体参与新媒体平台传播，充分发挥关键意见领袖的影响力，形成口碑传播。在社交媒体上，每个人都是自媒体，关键意见领袖本身具有很大的影响力。除了有影响力的关键意见领袖和明星，可口可乐公司也非常重视与忠实粉丝的互动。

可口可乐公司通过跨界合作、线上线下整合，形成 O2O 的营销闭环。在微博上定制一瓶属于自己的可口可乐，从"线上"微博定制瓶到"线下"消费者收到定制瓶，继而通过消费者拍照分享又回到"线上"，O2O 模式让社交推广活动形成一种长尾效应。

遍地撒网，全媒体覆盖，可口可乐公司结合热点有节奏地维持话题热度。通过全网全覆盖的方式，可口可乐公司陆续推进各项活动，使面向的各个消费者都成为品牌传播的一分子。新媒体有话题破碎、易逝的特点，消费者不再是单纯的受众，而是已经完全参与到品牌的传播与塑造中，成为品牌的推广者。在话题热度下降时，可口可乐公司又持续推出新的活动方案，有节奏地维持话题热度。

定制背后的逻辑是"与我相关"。昵称瓶可以定制自己的昵称，歌词瓶可以定制自己喜欢的歌词，所有定制设计和"疯抢"背后的支撑都是"与我相关"。包装定制是定制化的开始，人们往往会分享"与我相关"的事或物，由此会再引起一轮传播。

❓ 思维训练

可口可乐公司本次采用了哪些新媒体营销方式？

在经济全球化的今天，企业必须充分认识到新媒体营销对企业经营的重要性。充分利用和开展新媒体营销，是扩大产品销售、增强企业竞争能力的重要途径。本章我们将一起学习新媒体营销的相关知识，一起探讨新媒体营销的类型以及如何开展新媒体营销。

模块1 "数字化"新媒体营销

1.1 新媒体营销的概念

党的二十大报告提出："加快发展数字经济、促进数字经济和实体经济深度融合。"数字化新媒体作为全新的传播介质和应用手段，被运用到企业营销渠道的开拓和服务体验升级中去。为企业创造经济效益，树立品牌形象，维护客户关系发挥了越来越重要的作用。

"新媒体"（new media）的概念是1967年由美国哥伦比亚广播电视网（Columbia Broadcasting System，CBS）技术研究所所长戈尔德马克（P.Goldmark）率先提出的。

课堂讨论：如表8-1所示，你认为以下哪些是新媒体，在你认为是新媒体的选项后打"√"。

表8-1 新媒体类型辨析

类 型	是/否	类 型	是/否
门户网站		手机短信	
电子邮件		专业论坛	
个人微博		手机杀毒软件	
官方微博		个人微信朋友圈	
微信公众号		手机新闻客户端	

表8-1所示的类型都可以叫新媒体。新媒体是一个相对的概念。目前所谈的新媒体包括网络媒体、手机媒体、数字电视等形态，但回顾新媒体的发展过程，就可以看到新媒体是伴随着媒体发生和发展而不断变化的。

广播相对报纸是新媒体，电视相对广播是新媒体，网络相对电视是新媒体。科学技术在发展，媒体形态也在发展，像手机杀毒软件一样，过去只是一个工具软件，但自从带了装机软件推荐、自动弹窗等功能后，就具备了媒体传播特性，人们就不能只注意到它的工具化属性，也要注意到它作为媒体所传递的能量。

对于新媒体定义，至今没有定论。一些严肃的期刊上关于"新媒体"文章的研究对象包括互联网媒体、数字电视、移动电视、手机媒体等，网上很多文章把博客、微博、微信订阅号等也称为新媒体。

那么，到底什么是新媒体？

对新媒体的理解，需要抓住要点——新媒体是建立在数字技术和网络技术等信息技术基础之上的。如果传统媒体开始利用信息技术改造自身运营模式，那么这些传统媒体也可以变成新媒体。

新媒体营销是指利用多种新媒体平台或渠道进行商品或企业信息发布传播，以吸引眼球，制造话题，舆论参与为互动内容的系统性营销活动，最终达到树立企业形象、提升品牌知名度、扩大商品销售、增强客户满意度等企业经营目标。

1.2 新媒体营销的主要方式

1. 企业微博营销

企业微博可分为信息展示类、微博电商类、品牌传播类、客户服务类、危机公关类等几类。

1）信息展示类

有些企业通过开设微博来展示企业相关信息，利用微博宣扬企业文化，展示品牌形象，进行产品、活动推广等，进而与用户近距离接触。

2）微博电商类

有些企业利用微博用户量多、用户在线时间长等特点直接对微博用户进行产品推介，在促进产品交易的同时还能吸引大量的潜在用户，比较典型的有小米手机，如图8-2所示。

图 8-2　小米手机在微博上对用户进行产品推介

3）品牌传播类

微博的部分媒体属性也为企业品牌传播提供了良好的环境，不少企业微博通过微博图文内容展示来表现其品牌理念，黏住品牌粉丝的同时也在吸引围观粉丝。

4）客户服务类

不少消费者会利用微博这个公共开放平台来表达自己的诉求，对企业的产品或服务提出疑问或改进意见、进行投诉等。因此，企业可通过开设专门的微博账号和消费者建立良好的互动关系，通过微博做好客户服务和售后服务工作。

5）危机公关类

在企业商务活动中，公关服务是必不可少的环节，有些企业则通过开设微博向用户提供公关服务，微博信息发布快、传播广、信息到达率高等特点非常适用于企业公关。

2013年8月，恒天然发布声明称旗下的一家工厂去年5月生产的3批次共38吨浓缩乳清蛋白中含有肉毒杆菌。"肉毒杆菌门"事件全面爆发，多个奶粉品牌包括多美滋涉及其中，影响巨大。事情一经报道，舆论不断升级，多美滋迅速发布声明，称8月2日获知一些多美滋产品使用的部分批次恒天然生产的浓缩乳清蛋白粉可能存在潜在的质量问题，并立即启动产品追溯系统。根据恒天然提供的信息，多美滋已查明部分优阶贝护和多领加2段产品有可能受到影响，共涉及12个批次。本着对消费者安全的高度重视及对产品安全问题零容忍的态度，多美滋启动召回程序，将对以上产品实施预防性召回，并全部销毁。其中部分已经被迅速封存，未流入市场。

随后，多美滋官方在官网、官微、各大传统媒体平台推出多美滋1 000日计划，并随后建立"多美滋1 000日计划"微博账号，化危机为宣传机会。

多美滋1 000日计划如图8-3所示。

图8-3　多美滋1 000日计划

2. 企业微信营销

即时通信（Instant Messaging，IM）是一种可以让使用者在网上的私人聊天室进行交流的实时通信服务。通常即时通信服务会在使用者通话清单（类似电话簿）上的某人连上即时通信时发出信息通知使用者，使用者便可据此与此人通过互联网开始实时通信。除文字外，大部分即时通信服务现在也提供语音或视频通信的功能，其已经完全取代了传统电话功能。目前在互联网上广受欢迎的即时通信产品包括微信、QQ、百度 HI、新浪 UC、MSN Messenger、Anychat、网络飞鸽等。

[营销视野]

微　信

在即时通信领域，目前国内并没有人能挑战腾讯的地位，但腾讯仍然在内部推出了一款新的即时通信工具——微信（WeChat）。这款即时通信产品在短短两年内覆盖了中国几亿用户，而且走出了国门，成为目前世界上一款主流即时通信工具。

微信是腾讯公司于 2011 年 1 月 21 日推出的一个为智能终端提供即时通信服务的免费应用程序。微信支持跨通信运营商、跨操作系统平台，通过网络快速发送免费（需消耗少量网络流量）语音短信、视频、图片和文字，同时也提供了公众平台、朋友圈、消息推送等功能。用户可以通过摇一摇、搜索号码、附近的人、扫一扫等方式添加好友和关注公众平台，同时可以将内容分享给好友，也可以将看到的精彩内容分享到微信朋友圈。截至 2019 年第一季度，微信已经覆盖了中国 90% 以上的智能手机用户，月活跃用户超过 10 亿个，用户覆盖 200 多个国家及地区，超过 20 种语言。此外，各品牌的微信公众账号总数已经超过 1 500 万个，微信支付用户则达到了 6 亿个左右。

微信营销包括以下 4 种模式。

1）微信公众号模式

无论是企业还是个人都可以开通微信公众账户，通过微信公众账户推送文章和提供用户需要的服务。有的企业微信公众账户积累了几千万个用户，可以直接针对自己的客户进行精准的信息推送，大大提高了企业的用户管理和运营水平。不少官方媒体也纷纷开设微信公众号，传播自己的文章和观点，如《人民日报》微信公众号，文章阅读量经常超过 10 万次，如图 8-4 所示。

< 　　　　　　　　　Q　　　...

人民日报 ★
参与、沟通、记录时代。

178篇原创文章　　74位朋友关注

进入公众号　　　不再关注

图 8-4　《人民日报》微信公众号

2）微信朋友圈模式

在微信朋友圈经常会看到朋友分享的内容，所以有的用户就通过加好友在朋友圈发软性文章做推广。微信目前已放开 5 000 人好友限制，假如你拥有 5 000 个好友，那就是一个活跃度很高的微信账户了。通过在朋友圈发导购信息，然后转入微信私聊，进入微店成交，已经成为很多电商运营的重点模式。

3）微店模式

微信鼓励和支持企业在微信平台上开店，把自己的商品和服务通过微信支付进行销售，所以通过微信构建各种消费服务的企业也非常多，而且可以通过微信公众号推广、微信群营销、微信朋友圈营销导流。

4）微信广告模式

微信针对中小型企业推出了广点通业务，也就是开通账户后，可以在微信公众号文章底部插入用户的商品广告链接。对于更有实力的企业来说，还可以尝试投放朋友圈广告。

? 开动脑筋

你在微信里看过朋友圈广告吗？你觉得这个广告效果如何？什么样的人才会点微信朋友圈广告？

3. 视频类媒体营销

1）视频网站

视频网站是指可以让互联网用户在线流畅发布、浏览和分享视频作品的网络媒体。网络视频行业虽然诞生的时间不是很长，但发展却非常迅速。除了专业的视频网站（如优酷、爱奇艺、腾讯等），一些门户网站（如搜狐、新浪、网易等）也开始进入该领域。这一时期，酷六网、爆米花、暴风影音、PPTV 网络电视、PPStream 等数百家视频网站纷纷崛起，分别从自己的角度做起了网络视频的生意。

视频网站早期的主要运营模式就是发动网友上传和分享视频，这样可以在短时间内聚集大量的人气和流量。视频网站培养了不少属于自己平台的"草根"名人，都曾通过优酷、爱奇艺、腾讯等视频分享平台赢得了广泛关注。

? 开动脑筋

结合自己的亲身经历，说说你平时使用最多的视频网站是什么，并说出自己喜欢上该视频网站的原因。视频中是否出现过令你印象深刻的营销广告？

2）短视频 APP

2016 年 9 月，专注年轻人的 15 秒音乐短视频社交软件抖音上线，用户可以通过抖

音选择歌曲并拍摄15秒的音乐短视频，形成自己的作品。在完成初期的验证及版本更新后，抖音于2017年2月开启大规模的用户拉新工作；2018年春节开始，抖音已经在软件下载市场超越微信、微博等一系列耳熟能详的软件。除了抖音，快手、美拍等短视频软件，也凭借全新设计风格、清晰的视频拍摄、炫酷的音乐主题、丰富的特效，迅速受到年轻人的喜爱，与传统视频网站相比，短视频软件具有极大的差异化，如表8-2所示。

表8-2　传统视频网站和短视频软件对比

角度 ＼ 类型	视 频 网 站	短视频软件
操作难易程度	操作流程烦琐	随手拍随手传，简单方便
上传模式	需要上传到视频网站	直接分享
内容形式	长视频为主	60秒内短视频为主
拍摄工具	专业设备或手机	手机APP
功能特点	视频需要后期处理	即拍即处理
传播渠道	网站自己导流	通过社交媒体传播

从操作难易程度上，视频网站上传视频的流程比较复杂，需要经过摄像机或手机拍摄—复制到计算机—剪辑—注册上传—转码审核，整个过程较为烦琐。现在人们基本上人均一部手机，并且近几年移动网络也越来越发达，短视频软件完全可以解决视频网站上传流程烦琐的问题，只需要打开手机里的短视频APP，随手拍摄就可以直接上传，操作方便、简单。

从形式上看，现在视频网站的视频越来越多，以电视剧、电影、综艺等长视频为主，而抖音、快手等软件则主要以短视频为主，其在社交媒体分享，做的是社交圈传播。在社交媒体领域，速度更快、耗费流量更少的短视频媒体更受欢迎。

❓ 开动脑筋

你安装抖音这样的短视频软件了吗？请与身边用过的同学交流使用类似的软件是一种怎样的体验。

4．新闻客户端营销

为了适应移动阅读模式，新闻门户网站纷纷推出专门的新闻门户客户端，如网易新闻客户端、腾讯新闻客户端、搜狐新闻客户端。也有人发现机会，推出了更适应手机阅读的新闻门户媒体，如今日头条。有些传统媒体也抓住移动阅读的时机，推出了自己的移动新闻客户端，如浙报集团的澎湃新闻、上海文广集团的界面新闻。

　　这些借助数字、移动技术，安装在移动客户端上的新闻类服务程序，我们统一称其为新闻客户端产品。

　　新闻客户端的兴起其实是适应移动阅读的趋势，取代传统看报纸或从门户网站看新闻的需求，但是移动终端界面很小，所以新闻客户端也为适应这一变化做了许多重要的创新，具体介绍如下：

　　（1）碎片化阅读，排版适应手机载体，受众可随时随地阅读相应信息。

　　（2）突出头条新闻，引入独家原创内容，围绕精准定位推送文章，抓住目标人群。

　　（3）强化个性化推送，依据用户阅读习惯，智能推送用户喜欢阅读的文章。

　　（4）订阅简单，安装方便，可以自动弹出消息提示。

　　（5）鼓励转发社交媒体，强化交流分享属性。

　　今日头条是一款基于数据挖掘的推荐引擎产品，它为用户推荐有价值的、个性化的信息，提供连接人与信息的新型服务。它于2012年3月创建，截至2018年7月，今日头条累计激活用户数已超过6亿个，日活跃人数超过1.2亿个，日均使用时长为90分钟，平均单次运行时长为15.2分钟。其中，"头条号"平台的账号数量已超过120万个，"头条号"自媒体账号总量超过100万个，与今日头条合作的各类媒体、政府、机构等总计超过7万家。

　　当用户使用微博、QQ等社交账号登录今日头条时，它能在5秒内通过算法解读使用者的阅读兴趣。用户每次操作后，今日头条能在10秒内更新用户模型，从而越来越懂用户的阅读兴趣，进行精准的阅读内容推荐。

　　今日头条这样的智能推荐搜索新闻引擎将会是未来新闻阅读发展的方向，如图8-5所示。

图8-5　今日头条

❓ 开动脑筋

安装今日头条新闻客户端，看看有没有产品或品牌的广告投放，并做以下分析。

1. 该条广告为何投放在此新闻客户端上？

2. 该条广告为何会在客户端的入口这个位置上？其原因有哪些？

3. 该产品或品牌的目标受众属于哪类人群？

5. 知识类新媒体营销

知识类新媒体是满足人们对陌生领域知识的了解，以及对本专业领域知识进行深入探讨的平台。随着人们泡论坛的时间慢慢变少，论坛似乎成为过时的新媒体。但创立于2010年12月的一个问答论坛社区——知乎却让人眼前一亮，如图8-6所示。

[营销视野]

图8-6　知乎

知　乎

同样属于内容型社区，同样是人人可以注册，同样是在一个话题下人人都可以发表评论、互相点评，但知乎的用户使用体验就比过去的中文论坛好。为什么知乎能做到这一点呢？

（1）知乎是一个真实的网络问答社区，由于大部分论坛是匿名注册，所以从一开始知乎就更容易形成实名社区的氛围，更容易培养友好与理性沟通的文化，避免过去中文论坛上常见的"拍砖"文化。

（2）知乎的运营策略是"先精英，后大众"，先联系各行各业的精英入驻形成高质量问答的氛围，然后带动普通用户逐步加入，这样很容易让用户分享彼此的专业知识、经验和见解，理性沟通的文化得到传递和扩散，从而持续创造高质量的问答信息。

（3）从知乎对话题的管理模式上看，知乎的信息筛选机制比普通论坛要先进。知乎放弃了论坛传统的"导航树+置顶话题"的信息组织方式，而是直接引入关键词搜索模式，这一方面贴合了用户已经习惯搜索的使用特点，另一方面也可以通过控制搜索结果淘汰垃圾内容。

（4）知乎的问答，表面上是问答，背后还引入了社交网络服务（Social Network Service，SNS），是人、话题和问题的相互联系。知乎鼓励用户邀请最合适的人来回答最合适的问题，如有人提了关于法律的问题，这个问题很快会被关注法律话题的人看到，再由他们帮助邀请这个领域的专家来解答。这样，每个人获得正确答案的机会就会增大，正确的答案大家更愿意分享，分享的人多了，社区的力量也会得到验证和增强，这是一个良性循环。

（5）知乎打破了过去论坛的自我封闭性，过去论坛话题都在论坛内交互，知乎一开始就鼓励用户转发话题到微博，然后通过微博为自己的社区导流。知乎也经常主动发布《知乎文摘》，在各种新媒体平台发布，扩大知乎的影响力，吸引更多的用户来知乎交流。

❓ 开动脑筋

你最近对什么问题感兴趣？到百度上输入你的问题，看看搜索页面里面有没有知乎的回答。打开知乎的回答及其他百度搜索结果，看看是否是知乎里面的回复质量更容易让你认可。

案例 小红书

6. 其他社群类新媒体营销

传统媒体受众就像现在同在一个社区里的居民，虽然彼此接收相同的内容输出，但彼此缺少连接，是典型的单点对多点的连接，这种连接方式不利于内容的传播、推广。而社群类新媒体平台就是让这些有着相同价值观、兴趣喜好的用户连接在一起，以平台为原点，社群中的用户互相交流、影响，形成网状连接，大大强化了输出内容的传播推广效果。

案例：（1）豆瓣平台面向所有人群，覆盖面广，帮助用户通过其喜爱的东西找到志同道合者，它是中国最大的兴趣社交平台。

豆瓣的核心用户群是具有良好教育背景的都市青年、白领和大学生，他们活跃于豆瓣小组、小站，对各种话题进行热烈的讨论，并热衷于参加有趣的线上和线下活动，是互联网流行风尚的影响者和推动者，同时他们也是市场消费的主力军，所以很多企业选择在豆瓣上建立自己的品牌形象和传播自己的品牌产品。

豆瓣只允许个人账号登录，但用户注册后，可在介绍栏中说明自己的企业，以企业身份在豆瓣上发布信息。豆瓣目前设置的功能有发照片、说句话、推荐网页、写日记、发布消息，大体上与微博的功能相同，其中"发布消息"功能是豆瓣与微博最大的不同。"豆瓣东西"是豆瓣旗下的一款产品，是用户通过外网的购买网址链接至豆瓣上让其他用户进行购买的途径，目前豆瓣支持国内外44个网站的链接。"豆瓣市集"是豆瓣自己的网店，与淘宝相同，豆瓣市集上有种类繁多的商品，如图8-7所示。

图 8-7　豆瓣市集

（2）豆瓣功能介绍：豆瓣在每个兴趣模板中都有专属的广告界面，企业可以在与自己品牌相关的界面进行广告投放，增加产品的曝光度。豆瓣不仅在每个模块中放置广告，还会在网页版和移动版的主页中进行推广，辐射更多的用户。豆瓣含有多个兴趣社群，如豆瓣小组、豆瓣小站、豆瓣同城活动、豆瓣读书、豆瓣电影、豆瓣音乐、豆瓣阅读等。

一个真正的社群必须包含同好（Interest）、结构（Structure）、输出（Output）、运营（Operate）、复制（Copy）五个要素。

1）构成社群的第一要素——同好，它决定了社群的成立基础

"同好"是对某种事物的共同认可或行为，其可以基于某一个产品，如苹果手机、锤子手机、小米手机。

2）构成社群的第二要素——结构，它决定了社群的存活

这需要对社群的结构进行有效的规划，结构包括组成成员、交流平台、加入原则、管理规范。

3）构成社群的第三要素——输出，它决定了社群的价值

社群有了同好和结构也不一定能保持社群的生命，还需要不断输出优质内容。优质内容的产生可能来源于社群主，也可能来源于群成员。社群需要为群员提供稳定的服务输出，群员只有获得输出价值，才愿意长期留在社群里。

4）构成社群的第四要素——运营，它决定了社群的寿命

这需要通过运营建设"四感"，即仪式感、参与感、组织感和归属感。

5）构成社群的第五要素——复制，它决定了社群的规模

在复制多个平行社群前，经营者需要构建好自组织，组建好核心群，形成社群的亚文化。

❓ 开动脑筋

利用课余时间了解一个社群，并试着写出这个社群的五大要素相对应的内容，如表 8-3 所示。

表 8-3　社群的五大要素对应内容

五 大 要 素	对 应 内 容
同好	
结构	
输出	
运营	
复制	

1.3　新媒体营销的特点

1．不同媒体覆盖人群不同

对于每一个媒体，首先要了解的就是其在人群覆盖上的特点，这样才能知道应该在哪一种媒体上投放广告才更有针对性，实现精准营销。

例如，报纸媒体可能对政府官员、国企或事业单位员工更有影响力，电视媒体对中

老年人更有影响力，而广播电台越来越多地关注私家车主和专车司机。每一类媒体都有自己人群到达的有效半径。

? 开动脑筋

你认同表8-4所示的媒体覆盖人群分析吗？你觉得哪些说法可以改进？理由是什么？

表8-4　视频媒体的目标人群

媒体对象	覆盖人群地理和年龄段特点	人群规模
中央电视台一套	全国中老年人群为主	亿级
湖南电视台	"95后""00后"人群	亿级
优酷视频	"70后"～"90后"网民	亿级
抖音视频	"95后""00后"人群	亿级
山东影视频道	中老年人群，家庭主妇	百万级

2. 不同媒体覆盖场景不同

即便是同样的人群覆盖，不同的媒体对人群传播达到的效果也是不同的。这是因为不同的媒体产生转化的场景是不同的。

例如，同样是城市的上班族，是报纸达到的效果好，还是调频电台、地铁广告更好，这并不是一件容易判断的事情。因为你首先要判断你的目标用户采用的是何种通勤方式，一个走路或跑步上下班的人，眼睛要观察路况，就不能太分心看手机，那么依赖手机到达的新媒体就不太适合这类上班族。

选择新媒体，先要仔细分析影响目标人群的到达场景到底有怎样的细节，会经过哪些流程环节，这样才能设计出合适的新媒体传播方式。

? 开动脑筋

课堂讨论：对于城市上班族，根据不同的通勤方式，你会选择哪一种媒体投放广告？根据不同人群的通勤方式可以选择投放广告的新媒体如表8-5所示。

表8-5　根据不同人群的通勤方式可以选择投放广告的新媒体

人群通勤方式	投放广告可以选择的新媒体
步行、跑步、骑自行车上班	广播电台、户外广告
公交、地铁上班	微博、微信、新闻头条号、免费报纸
拼车上班	视频嵌入广告、微信公众号
在家上班	电视、门户网站、聊天软件弹窗

3. 不同媒体风格调性的不同

选择一个媒体，不仅要考虑这个媒体覆盖的人群和场景，还要考虑这个媒体本身的

内容是否和人群的价值观、生活习惯相契合。

人们接纳一个媒体的影响，实际上是因为他认可这个媒体在运营过程中传递的媒体形象，媒体通过持续运营，也打造了自己的公信力，从而能够说服它的目标阅读群体信任媒体传播的广告内容。有的媒体虽然覆盖人群广、流量大，但因为自身缺乏足够的公信力，流量转化率并不高，综合起来的投放效果未必比一些流量小的媒体效果好。这也是在实际选择投放媒体时需要注意的。

? 开动脑筋

如果要给大学生投放考研广告，你们认为表 8-6 中的哪一个平台效果更好？

表 8-6　考研广告可投放的渠道

媒　　体	投放优先级	媒　　体	投放优先级
百度考研吧		微信考研号	
百度搜索		微博名师号	
考研论坛		《大学生杂志》	
门户教育频道		优酷教育频道	
QQ 聊天窗广告		户外大幅广告	

请从表 8-6 中选择你认为效果最好的三个考研广告投放渠道，并说明理由。

与在物理或者时间上受到限制的传统媒体相比，新媒体一般都能实现跨时空的互动信息传播。受众接收新媒体信息，大多不受时间、地点、场所的制约，可以随时通过新媒体在电子信息覆盖的地方接收地球上任何一个角落的信息。而且到了今天，计算机系统能及时捕捉每个人使用新媒体的后续动作，记录他们的消费行为，从而可以实现个性化的精准推送，和用户行为实现实时交互，进而帮助企业大大提高营销转化率。

模块 2　新媒体营销的应用与发展

2.1　企业如何开展新媒体营销

? 开动脑筋

课堂讨论：怎样理解宝洁公司缩减精准广告？

2016 年 8 月 11 日的《华尔街日报》报道称，全球最大的广告主宝洁公司认为 Facebook 上的精准投放并没有达到预期效果。

宝洁公司的首席市场官表示，公司认为目前的精准营销做得过度了。"我们寻求精准定位的活动太多，定位太窄了。我们现在在思考：什么才是最好的方式——既能触达到最多的受众，又能做到精准营销？"

例如，宝洁公司在两年前想要把Febreze空气清新剂精准推广给宠物主人和大家庭，但销售量总是上不去。不过当他们重新把广告受众面扩大到Facebook（中文译为脸书或脸谱网，是美国的一个社交网络服务网站）及其他地方所有的18岁以上人群的时候，销售量却上去了。

首席市场官表示宝洁公司并不会减少在Facebook上的广告投入，在该精准投放的地方还是要精准，如把纸尿裤推送给妈妈们。他说，宝洁公司一直都在数字和传统两个渠道投放广告，但确实减少了在一些小网站上的投入，因为它们的影响力远远比不上Facebook、Google和YouTube。

1. 选择新媒体运营的模式

传统企业转型新媒体平台有两种模式：一种模式是自建，另一种模式是投放。投放广告时，两种手段都要考虑。

对于很多传统企业而言，首先要明确运营新媒体的目的。传统企业运营新媒体，目的不外乎三种，即品牌推广、产品销售、客户服务。

如果是出于前两种目的，则自建和投放都需要维护；如果是为了客户服务，当然只能考虑自建新媒体体系。

企业一定要明确新媒体运营并非一定要自己开微博、开微信，和他人进行合作、利用他人的新媒体流量为自己的产品引流也是非常合适的。

❓ 开动脑筋

甲企业和乙企业都是生产儿童玩具的企业，甲企业想自己建设一个微信公众号，吸引妈妈们的关注，然后择机发布自己的产品广告，这样不仅可以推广产品，还可以和自己的用户建立起直接联系。

乙企业认为自建微信公号难度太大，选择和业内有影响力的母婴微信大号合作推出爆款玩具团购活动。

你会选择哪种运营模式？你认为哪种运营策略更好？

企业在运营新媒体平台时，要有在新媒体平台上卡位的意识，但不等于全部推广动作都必须依赖自己的新媒体平台；借助他人的新媒体平台能量，选择合适的新媒体投放广告，也是非常好的运营模式。适合企业自建的新媒体平台如表8-7所示。

表8-7　适合企业自建的新媒体平台

运营目的	新媒体平台
品牌推广	官网（包括移动版官网）、官方微博
产品销售	官方微店（包括淘宝、京东、微信商城等）
客户服务	官方微信、官方论坛

2．新媒体渠道卡位

新媒体营销，特别是新媒体广告投放，不能把注意力只限制在微博、微信这样的主流新媒体上。运营者一定要对新媒体有全局性的把握，了解不同的新媒体，要创造接触和建立合作的可能。

？ 开动脑筋

《万达新媒体广告投放蓝皮书》列举了新媒体投放的方向，万达新媒体广告投放如表 8-8 所示。请同学们讨论一下：关于书中的投放广告渠道你知道多少？

表 8-8　万达新媒体广告投放渠道

广告投放渠道	简　　介
新闻客户端	各大新闻客户端
地方网络平台	城市范围的网络平台，含本地网站、APP、微信公众号
社交媒体	微博、微信等
视频平台	各大视频平台
BAT 平台	包括腾讯、阿里巴巴、百度下的各种产品，如朋友圈广告、腾讯广点通、智汇通、搜索引擎等
需求方平台	通过竞价方式进行广告投放的第三方平台
房地产网络平台	各房地产专业网络平台
跨界网络平台	包括旅游、汽车、理财等与客户匹配的平台
其他新媒体	包括最新出现的 VR 技术，以及可能出现的其他新媒体平台

要做好新媒体广告推广，就需要对日新月异的新媒体平台保持关注，注意不同新媒体平台上的热点、传播特点，并思考其能否和自己的企业、产品及活动相结合。

除此之外，还必须维护自己和不同新媒体平台的人际关系资源，必要的时候进行一些合作，形成良性互动，这样在需要关键资源进行配合的时候，才能够拿到优质资源，并将其整合起来，进行自己的品牌推广。

3．学会系统策划运营方案

新媒体运营并非是有流量就有效果，而是需要进行系统策划的。越是有优质流量，越要精心策划爆款话题，形成口碑社交传播效应。

碎片化阅读模式下，手机用户周边往往环境嘈杂，如果你的新媒体创意不够吸引人，那么就很容易被信息流湮没，宝贵的流量推送也就会白白浪费。

新媒体策划团队必须认真地在文案设计、图片选择、互动内容上下功夫，在正式推出之前，内部要客观评估。针对目标人群，在对应的载体上用什么形式效果更好？什么样的话题才有针对性，能引发大家关注和交流的欲望？如何设计才能让大家自发传播？如何把流量自然导入到自己的产品推广中？在什么时间段推送效果更好？在不同阶段，

针对不同内容选择不同的合作平台，新媒体策划团队需要反复研究这些问题，制定系统的营销方案，并加以不断实践，反复修改，最终达到效率最大化。

营销拓展

同仁堂的新媒体运营

4. 重视个人账号体系搭建

随着微信、微博、QQ等社交媒体的发展，传统的新媒体营销方式正在受到两个巨大的挑战：一方面，企业官方微博、官方微信公众号等官方平台往往给人以"高高在上"的感觉，缺乏温度；另一方面，企业很难通过官方平台与用户私聊，引导其购买产品并持续复购。

在这样的背景下，企业必须重视个人账号体系的搭建。

个人账号体系也被称为全员新媒体营销体系，指的是以新媒体营销部门为核心，行政、生产、物流等各部门人员统一参与，搭建个人社交媒体矩阵，通过个人微信号、个人微博等运营，提升企业整体的新媒体营销效果。

［营销视野］

> **小米公司搭建个人账号体系**
>
> 小米公司通过微博进行个人账号体系搭建，公司联合创始人、部门经理、团队成员等分别注册并独立运营其个人微博。
>
> 通过搭建个人账号体系，小米公司至少可以实现以下几个目的：第一，全员推广产品购买链接，提升产品线上的销售量；第二，全员转发微博活动，增加曝光度；第三，与用户进行深度沟通，直接获取用户反馈并优化产品。

搭建个人账号体系，需要企业新媒体营销人员在做好官方新媒体账号的基础上，重视两个关键点：筛选成员、规范运作。

1）筛选成员

必须进行评估，筛选合适的员工加入个人账号矩阵。

由于运营个人账号体系需要员工独立进行"发微信朋友圈""拍摄抖音短视频""转发微博活动"等操作，而非新媒体部门的员工对互联网的了解程度参差不齐，因此在搭建个人账号体系时，需要对参与体系的人员进行筛选。个人账号体系的成员一般需要具备以下几个特点。

首先，熟悉微博、微信、知乎、抖音、今日头条等平台，了解平台基本操作。

其次，熟悉互联网语言风格，最好会使用表情包。

再次，了解公司的产品特点、服务体系及企业文化，可以进行准确的描述与传播。

最后，有服务意识与职业素养，不在社交媒体公开抱怨客户或抱怨工作。

2）规范运作

在筛选出合适的个人账号成员后，企业新媒体营销团队需要对所有参与者进行多次内部培训，规范个人账号体系的运营工作，培训并监督个人账号的运作情况。以微信个人账号为例，至少应包括以下内容。

案例 星巴克

（1）设计风格统一的微信形象，如有辨识度的微信头像、带有企业标签的微信昵称等。

（2）组织学习朋友圈撰写技巧，便于更有效地在朋友圈进行产品推广或品牌宣传。

（3）微信沟通规范，防止一对一沟通时出言不慎，给企业造成负面影响。

（4）规范内部协作流程，例如，在朋友圈发现客户抱怨后，要通过流程的规范让客户知道向谁反馈，由谁负责与客户沟通，由谁负责后续维护等。

（5）统一线上转化入口，当客户有购买意向时，能够第一时间将企业官方销售网址发送给客户。

2.2 大数据在新媒体营销中的作用

作为技术不断更新的产物，新媒体以其形式丰富、互动性强、渠道广泛、覆盖率高、精准到达、性价比高、推广方便等特点在现代传媒产业中占据越来越重要的位置，从而积累了大量用户和用户行为数据，这就成为做用户分析的大数据的基础。

大数据不只是一个概念，目前已成为十分重要的资源和资料。大数据作为新媒体的核心资源，不仅是新闻报道的重要内容，也是媒体统计和分析受众心理、需求及行为习惯等的重要依据。分析、解读大数据，探索出一种为受众和用户提供个性化服务的新媒体运营方式，将成为新媒体在大数据时代竞争的趋势。

大数据与新媒体之间是相辅相成的关系。新媒体的功能属性可对社会信息进行解读及分析预判；而大数据能通过挖掘、分析和使用数据，得到全面的社会信息并对其产生深刻的了解。所以，未来新媒体将以"数据为王"。

大数据在新媒体营销中的作用显得越来越重要，具体有以下几点。

1）大数据在新媒体营销中的应用，使得营销传播更广泛

正因为大数据技术的支持，各种终端、平台才会层出不穷，使用户在意见的表达和信息的发布中开始占据一席之地，使新媒体传播中心更广阔。

2）大数据在新媒体营销中的应用，使得营销的精准度大大提高

云计算作为一种新兴的技术，以其十分强大的计算能力、近乎无限的存储能力以及

低廉的成本，对提升、优化大数据、大信息的处理有着巨大的作用。它能在最短时间内分析锁定客户的需求和喜好，从而提高营销精准度。

3）大数据在新媒体营销中的应用，使客户满意度增强

顾客满意度取决于顾客对组织提供的产品及服务与顾客感受之间的差距。为了提升顾客满意度，新媒体平台在营销过程中要注意收集以下数据：一是直接收集客户需求，研究立项，拓展新角度。二是通过申/投诉处理及顾客反馈解决客户不满，发现产品或服务漏洞。三是了解客户想法及参与产品开发的兴趣，在一定程度上探索并满足客户想法。四是做好舆情搜索，抓住客户关注点。以上这些影响客户满意度的绝大部分数据，需要在一个周期内不断地重复搜索、分析，得出结论后再投入使用。

4）大数据在新媒体营销中的应用，能帮助企业做出正确的营销战略决策

云计算能处理海量的数据，能更方便地对业务系统进行升级、扩展，能对数据冗余进行处理，还能按照需要对资源进行分配，协同管理应用平台等，这些都可以为企业发展提供稳定而高效的保障，并且通过数学算法推演营销策略的效果，帮助企业查找漏洞，从而提高营销战略战术制定的正确性。

总之，大数据在信息传播中尤为重要，以至于新媒体终端及其承载的内容是以数据为基础的：终端的创新是为了更好地处理数据，呈现给众多企业想传达的信息。因此，大数据对新媒体营销的未来发展格局将产生深远影响。

项目小结

所有基于信息技术的媒体都可以看作新媒体，传统媒体经过信息技术改造后，也可以升级为新媒体。随着互联网的快速发展，新媒体的出现改变了人们的阅读习惯。企业不可忽视新媒体的发展速度，要正确理解新媒体营销的概念和内涵，了解当下新媒体营销的主要方式及代表平台。

开展新媒体营销的前提是全面了解新媒体的目标受众，不同媒体覆盖人群不同，不同媒体覆盖场景不同，不同媒体风格调性不同。

企业如何开展新媒体营销，首先是选择新媒体运营的模式（是自建还是与他人合作）；其次是新媒体渠道卡位；然后要学会系统策划运营方案，并且重视个人账号体系搭建。

大数据技术的发展与应用为新媒体营销提供了多重保障，使得营销精准度大大提高，营销范围传播更广。

练习与实训

一、简答题

1. 新媒体营销的特点有哪些？
2. 新媒体营销的主要方式有哪些？

3. 企业应如何开展新媒体营销?

4. 大数据在新媒体营销中的作用有哪些?

二、课堂实训

见教材配套用书《市场营销基础(第5版)学习导航与习题》。

三、案例分析题

董明珠直播首秀"卡"字刷屏,销售额 22.53 万元!当晚罗永浩带货超 2 700 万元

2020年春节前,爆发了致命性传染性病毒——新型冠状肺炎,这种病毒传播速度快,远远超过了"非典"的传播速度。格力电器称,受疫情影响,空调行业终端市场销售、安装活动几乎无法开展,公司及上下游企业不能及时复工复产。另外,一季度空调行业终端消费需求萎缩,叠加新能效国家标准实施产生的预期影响,行业竞争进一步加剧,公司继续实施积极的促销政策。

2020 年 4 月 24 日 20:00,董明珠在"格力电器"抖音号上进行直播,她在主持人的陪同下,在格力电器的展厅向观众一一介绍格力电器的产品。

新抖后台数据显示,董明珠直播首秀当晚累计观看人数为 431.78 万人,在线人数峰值为 21.63 万人,音浪收入为 15.33 万元。商品销售额为 22.53 万元,销售额最高的商品是格力猎手杀新冠空气净化器,预估销量为 3 台,销售额为 3.62 万元。据媒体不完全统计,当晚最热销的商品是价格 139 元的格力充电宝,售出 138 台。

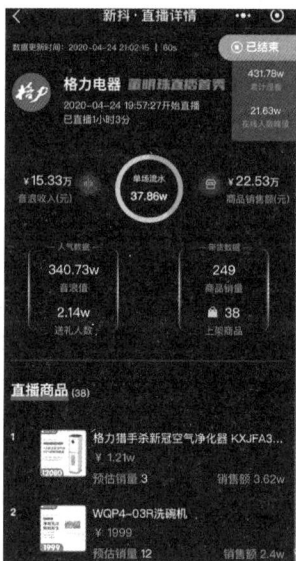

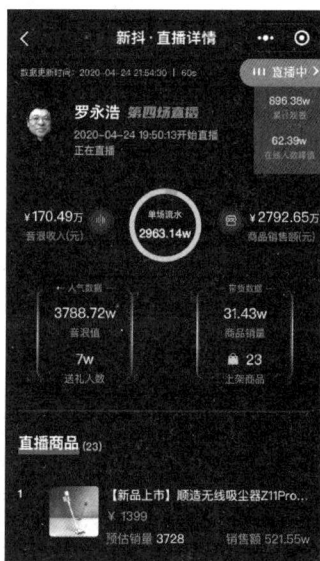

值得注意的是,当晚罗永浩也在同场直播。老罗当晚祭出"补贴"大招,包括可口可乐、方便面、火腿肠、洗发水、卷纸等商品都将半价开抢。

截至 21:54,累计观看人数为 896.38 万人,音浪收入为 170.49 万元。商品销售额为 2 792.65 万元,销量最高的是吸尘器,销售额为 521.55 万元。

(资料来源:上观新闻 作者:每日经济新闻)

思考题

案例中出现了哪些新媒体营销手段?

天猫"618"微博抽奖活动

"618"期间，天猫为了造势，在微博上发起了一个抽奖活动。按理说微博抽奖送礼已经是各个品牌很熟悉的日常操作了，但是这次天猫硬是把这种常规操作玩出了新高度。

这个微博抽奖活动其实是天猫和其他品牌方联合推出的，不同于以往直接在微博内容上互相@，这次的合作商家曝光及礼品设置都在评论区，而且这么设置的好处是，一些没有合作的商家品牌也能通过留言评论的方式参与到这次的抽奖狂欢中。

随着商家的不断增加，留言评论区所累积的"奖金池"越来越大，最终超过 10 万元。等于是天猫用微博抽奖完成了一次众筹，而品牌方通过提供奖品的方式获得了曝光。

这个案例的难得之处不仅在于把微博抽奖的形式玩出了新花样，大量的品牌商家与用户进行互动，还让商家参与活动的门槛变得非常低，品牌方若是愿意参与只需要在活动微博底下留言就好了。另外，这个活动所带来的流量都在天猫那一条微博下，把握住了总体的流量。

不知道这种微博抽奖形式是不是首创的，但确实让人耳目一新，当我们认为微博抽奖已经搞不出什么新名堂的时候，天猫给我们上了一课。在几乎没有渠道投放成本的情况下，最终总体曝光量突破 6 亿次，而且在中奖名单出炉后，还有许多后续的媒体报道等公关操作。

以上案例是通过传统媒介形式上的创新，从而达到品牌传播层面上四两拨千斤的作用，其营销启示如下。

1. 硬投放已经失效，软投放才是出路

媒介价值在于覆盖量没错，但是光看覆盖量的"硬投放"已经在互联网时代掀不起什么波澜了，用户注意力的碎片化其实让所有媒介的效果都大打折扣，生硬的投放，效果必然不会好。

我们应该找到"软投放"的路径，把媒体从一个硬性曝光渠道，变为可互动、可引起主动传播的内容形式。

因此，我们在做营销推广的时候更要注重媒体运用上的创新，不要抱着只是买渠道、买量的思路去看待媒介采买，而是要想方设法在媒体运用上造出影响力。无论是像得到 APP 一样找到日常中忽略的传统场景加以利用，还是像支付宝、天猫一样做一些媒介内容的互动创新，都能以小博大。

2. 传播的目标就是造事件

其实在以上案例中，活动、投放本身的人群覆盖面并不大。得到 APP 的菜市场经济学展覆盖量再大，也就是周边居民和忠实用户；支付宝公交站台广告覆盖量再大也就是投放区域附近的人群；天猫微博活动在线上比较特殊，但活动本身的覆盖面也就在各个品牌商家的微博中，不过"618"可以说是全民狂欢日了。

这些投放都有明显的渠道平台壁垒，突破渠道平台壁垒的方式就是形成事件，只有形成了有影响力的事件，信息传播的层级才会打开，才能形成大范围的跨平台传播。

实际上得到 APP 也好，支付宝或者天猫也好，也许不会太在意渠道覆盖量有多大，更多的是把它做成营销事件，引导媒体、自媒体主动报道传播，这才是这一轮推广想要达到的传播效果。